CONFESSIONS

D'UN

EX-LIBRE-PENSEUR

DU MÊME AUTEUR :

Les Frères Trois-Points. Organisation, grades et secrets des Francs-Maçons. Statuts in-extenso de la Maçonnerie en France. Principales cérémonies des Loges et Arrière-Loges. Reproduction complète des Rituels de réception à tous les grades. — L'ouvrage complet se compose de deux forts volumes, se vendant séparément. Prix de chaque volume. . . . . 3 fr. 5o

Le Culte du Grand Architecte. Solennités diverses des Temples maçonniques. Baptêmes de Louveteaux ; Mariages maçonniques ; Pompe funèbre. Banquets, Agapes, etc. Cérémonies des Carbonari et des Juges Philosophes. Liste complète des Loges et Arrière-Loges de France. Nombreux documents. Argot de la secte (vocabulaire alphabétique et explicatif). Noms et adresses des Vénérables, etc. — L'ouvrage est complet en un seul fort volume. Prix . . . . 3 fr. 5o

Les Sœurs Maçonnes. Entière divulgation des mystères des Loges de Dames. Reproduction complète des Rituels de réception à tous les grades de la Maçonnerie Féminine. Cérémonies secrètes des Sœurs Maçonnes. Banquets androgynes. Divertissements spéciaux, dits « Amusements Mystérieux ». Cantiques des Maçonnes. Rites divers (nomenclature complète avec tous les détails). Clef des Symboles secrets de la Franc-Maçonnerie. — L'ouvrage est complet en un seul fort volume. Prix. 3 fr. 5o

La Franc-Maçonnerie dévoilée et expliquée. Edition de propagande populaire, resumant d'une manière complète toutes les révélations faites dans les 4 volumes ci-dessus. Un joli volume. . . . . 2 fr.

Le Vatican et les Francs-Maçons. Dans cet ouvrage M. Léo Taxil a réuni tous les actes officiels du Saint-Siège contre la Franc-Maçonnerie, depuis Clément XII jusqu'à Léon XIII. Cette reproduction importante de documents authentiques est accompagnée d'un résumé historique explicatif. Une jolie plaquette de 128 pages. Prix . . . . 1 fr.

LÉO TAXIL

CONFESSIONS

D'UN

EX-LIBRE-PENSEUR

PARIS

LETOUZEY ET ANÉ, ÉDITEURS

17, RUE DU VIEUX-COLOMBIER, 17

TOUS DROITS RÉSERVÉS

Faisons les fiers tant que nous voudrons, philosophes et raisonneurs que nous sommes aujourd'hui; mais qui de nous, parmi les agitations du mouvement moderne, ou dans les captivités volontaires de l'étude, dans ses âpres et solitaires poursuites, qui de nous entend sans émotion le bruit de ces belles fêtes chrétiennes, la voix touchante des cloches, et comme leur maternel reproche? Qui peut voir, sans leur porter envie, ces fidèles qui sortent à flots de l'église, qui reviennent de la table divine rajeunis et renouvelés? L'esprit reste ferme, mais l'âme est bien triste. Le croyant de l'avenir, qui n'en tient pas moins au passé, pose alors la plume et ferme le livre. Il ne peut s'empêcher de dire : « Ah! que ne suis-je avec eux, un des leurs, et le plus simple, le moindre de leurs enfants? »

(MICHELET, Histoire de France.)

Imaginez un homme qui ait monté tous les degrés du crime; chargez-le, par la pensée, des plus affreuses actions qu'il vous sera permis de concevoir; le voilà qui dort, cet homme; il se croit à l'abri du bien pour jamais, il n'a plus de remords, plus de conscience, il le croit du moins !... Mais un jour, de même que dans le songe de Nabuchodonosor, une pierre détachée de la montagne vient briser le colosse aux pieds d'argile, de même, un jour, sans cause apparente, il se formera dans ce cœur désespéré une larme ; elle remontera le long du cœur, elle passera par des chemins que Dieu a faits pour aller jusqu'à ses yeux flétris ; elle coulera sur ses joues. Cette seule larme lui aura révélé la vérité et rendu l'honneur du bien.

(LACORDAIRE.)

I

MON ENFANCE

MA FAMILLE. — LE PETIT PENSIONNAT DU SACRÉ-CŒUR. — MONGRÉ. — UNE BONNE PREMIÈRE COMMUNION.

Écrire sa propre histoire est certainement ce qu'on peut imaginer de plus fastidieux. Toutefois, lorsqu'une autobiographie, loin de servir à satisfaire la vanité de l'écrivain, a un but moral, le devoir rend la tâche moins lourde.

Tel est, je crois, mon cas.

Ayant combattu l'Église pendant dix-sept ans, avec un acharnement et une rage dont il est peu d'exemples, et tout à coup, par un revirement d'esprit aussi inattendu qu'extraordinaire, étant un jour sorti de cet abîme de haine, j'ai l'obligation de confesser au public mon passé.

Et cette obligation m'est douce ; car le

récit de mes égarements, la narration de ces erreurs poussées à l'extrême et finalement ayant abouti à un loyal retour à la vérité, donnera, j'en suis convaincu, quelque confiance à ceux qui pleurent sur l'aveuglement d'un parent ou d'un ami.

J'étais, semblait-il, à jamais perdu dans l'inextricable labyrinthe du mal. Et pourtant, j'en ai été retiré par une main invisible qui s'est imposée à moi, qui m'a arraché malgré moi du gouffre. Puisque la miséricorde de Dieu est telle, c'est qu'elle est vraiment infinie, c'est que tous, nous, chrétiens, nous devons sans cesse mettre en elle notre espoir.

J'appartiens, — je dois le dire tout d'abord, — à une famille méridionale, chez laquelle la piété fut toujours en honneur.

Du côté de mon père, figurent, dans notre arbre généalogique, saint François de Régis, l'admirable apôtre du Languedoc, et le père Claude de La Colombière, le vénéré directeur de la bienheureuse Marguerite-Marie ; du côté de ma mère, Mgr Affre, l'archevêque martyr, qui, au moment où il remplissait, en juin 1848, une mission de paix et de fraternité au milieu des barricades du faubourg

Saint-Antoine, à Paris, tomba mortellement frappé par la balle d'un assassin demeuré toujours inconnu.

Mon aïeul paternel, Charles Jogand, eut cinq enfants : Victor, mort au service de Dieu, aumônier de l'hospice de la Charité, à Marseille ; Marius, mon père ; Joséphine, ma marraine, aujourd'hui religieuse à Lyon ; Louis, décédé, laissant une veuve et trois enfants ; et Gabriel, qui périt tout jeune dans des circonstances tragiques, sur la côte occidentale africaine, victime des peuplades sauvages.

Ma mère, née Joséphine Pagès, n'a qu'une sœur du nom de Rose, laquelle, aujourd'hui veuve, a deux enfants.

Les Pagès sont du Languedoc, et les Jogand, de la Provence.

Chez les premiers, on trouve quelques républicains, de la nuance modérée. Tels furent mon aïeul maternel, Léonidas Pagès, et son frère Junius, qui était conseiller municipal à Marseille, quand éclata le 4 septembre. Leur libéralisme, comme celui de leurs parents les Affre, ne les empêchait pas d'être profondément attachés à la foi chrétienne.

Mon père, lui, est catholique avant tout,

soumettant absolument la politique, dont il ne se soucie guère, à la religion, qui, à ses yeux, est l'essentiel.

C'est à Marseille que je suis né, le 21 mars 1854.

Mes parents me donnèrent pour prénom principal celui de Gabriel, en souvenir du jeune oncle massacré par les sauvages du Dahomey.

Suivant un usage assez répandu dans le midi, je réunis le nom maternel au nom paternel. C'est pour cela que, devant l'état civil, je m'appelle Gabriel Jogand-Pagès.

Je suis le second enfant de la famille. L'aîné, Maurice, est plus âgé que moi de quatre ans; sa profession d'homme de lettres nous a souvent fait prendre l'un pour l'autre. Cependant, aucune erreur ne devrait être possible, attendu que, pour des raisons que j'exposerai plus loin, j'ai adopté le pseudonyme littéraire de Léo Taxil et n'ai jamais signé aucun écrit de mon nom de famille; d'autre part, en matière religieuse, nous sommes loin d'avoir, mon frère et moi, la même manière de voir.

J'avais aussi une sœur, Marguerite; elle est morte tout récemment.

A quatre ans et demi, je fus placé, à titre d'externe, à une institution marseillaise, le pensionnat du Sacré-Cœur, rue Barthélemy.

Je me rappelle encore cette école comme si j'y étais.

Je portais alors la petite robe raccourcie des bébés. Nous étions une vingtaine de bambins, à qui la sœur Marie-Antoinette, apprenait à lire ; nous lui donnions une fière besogne. Mais la bonne sœur avait une patience inimaginable, et elle était bonne, bonne ; elle nous aimait, comme si nous eussions été ses enfants.

Plus tard, je n'ai pas été le dernier des journalistes libres-penseurs à célébrer, avec toute l'indignation du parti pris, la férocité des sœurs qui font la classe aux fillettes ou aux petits garçons. La moindre chiquenaude, rapportée par une chronique, nous servait de prétexte à des déclamations dithyrambiques; une oreille peu ou prou tirée, quel beau motif pour crier au rétablissement de la torture ! Mais je me gardais bien de parler de mes souvenirs personnels ; j'aurais été obligé d'avouer que la bonne sœur Marie-Antoinette, la sœur Bonbon, comme nous l'appelions, parce qu'elle avait toujours ses poches pleines de dragées, était pour nous une vraie maman.

Je demeurai au Sacré-Cœur jusqu'à l'âge de neuf ans.

Les professeurs que j'eus me donnèrent une bonne instruction primaire. C'étaient : M. Ripert, un brave vieux papa qui nous faisait chanter tous en chœur : *Maître Corbeau sur un arbre perché;* M. Filliol, que nous considérions comme le roi de la calligraphie ; et M. Roubaud, un vénérable petit rentier, devenu professeur afin de suppléer à l'insuffisance de son modeste revenu, lequel, en classe, pour priser sans être vu des élèves, disparaissait tout à coup dans sa chaire et en surgissait ensuite en criant : « Jogand, déclinez : *rosa,* la rose ».

Par exemple, le surveillant général était terrible. Il s'appelait l'abbé Plane et possédait, le malheureux, une physionomie des plus ingrates : il était tellement grêlé qu'il n'arrivait jamais à bien se raser à point ; imaginez-vous un fromage de gruyère dans les trous duquel auraient poussé des poils. Nous en avions une peur atroce. Dès que M. Plane paraissait à la porte d'une étude, personne n'osait plus souffler ; chacun retenait sa respiration, tant on craignait de lui sembler « dissipé », tant on redoutait d'attraper « un verbe à copier »; car, c'est une justice à lui rendre, il n'était pas avare de pensums. Avec lui, il fallait être sage. Bref, c'était un Croquemitaine des mieux réussis; mais, à présent que la période des terreurs enfantines est passée, je m'imagine volontiers qu'il n'était pas plus méchant qu'un autre et que le directeur l'avait sans doute choisi, à cause de sa tête impossible, pour les fonctions rigides de surveillant général.

Le directeur, l'abbé Ytier, était l'antithèse de M. Plane. Autant celui-ci nous épouvantait, autant on se sentait attiré vers l'excellent M. Ytier, toujours indulgent pour nous, toujours disposé à nous rendre l'école agréable. Il s'était réservé particulièrement l'enseignement religieux; aussi, est-ce à lui que je dois la connaissance première des vérités chrétiennes.

En octobre 1863, mes parents m'envoyèrent au collège de Notre-Dame de Mongré, à Villefranche-sur-Saône, près de Lyon.

Mongré est un collège libre, appartenant à la Compagnie de Jésus.

La maison, admirablement construite, est

située dans une vaste campagne. Le collège peut avoir jusqu'à six cents élèves. On y est très bien sous tous les rapports. Au point de vue matériel, Mongré est supérieur à n'importe quel lycée et même à beaucoup de collèges catholiques ; j'en parle par expérience : l'établissement est tenu avec un confortable dont il est difficile de se faire une idée. Quant au niveau des études, il est des plus élevés.

Si ma conscience me reproche bien des appréciations d'une malveillance voulue, si j'ai à mon passif bien des critiques formulées de mauvaise foi dans ma lutte insensée contre l'Eglise, j'ai du moins la consolation d'avoir toujours rendu justice à mes maîtres de Mongré. L'impression que j'ai gardée de ce collège demeura constamment en moi si bonne, mes excellents souvenirs en furent si ineffaçables que, même au plus fort de mes attaques contre les jésuites en général, je ne pouvais m'empêcher de faire une exception pour les pères de Mongré ; c'était plus fort que moi.

Et pourtant je n'ai passé que deux années dans cette maison.

Les jésuites ont adopté une méthode d'enseignement, qui est, je crois, la meilleure, mais qui demande des professeurs bien difficiles à trouver. Chez eux, l'enfant ne change pas de professeur chaque année, comme cela se pratique dans les autres collèges : un Père a charge de ses élèves depuis la classe la plus élémentaire jusqu'aux classes supérieures ; ainsi, l'enfant, conservant toujours le même maître, travaille plus volontiers, et, d'autre part, le professeur, connaissant à fond les aptitudes spéciales de son élève, le guide mieux au travers des difficultés de l'instruction.

Pour cela, il est nécessaire que chaque Père chargé de l'enseignement, soit d'une capacité hors ligne et sache en même temps se plier à toutes les exigences de sa situation. Allez donc demander à un professeur de rhétorique de l'Université de s'abaisser à faire, pendant une année, la classe élémentaire de français !

Aussi, les élèves affluent chez les jésuites.

Durant les deux années que je passai à Mongré, le collège fut au grand complet. Il y avait là des pensionnaires venus des quatre coins du monde : autant que je me souviens, l'Italie et le Portugal étaient les nations étrangères les mieux représentées, numériquement ; mais, parmi mes camarades, se trouvaient même des enfants de Batavia, de Sydney et de la Nouvelle-Orléans.

A cette époque, le supérieur, ou Père Recteur, était le Père de Bouchaud.

J'entrai en sixième ; il s'agissait de me perfectionner dans le latin, dont je n'avais appris, au Sacré-Cœur, que les rudiments.

Le professeur de sixième se nommait le Père Richard. Il était très aimé de ses élèves. Incapable de la moindre brutalité, il ne se faisait respecter des enfants qu'à force de mansuétude ; et ce n'était pas affectation de sa part, cela était dans son caractère. Il était la bonté même.

Dans les chaudes journées d'été, parfois, profitant du beau temps, il nous emmenait à la campagne, assez loin. On emportait du pain et du chocolat ; en route, il achetait des cerises à un paysan et nous les distribuait. On s'arrêtait sous bois, et là, à l'ombre, il nous faisait son cours de grammaire, de latin, de catéchisme ou d'histoire. Puis, on jouait et l'on goûtait sur l'herbe.

Ah ! je vous réponds que c'était à qui saurait le mieux ses leçons, avec un tel maître. Les sorties de cette espèce étaient exceptionnelles ; mais comme tout le monde s'appliquait à ses devoirs pour plaire au bon professeur et le remercier ainsi de ces promenades instructives !

Le collège entier aurait voulu être de la classe du Père Richard.

Je n'étais pas un mauvais élève. J'ai pu, grâce à la complaisance du Père Recteur actuel, retrouver les « palmarès » de 1864 et 1865, et j'ai constaté, avec joie, qu'aux distributions de prix je ne passai pas inaperçu.

En sixième (1864), j'eus le premier prix d'orthographe, et les seconds accessits de thème latin et de version latine.

En cinquième (1865), j'eus le premier prix de thème latin, le second prix d'histoire et géographie, les premiers accessits d'instruction religieuse, d'excellence, et de version latine, le second accessit d'orthographe, et une mention spéciale d'honneur aux examens publics.

Mais laissons là ces petits succès classiques, et abordons un sujet d'une bien autre importance ; parlons d'un évènement qui, certainement, a décidé de mon avenir.

J'avais onze ans, en cette année 1865, la seconde passée à Mongré. C'est à ce moment que je fis ma première communion.

Le collège avait alors à inaugurer sa nouvelle et grande chapelle. Pour que la cérémonie fût plus imposante, on avait réservé les enfants de la précédente année, et nous étions ainsi une soixantaine qui nous préparions à ce grand acte de la vie chrétienne.

Selon l'usage, on nous avait séparés des autres élèves. Nous suivions les classes, comme à l'ordinaire ; mais nous passions le temps des études et des récréations dans un petit château attenant au collège, nommé le château de la Barmandière ; nous y avions aussi notre réfectoire et notre dortoir.

Le directeur de la retraite des communiants était le Père Samuel, religieux d'un très grand mérite et d'une piété très ardente, en un mot, un de ces hommes qui ne sont pas de ce siècle.

J'ai le devoir de rendre à ce saint prêtre un hommage tout particulier. C'est à lui que je dois d'avoir été on ne peut mieux préparé.

J'étais dans des dispositions excellentes. J'attendais, en proie à un ravissement de toutes les heures, le beau jour où il allait m'être permis de recevoir mon Créateur et mon Dieu.

Ma pensée tout entière se concentrait dans

ce désir, dans cette faim céleste. Mon travail classique même me servait à exciter en mon âme enfantine les sentiments de la foi la plus vive.

Un jour, le professeur nous donna, comme sujet de composition, l'épisode d'un combat naval livré par Annibal à Eumènes.

Annibal, pour gagner la victoire, porte son unique effort à combattre le vaisseau sur lequel se trouve le chef de la flotte ennemie. Il va droit à ce navire, sans se préoccuper des autres, qui font pleuvoir sur lui leurs plus terribles projectiles ; il aborde le vaisseau d'Eumènes, et les matelots carthaginois, sur son ordre, y jettent de nombreux pots de terre. Les ennemis se moquent. Quoi ! un navire vient seul contre leur flotte, et c'est à leur lancer des pots de terre que se borne toute son attaque ? Mais soudain, les ricanements cessent. Les vases, en se brisant, ont laissé échapper des reptiles dangereux, qui, se répandant sur le vaisseau, enlacent les marins, les paralysent et les tuent; Eumènes, chef de la flotte, est mis hors de défense, et Annibal triomphe.

Je traitai ma composition comme tous mes autres camarades ; mais ce sujet, bien qu'absolument étranger à la religion, m'avait inspiré des réflexions pieuses.

Après l'étude, j'envoyai à mon confesseur, le Père Futy, un billet, le priant avec instance de venir au château et lui annonçant que j'avais une confidence très importante à lui faire.

Le Père Futy, arrive, très intrigué.

— Qu'y a-t-il, mon enfant ?

— Mon Père, je n'ai rien de caché pour vous; vous connaissez toute mon âme, avec ses défauts et ses travers; dites-moi, je vous en prie, quel est mon vice dominant.

— Pourquoi me demandez-vous cela ?

— Voici.

Je raconte alors à mon confesseur la victoire d'Annibal sur Eumènes, et j'ajoute :

— Eumènes, le chef de la flotte ennemie, c'est mon vice dominant; les autres adversaires, ce sont mes travers, mes imperfections, mes défauts. Eh bien, je suis Annibal, et je veux remporter une victoire complète. Comme le général carthaginois, je dois user de tactique. Faites-moi connaître Eumènes; j'irai droit à lui, sans me préoccuper de mes autres ennemis. J'ordonnerai, aux quelques matelots qui seront avec moi, de jeter sur les adversaires des vases remplis de petits serpents : mes matelots, ce sont mes rares vertus; les petits serpents, ce sont mes prières. Elles enlaceront mes défauts et les réduiront à l'impuissance, pendant que, seul à seul, déployant toutes mes forces contre mon vice dominant, je le terrasserai dans un combat suprême. Eumènes tué, je ferai jeter à la mer ses soldats désarmés et paralysés, et, avec les dépouilles des ennemis et le prix de leurs vaisseaux, j'élèverai un temple au Dieu vivant. Mes matelots me resteront attachés; d'autres soldats viendront se joindre à eux, attirés par le prestige de ma victoire, et alors, glorieux et triomphant, je pourrai recevoir le Roi des rois dans un cœur digne de lui.

Telles étaient mes dispositions aux approches du grand jour.

Les larmes me viennent en relisant les lettres que j'écrivais à cette époque, lettres que mes divers parents, les ayant précieusement gardées, ont bien voulu remettre sous mes yeux.

L'année dernière, quelque temps après ma conversion, c'est-à-dire en novembre 1885, j'allai à Lyon rendre visite à ma chère marraine. Je profitai de ce voyage pour passer à

Mongré ; deux ou trois jours seulement avant, j'avais prié le Père Recteur d'avoir la bonté de me recevoir. J'arrivai donc un peu à l'improviste.

J'étais si heureux de revoir ce collège bien-aimé où s'étaient écoulés les meilleurs jours de mon enfance !

La première personne que je rencontrai fut le Père Samuel, ce même religieux qui m'avait préparé à la première communion. Il était, lui aussi, de passage à Villefranche ; il profitait d'un voyage pour s'arrêter quelques minutes à Mongré.

Avec quelle joie je sautai, comme un enfant, au cou du saint prêtre ! Pensez donc, comme Dieu était bon de me faire retrouver, au bout de vingt ans, le vénéré directeur de ma retraite de premier communiant !

Je demandai des nouvelles de tous les pères que j'avais connus ; les uns étaient morts, les autres dispersés dans des pays lointains.

Le collège n'avait plus sa physionomie si gaie d'autrefois. L'expulsion gouvernementale fut dirigée, on le sait, surtout contre les jésuites. Mongré n'avait pu conserver que quatre ou cinq Pères, pour la garde de l'immeuble et la direction des études ; les professeurs sont maintenant des ecclésiastiques et des laïques habitant au dehors.

Et j'ai été un de ceux qui ont réclamé l'expulsion des ordres religieux, au nom de la liberté !... Quels remords pour tout le reste de ma vie !...

Ah ! j'ai bien prié, ce jour-là, dans la chapelle du collège, et, de tout mon cœur, j'ai remercié Dieu de m'avoir pardonné mes égarements et mes crimes.

Cette visite à Mongré a été pour moi une immense consolation.

Je n'oublierai jamais ceci :

Le Père Recteur, après avoir été mon guide à travers les corridors et les classes, me conduisit à une galerie où sont accrochés tous les anciens tableaux d'honneur, depuis la fondation de l'établissement. Là, bien que je me fusse rendu indigne de mes maîtres, mon nom figurait toujours aux tableaux des années 1864 et 1865; on ne l'avait jamais effacé.

Et comme, attendri, je manifestai mon étonnement :

— A Mongré, me dit le Père Recteur, nous n'avons jamais douté de votre retour à Dieu.

Le Père Samuel ajouta :

— Vous avez fait une si bonne première communion !

Je lui rappelai certains faits de cette époque ; à son tour, il m'en remémora d'autres, insistant sur ce point que ma piété avait été réellement exemplaire.

— Un matin, au château, pendant la retraite, me raconta-t-il, j'entrai dans la chapelle pour prier avant de dire ma messe. L'aurore n'avait pas encore paru. Grande fut ma surprise en apercevant un enfant étendu par terre, sur les marches de l'autel : il avait, la nuit, quitté le dortoir, avait pris le grand crucifix de la chapelle, et là, il avait veillé ; il tenait encore entre ses bras l'image du Sauveur sur la croix, il l'embrassait et l'inondait de ses larmes. Ce spectacle me toucha profondément ; je racontai à tous nos Pères cette édifiante aventure... Cet enfant, c'était vous ; cette veillée si ardemment pieuse avait eu lieu quelques jours avant votre première communion.

Je remerciai le Père Samuel d'avoir ravivé mes souvenirs. En effet, j'en ai gardé la mémoire, ma première communion édifia tout le monde. Je fus même, pour une démarche auprès d'un des évêques venus à Mongré à cette occasion, choisi unanimement par mes camarades comme le porte-parole des jeunes communiants.

La solennité eut lieu le jeudi de l'Ascension.

Le pain céleste nous fut donné par S. E. Mgr de Bonald, cardinal-archevêque de Lyon, assisté de Mgr Mermillod, évêque de Genève, et de Mgr de Marguerye, évêque d'Autun.

On me pardonnera si je suis entré dans tant de détails. J'avais à cœur d'établir l'influence d'une bonne première communion sur l'avenir du chrétien. En ce qui me concerne, le fait est particulièrement caractéristique et indiscutable.

Catholiques, mettez tous vos soins à ce que vos enfants accomplissent avec le plus grand zèle cet acte décisif de la vie religieuse, et soyez bien certains alors que la grâce de Dieu, même s'ils y deviennent rebelles, ne les abandonnera jamais.

II

LA DÉCHÉANCE

SAINT-LOUIS. — LA PETITE ŒUVRE. — UN LOUVETEAU. — DERNIÈRES PRIÈRES. — UN SACRILÈGE. — MON PREMIER JOURNAL. — PERSPICACITÉ D'UN PROFESSEUR.

Pendant les vacances de 1865, je fus victime d'un accident. Tombant de la hauteur d'un premier étage, je me fis une fracture à la jambe gauche ; et, quand vint la rentrée des classes, je ne pus retourner à Mongré.

Trois mois durant, je dus garder la chambre, la jambe serrée entre deux planches. A la Noël seulement, il me fut possible de marcher.

Je m'étais bien morfondu, pendant mon long traitement. J'étais surtout triste en pensant que mes camarades continuaient sans moi, là-bas, à Villefranche, leurs progrès dans leurs études. Le temps, si malheureusement perdu ainsi, ne pouvait guère se rattraper.

En janvier 1866, j'étais encore en convalescence. Ma mère, à raison de mon état, tint à me voir placer dans un collège de Marseille ; mon père ne voulut pas la contrarier.

Justement, un grand pensionnat venait de se fonder, dans la campagne même de l'évêque. Le prélat marseillais, auteur de cette création, était Mgr Cruice. La première pierre de l'établissement avait été posée par Mgr Dupanloup. L'institution nouvelle reçut le nom de Collège Catholique de Saint-Louis.

Je demeurai à Saint-Louis pendant trois années scolaires. La première année, j'eus pour professeur M. l'abbé Girard, dont je n'ai gardé aucun souvenir utile à consigner ici ; la seconde année, M. l'abbé Jouet, dont j'aurai quelque peu à parler ; la troisième année, M. l'abbé Carbonnel, qui eut le pressentiment de mon impiété future.

En 1866 et 1867, je fis partie de la « division des moyens ».

Si j'avais de bonnes notes en classe, par

contre, je n'en avais pas d'excellentes à l'étude ; assez espiègle, je faisais le désespoir de notre surveillant, M. l'abbé Guigou, un bon vieux prêtre d'une grande simplicité.

J'avais reçu, ai-je dit, une solide instruction à Mongré, et, quand je fus mis à Saint-Louis, je me trouvai fort en avance sur les élèves de mon âge, mes condisciples. Ce changement de collège, effectué dans ces conditions, me rendit donc un mauvais service.

La classe, où j'avais été placé, recevait un enseignement que je connaissais déjà en majeure partie : aussi n'avais-je pas grand mérite à être le plus souvent premier en composition. A l'étude, mes devoirs étaient faits sans difficulté et en un clin d'œil ; j'expédiai en une heure le travail de deux, et, n'ayant plus à m'occuper, tandis que mes camarades étaient encore à feuilleter leurs dictionnaires, je m'amusai, pour passer le temps.

De là, résultait cette situation anormale : le professeur me proclamait le meilleur élève de sa classe, et le surveillant me déclarait le plus « dissipé » de sa division. A la distribution des récompenses de 1866, j'obtins une multitude de prix ; mais, par exemple, celui de bonne conduite n'était pas dans la quantité.

Ce fut cette année-là que je fus confirmé ; je reçus le sacrement dans d'excellentes dispositions. L'espièglerie, en moi, n'avait pas diminué la piété.

Une bonne année fut celle que je passai dans la classe de l'abbé Jouet.

Mon professeur d'alors brûlait d'un véritable zèle religieux. Il avait apporté d'Issoudun une dévotion nouvelle : la dévotion à Notre-Dame du Sacré-Cœur. Il était dévoré du désir de fonder un ordre religieux : il y avait là, chez ce prêtre au tempérament d'apôtre, une vocation irrésistible.

Quand il nous développait ses pieux desseins, son âme débordait ; le maître, oubliant son rôle de précepteur, se transfigurait ; une sorte d'inspiration l'enflammait, et il nous parlait avec une réelle éloquence.

L'abbé Jouet me fit l'honneur de me choisir pour son auxiliaire au collège ; il me nomma son « premier zélateur » parmi les élèves. Une confrérie enfantine fut donc instituée à Saint-Louis, entre quelques camarades, avec l'autorisation du supérieur, M. l'abbé Magnan. Nous l'appelions « la Petite Œuvre ».

Chaque adhérent à la Petite Œuvre se vouait à la propagation de la dévotion à Notre-Dame du Sacré-Cœur. Nous avions l'ambition de pourvoir, en partie, aux frais des missionnaires d'Issoudun. C'est dans cette ville que l'idée, à laquelle l'abbé Jouet consacrait sa vie, avait pris naissance.

Le minimum de cotisation était un sou par an.

Un de mes condisciples, Étienne Jouve, — qui, lui, ne s'est jamais écarté de la bonne voie, et qui occupe aujourd'hui une place distinguée dans la presse méridionale, — avait rimé, en faveur de la Petite Œuvre, dont il était aussi zélateur, quelques vers, que nous avions fait imprimer en tête de nos feuilles de cotisation.

Son appel à la charité catholique commençait ainsi :

> Un sou par an, c'est peu de chose,
> Et c'est beaucoup. Les grands effets
> N'ont bien souvent qu'une humble cause ;
> Les grands fleuves sont ainsi faits.

Et, en vérité, nous nous donnions beaucoup de peine pour mener à bien notre entreprise. Dans nos familles, chez celles de nos amis, partout où nous avions des connaissances, nous allions, les jours de sortie, multipliant nos efforts, recueillant sans cesse de nouvelles adhésions.

Rien ne pouvait faire prévoir qu'un jour je m'engagerais, déserteur de l'Église, dans l'armée de ses ennemis.

Pendant les vacances, mon père me conduisait quelquefois, le dimanche, soit au Cercle Religieux de Marseille, dont il était membre, soit à un patronage admirable, qui avait été fondé par l'abbé Allemand pour préserver de la corruption mondaine les jeunes employés de commerce. Je n'avais là que de bons exemples, je ne recevais de partout que de salutaires conseils.

Ce fut au cours de l'année scolaire 1867-1868 que je me perdis.

J'étais passé à la « division des grands ». Au nombre de mes condisciples, se trouvait le fils d'un capitaine marin, nommé R***, élève médiocre, mais camarade agréable. R*** et moi, nous nous liâmes d'amitié.

Le père de mon ami était franc-maçon. Bien entendu, en plaçant son fils à Saint-Louis, il n'avait pas fait connaître sa qualité au supérieur du collège. Il était, sans doute, un de ces républicains, assez nombreux, qui, afin que leurs enfants reçoivent une instruction sérieuse, les mettent dans des maisons catholiques d'éducation, sauf à détruire en eux la partie de l'enseignement qui a trait aux vérités chrétiennes.

R***, donc, dans une de ses confidences d'ami, m'avoua que son père appartenait à une société mystérieuse et que lui-même était « louveteau ». Cette révélation intime, sur laquelle il m'avait fait promettre le secret, piqua ma curiosité d'enfant. Je me procurai, un jour de sortie, la brochure célèbre que Mgr de Ségur venait d'écrire sur les francs-maçons.

Cette lecture aurait dû me montrer l'abîme, vers lequel je me laissais entraîner; mais il n'en fut rien. R*** m'assura que la Franc-Maçonnerie n'était pas aussi criminelle que Mgr de Ségur la dépeignait; car il en avait toujours entendu dire le plus grand bien par son père. Aussi, de la brochure de l'évêque, je ne retins que les passages où étaient donnés quelques aperçus des diverses cérémonies pratiquées dans les initiations.

L'étrangeté des épreuves maçonniques, les bizarreries des mystérieux rituels, tout cela avait vivement impressionné mon esprit; et, par contre, je demeurai indifférent aux appréciations et aux conclusions de l'auteur.

Je fis même des extraits du livre et les recopiai ; je me formai ainsi comme un manuel, que je plaçai dans mon pupitre. Je l'apprenais en cachette, pendant les études.

Lors des vacances de la Noël, mon père fut appelé au collège pour une communication grave ; le supérieur, qui était alors M. l'abbé Daime, recommandait à mon père de m'amener avec lui. Je ne savais ce que cela voulait dire.

Or, voici :

Un surveillant avait trouvé mon manuel maçonnique. Les directeurs du collège s'étaient émus.

Je comparus devant eux. On me demanda ce que cela signifiait. Je répondis que cet écrit se composait d'extraits du livre de Mgr de Ségur. Comme il était évident que je disais la vérité, les directeurs du collège furent un peu embarrassés : la conduite à tenir à mon égard en cette circonstance était difficile. Personne, du reste, ne pouvait soupçonner dans quel esprit j'avais recopié ces extraits ; car je n'avais fait aucune allusion aux confidences de mon ami R***. Seul, mon professeur de troisième, l'abbé Carbonnel, déclara que le fait de n'avoir retenu d'un ouvrage de ce genre que les citations essentiellement maçonniques prouvait que j'avais de mauvaises tendances.

En résumé, le conseil du collège ne me considéra pas comme répréhensible ; mais, depuis ce jour, l'abbé Carbonnel eut l'œil sur moi.

Sentant cette surveillance, je me tins sur mes gardes et m'attachai à ne pas me compromettre. J'avais bien commencé l'année, au point de vue des succès classiques ; aussi, ambitieux de récompenses, je voulais ma part de couronnes à la distribution des prix, et j'avais à cœur d'éviter tout ce qui pouvait être de nature à occasionner mon expulsion de Saint-Louis.

Cependant, l'âme était atteinte. Je n'étais plus le même que les années précédentes. Je travaillais toujours avec ardeur, quand il s'agissait de grec, de latin, d'histoire ou de mathématiques ; mais je me désintéressais de plus en plus de l'instruction religieuse.

J'étais miné par une fièvre intérieure.

Aux jours de sortie, j'achetais à la dérobée les journaux libres-penseurs ; j'en faisais ma lecture, et je les brûlais ensuite, pour que personne ne pût se douter de ce qui se passait.

Dans cette lutte morale, j'avais, parfois, envie de recourir à l'abbé Jouet, qui se montrait toujours bon pour moi. Il était devenu premier surveillant de la division des grands. Je voulais, par moment, aller le trouver et lui dire tout ; mais je m'arrêtais.

Je n'avais pas, pour cela, cessé d'être zélateur de la Petite Œuvre. Quand ma conscience me criait que j'allais à ma perte, je tentais un effort pour réagir ; puis, je revenais au doute qui m'envahissait. Il m'est arrivé, en ces crises-là, de prier Notre-Dame du Sacré-Cœur ; je lui demandais de me défendre. Ce furent mes dernières prières.

Le temps pascal arriva.

Mon confesseur, l'abbé C***, — aujourd'hui aumônier d'un hôpital militaire, — vit bien que mon âme était mortellement malade. Je me confessais pour la forme. Je ne tenais aucun compte de ses avis. Comprenant que je lui cachais la vérité et que je ne venais au confessionnal que contraint et forcé par les exigences du règlement, il tenta une suprême épreuve, à la veille du jour où tout le collège devait faire ses pâques.

— Je vois, mon enfant, me dit-il, que vous n'êtes pas dans les sentiments qui sont indispensables pour recevoir l'eucharistie; vous perdez la foi; vous me racontez vos fautes, non comme on fait un aveu, mais comme on débite le récit d'une aventure. Vous n'avez aucune contrition... Allons, dites si je me trompe; ayez un bon mouvement, mon enfant; soyez sincère.

— En effet, répondis-je au pauvre prêtre qui en demeura atterré, je ne crois plus.

— Mon Dieu! j'avais raison! répliqua-t-il, navré, consterné; est-ce bien possible?... Mais alors, mon enfant, je ne puis vous donner l'absolution.

— Monsieur l'abbé, lui dis-je cyniquement, cessant tout à coup de l'appeler « mon père », monsieur l'abbé, que vous me donniez ou non l'absolution, je ferai demain mes pâques.

Mon confesseur fondit en larmes.

— Malheureux! murmura-t-il, vous ne redoutez donc pas de commettre un sacrilège?

Je me levai, et, me penchant vers lui, je lui dis froidement, à voix basse :

— Si je ne communiais pas avec tout le monde, je serais trop remarqué; cela causerait un scandale; déjà, mon professeur, l'abbé

Carbonnel, se méfie de moi. Et bien, il ne manquerait plus que cela, que je ne fisse pas mes pâques ! Je serais sûrement renvoyé.

Le lendemain, la solennité de la communion générale eut lieu. Les élèves allaient à la table sainte, par groupes, tous ceux qui occupaient le même banc se rendant ensemble à l'autel.

Mon confesseur, agenouillé dans un coin de la chapelle, priait.

Quand mes camarades de banc se levèrent à leur tour, je marchai avec eux. Je reçus Dieu indignement.

Au moment où, quittant l'autel, je me dirigeai vers ma place, je vis un mouvement insolite au fond de la chapelle. Les professeurs, les surveillants s'empressaient autour de l'abbé C*** qui venait de se trouver mal.

Ah ! j'éprouvai alors un vif remords. Mais ce fut pas du sacrilège, hélas ! que j'avais froidement commis. Je ne me reprochais pas ce que mon indigne communion avait d'abominable en elle-même, mais ses fâcheuses conséquences pour mon pauvre confesseur.

La mauvaise journée que je passai !

Je n'osai pas aller, personnellement, prendre des nouvelles de l'abbé C***. J'avais peur de l'issue de cet accident ; car l'excellent prêtre avait eu une violente attaque. J'aurais voulu me présenter à lui et lui demander pardon ; je sentais qu'une démarche de moi dans ce sens lui ferait du bien : mais j'étais retenu par une autre peur ; je me disais que, si j'avais une entrevue avec le malade, tout se saurait ou du moins se comprendrait, et qu'alors je serais chassé de Saint-Louis.

Après avoir été sacrilège, je fus lâche.

Quelle déchéance !

L'abbé C*** se remit, toutefois, de son indisposition. Jamais je ne me représentai devant lui ; je pris un autre confesseur, à qui je me gardai bien d'avouer... mon crime.

Comme il n'y avait pas de communion générale en dehors de celle de Pâques, je me bornai désormais à aller me confesser, — pour la forme, toujours, — une fois par mois, suivant les usages du collège.

C'était donc fini. Le bon petit Gabriel de Mongré n'existait plus.

Mes parents ne se doutaient pas de mon changement. A Saint-Louis, seulement, on constata, vers cette fin d'année scolaire, que mon esprit avait des velléités d'indiscipline. Mes condisciples me tenaient pour républicain, mais non pour impie ; car je cachais mon irréligion et ne laissais voir que mon amour déréglé d'indépendance.

Entre camarades, nous avions imaginé, à cette époque, de créer un journal manuscrit, qu'on se passait de main en main aux récréations. Cet organe de la division des grands s'appelait : *le Type*. Nous étions trois rédacteurs : Etienne Jouve, Léon Magnan et moi. Un autre élève, du nom de Bérenguier, était chargé des illustrations.

Le *Type*, dans son premier numéro, publia un programme en triolets, dus à Jouve, qui était le barde du collège.

Le triolet, qui me concernait, commençait ainsi :

> Fidèle à son rouge drapeau,
> Jogand parlera politique.

Je rappelle ce souvenir, uniquement parce qu'il indique bien mes tendances d'alors. J'avais quatorze ans, un brin de moustache, — je fus très précoce, — et je me croyais un personnage. Au lieu de jouer au ballon ou aux barres, je groupais quelques-uns de mes camarades autour de moi, et je leur faisais des cours de politique à ma manière. Après chaque sortie, je rapportais au collège les échos de la campagne que le parti républicain menait contre l'Empire.

L'abbé Carbonnel, mon professeur, me dit un jour :

— Gabriel, vous tournerez mal ; vous commencez par les badinages inoffensifs du *Type* ; cela vous conduira aux diatribes révolutionnaires et aux impiétés du *Siècle*.

Du reste, mes articles tuèrent le *Type*. Au bout de quelques numéros, le supérieur de Saint-Louis nous invita à cesser notre journal, ce genre de composition n'étant nullement classique.

C'est ainsi que je passai trois ans au Collège Catholique de Marseille.

Au commencement de juin, je tombai malade. Une fièvre typhoïde me ramena chez mes parents, deux mois avant les grandes vacances. Je fus très dangereusement atteint et faillis mourir. Dans les premiers jours d'août, seulement, j'étais sauvé.

Mais, si le corps était hors de péril, l'âme, par contre, était dans un triste état. Mon orgueil, joint à une curiosité malsaine, l'avait détournée de Dieu, et un horrible sacrilège avait fait la nuit dans ma conscience.

III

LA RÉVOLTE

LE PRESTIGE D'UN PAMPHLÉTAIRE. — DEUX ATHÉES. — UN JUIF. — PROJET INSENSÉ. — LES 25 FRANCS DE NOTRE-DAME DU SACRÉ-CŒUR. — FUITE DE LA MAISON PATERNELLE. — METTRAY. — EXISTENCE EN PARTIE DOUBLE. — LETTRE DE MON PÈRE A PIE IX. — RÉPONSE DU SOUVERAIN PONTIFE.

Le 1ᵉʳ juin 1868, un coup de tonnerre avait éclaté dans l'atmosphère politique; le premier numéro de la *Lanterne*, d'Henri Rochefort, paraissait.

D'un bout à l'autre de la France, on ne parlait plus que du virulent pamphlet hebdomadaire.

A peine fus-je guéri de ma fièvre typhoïde, que je voulus lire les pages acerbes de ce

Rochefort, inconnu la veille, qui révolutionnait le pays.

Je me procurai les nuit ou neuf numéros parus de la *Lanterne*, et je les dévorai littéralement.

— Voilà mon homme, me dis-je.

Mon enthousiasme pour Rochefort était du délire.

Ce mois d'août, je le passai dans une agitation, dont il est impossible de se faire une idée.

La *Lanterne* avait provoqué, en province, la naissance d'une foule de feuilles violentes, que je savourais avec délice.

J'aurais voulus être journaliste.

Ecrire et être lu du public, quel rêve !

J'achetais tous les journaux du parti avancé, je les collectionnais en secret.

Les doctrines révolutionnaires m'attiraient comme un aimant. Je me repaissais des écrits les plus exagérés.

Or, ces gazettes écarlates, en majeure partie, n'avaient pas des rédacteurs assez riches pour s'offrir le luxe du cautionnement légal et ne pouvaient traiter de la politique que par allusions et à mots couverts. Mais, comme il leur fallait remplir leurs colonnes, elles se rattrapaient en daubant sur la religion et ses ministres. Toutes ces feuilles, du reste, pour avoir une raison d'être, s'intitulaient journaux philosophiques.

Quand on est jeune et qu'on se prend d'admiration pour un homme, on veut à tout prix le connaître.

Je me présentais donc dans les bureaux de rédaction, et, sous le premier prétexte venu, je demandais à parler aux écrivains que j'admirais.

Partout, je reçus bon accueil. Mon cas, en effet, était singulier. Quoi de plus curieux, aux yeux de ces journalistes révolutionnaires et athées, que ce fils d'une famille connue dans la ville entière pour sa piété, qui venait à eux avec toute la fougue de ses quatorze ans !

C'est ainsi qu'à la fin d'août je fis la connaissance de deux radicaux matérialistes, MM. Leballeur-Villiers et Royannez, dont la fréquentation exerça sur moi une influence décisive.

M. Leballeur-Villiers était le type accompli de l'agitateur. On se réunissait chez lui, et l'on conspirait contre le pouvoir.

Il était photographe, de son état ; mais il

s'occupait plus de politique que de photographie.

C'était un grand diable d'homme, sec, nerveux, énergique; il portait une barbiche grisonnante; l'œil étincelait. On aurait dit un Méphistophélès de cinquante ans. Il avait été, au 2 décembre, déporté, si je m'en souviens bien, à Lambessa. Il haïssait l'Empire d'une haine implacable.

Quand il me racontait les amertumes de sa proscription, j'étais suspendu à ses lèvres.

Je me serais fait tuer pour M. Leballeur.

Il avait une femme très simple, très douce; dévouée à son mari, elle subissait son ascendant et partageait ses idées.

J'éprouvais une sorte d'ivresse, lorsque je me trouvais auprès d'eux.

M. Leballeur-Villiers faisait des armes et était d'une adresse exceptionnelle au pistolet. A vingt-cinq pas, il logeait sa balle au milieu d'une cible de dix centimètres de diamètre à peine.

Un jour, je prenais le café chez lui. Il s'amusait à tirer dans son jardin.

— Monsieur Leballeur, lui dis-je, voulez-vous une bonne cible? Tirez dans cette soucoupe.

Et, le bras tendu, je tenais au bout de la main la soucoupe de ma tasse à café.

— Soit, me répondit-il, ne bougez pas.

Sa femme poussa un cri.

Il haussa les épaules et me répéta :

— Ne bougez pas !

J'étais immobile, confiant dans son adresse. On fait de ces folies-là, quand on est enfant.

Il tira. La soucoupe vola en éclats.

— Bravo ! criai-je.

— Bravo pour vous, jeune homme ! riposta-t-il.

Et il m'embrassa.

Puis, il ajouta, en se tournant vers sa femme :

— En voilà un qui, s'il le faut, saura faire son devoir sur une barricade !

Il me sembla, dès lors, que nous étions liés l'un à l'autre.

M. Leballeur-Villiers ne se trompait pas sur mon compte. A cette époque, avec mon exaltation, j'aurais volontiers donné ma vie pour la république, dans une émeute.

Quant à M. Royannez, il était tout autre. Ventru, la figure large, il avait des allures on ne peut plus paisibles. Cependant, il écrivait dans les journaux des articles dont la violence ne le cédait en rien à ceux de la *Lanterne;* il faisait de l'insurrection en chambre.

M. Leballeur-Villiers pensait, chaque matin, que le moment était venu de descendre dans la rue. M. Royannez le calmait et disait que les esprits n'étaient pas encore prêts; il était d'avis d'attendre les évènements. C'était un révolutionnaire de théorie; M. Leballeur-Villiers, lui, était un révolutionnaire de pratique.

Toutes mes sympathies allaient à ce dernier. La prudence de l'autre me semblait toujours hors de saison.

On n'en finirait donc jamais avec l'Empire, si l'on remettait sans cesse la révolution au lendemain!

Un soldat vint, un jour, se faire photographier chez M. Leballeur-Villiers. La pose terminée, on entama une conversation; toute circonstance était bonne à l'artiste, pour se livrer à sa propagande. Le soldat, circonvenu, finit par se déclarer républicain. M. Leballeur-Villiers le garda à dîner. Il était heureux.

— L'armée est avec nous, disait-il le soir; nous pouvons marcher.

Il parlait ainsi, de très bonne foi.

M. Royannez tempérait cette frénésie. Il était le sage Nestor qui retenait ce bouillant Achille.

Chez M. Royannez, la vie était placide. On ne cassait pas des soucoupes à coups de pistolet. Il était quelque peu patriarcal, causant ménage avec sa femme, réservant toutes ses théories politiques pour l'éducation de sa fillette Jeanne, — qui devait devenir plus tard madame Clovis Hugues.

Un troisième radical que je connus alors fut un juif, M. Simon Weil. Celui-ci détestait le catholicisme d'abord, l'Empire ensuite. Il m'avait pris en grande amitié. Il me disait souvent :

— Le premier ennemi, c'est le Pape. Quand nous aurons détruit l'Église, tout le reste ira bien.

Mon père ignorait ces relations. Je l'aimais beaucoup et ne me sentais pas le courage de lui avouer mon changement.

Pour ne pas lui déplaire, je l'accompagnais le dimanche à la messe. Quand il communiait, je m'approchais avec lui de la sainte Table, profanant sans scrupule un sacrement auquel je ne croyais plus.

Pourtant, il me répugnait d'agir de la

sorte. Ne comptant pour rien mes sacrilèges, j'étais désolé d'être hypocrite. Mon crime envers Dieu m'était léger; ma dissimulation envers mon père me pesait.

Mais comment lui apprendre la vérité? Quel coup ce serait pour lui quand il la connaîtrait!

J'hésitais toujours, je ne pouvais me résoudre à lui révéler la situation.

Sur ces entrefaites, Rochefort, poursuivi et condamné, avait été obligé de se réfugier en Belgique. Le pamphlétaire, exilé, m'apparaissait avec une auréole de persécution qui doublait à mes yeux son prestige.

Je ne sais comment, un matin, l'idée me vint d'aller le rejoindre à Bruxelles. C'était une idée folle, absurde; mais, dans l'état d'esprit où je me trouvais, rien ne me semblait impossible.

Je me disais que ma place était auprès de Rochefort.

— J'irai à lui, pensai-je, je me ferai connaître, je lui raconterai mon histoire, et il me comprendra. J'accepterai, pour subsister, n'importe quelle place, fut-ce l'emploi de laveur de vaisselle dans un restaurant. Dans mes heures de loisir, j'écrirai; je ferai quelque livre, et, étant ainsi hors de l'atteinte du gouvernement impérial, je participerai, moi aussi, par la plume, à la guerre sans merci dont la *Lanterne* a donné le signal. Puis, quand l'heure de la révolution aura sonné, je viendrai à Paris me mêler aux conjurés, et, le fusil en main, je me battrai pour établir la république sur les ruines de la tyrannie.

Tel était mon plan, et je caressais ce projet, sans voir ce qu'il avait d'insensé. Je ne vivais plus que pour le réaliser.

La difficulté était surtout de gagner la Belgique. De Marseille à Bruxelles, il y a loin.

Traverser la France, il n'y fallait point songer. Je m'imaginais que, la frontière mise entre mes parents et moi, personne n'aurait plus recours pour me faire ramener à la maison paternelle.

Tout compte établi, — car il y avait lieu de calculer encore avec mes maigres ressources, — je me résolus à gagner l'étranger par les Alpes. Je pouvais arriver jusque-là. Une fois en Italie, me disais-je, je vivrai comme je pourrai, m'employant, un mois dans une ville, un mois dans une autre, à n'importe quels offices, réservant exclusivement ce que je gagnerai pour mes frais de route, me rendant ainsi à petites journées vers cette terre promise de mon imagination exaltée, la Belgique.

Je ne me sentais pas le courage d'avouer à mon père que j'avais perdu la foi, et je me préparais à quitter pour toujours ma famille. Explique qui pourra cette anomalie.

Cependant, je n'étais pas seul, à la maison, à lire clandestinement des journaux athées et des brochures révolutionnaires. Mon frère, bien qu'il fût mon aîné, subissait mon influence. Quoiqu'il eût quatre ans de plus que moi, une seule classe nous séparait, au collège. Ainsi, à Mongré, il était en quatrième, quand j'étais en cinquième. Pendant les vacances, nous étions ensemble davantage encore. Nous ne faisions pas une partie de promenade l'un sans l'autre. Sans se passionner autant que moi pour la politique, mon frère avait aussi l'esprit aventureux, et il était devenu mon complice dans la dissimulation dont je me rendais coupable à l'égard de notre pauvre père.

Mon frère accueillit donc volontiers mes ouvertures, et, quand il fut question de fuir la maison paternelle, pour rompre avec une existence qui nous pesait, il se rallia à mon plan de voyage.

Nous fîmes argent de tout ce que nous possédions. Un à un, nous transportâmes chez le bouquiniste nos dictionnaires, livres d'étude et autres ; nous avions une bibliothèque des mieux montées. Ces ventes avaient été effectuées avec adresse, sans que nos parents pussent se douter que les placards, toujours fermés, où nous mettions nos affaires, étaient vides. Ne gardant que le strict nécessaire, nous avions même fait disparaître ceux de nos costumes dont il y avait possibilité de tirer quelque chose chez le fripier. Pendant cinq ou six semaines, nous n'avions pas dépensé un sou des petites sommes que notre famille nous donnait pour nos menus plaisirs. Enfin, le jour même du départ, nous vendions nos montres et nos bijoux. En tout, nous avions réalisé environ deux cents francs. D'autre part, nous avions acheté chacun un petit révolver de poche et un poignard. Il nous restait à peu près cent cinquante francs ; or, comme nous ne nous étions jamais vus à la tête de pareille fortune, nous pensions très certainement qu'avec cela nous pourrions aller au bout du monde, s'il l'avait fallu.

Nous partîmes le 18 octobre, au matin. C'était un dimanche. Un orage était dans l'air.

Je dis à mon père que nous allions entendre la messe, mon frère et moi, au sanctuaire de Notre-Dame de la Garde, et qu'après ce petit pèlerinage, si le temps se mettait au beau, nous ferions une partie de mer.

Pour que notre escapade ne pût être soupçonnée, j'eus l'effronterie de prier ma mère d'avoir, au repas de midi, tel plat que j'aimais beaucoup, ajoutant que nous serions de retour à onze heures et demie, sans faute.

L'orage se déclara; il y eut une tempête épouvantable. Nous en fûmes ravis, mon frère et moi.

— Nos parents penseront, nous disions-nous, que nous avons été promener en mer, quand même, et ils nous croiront victimes de notre imprudence.

Mais voici une particularité qui donnera au lecteur une idée exacte de mon caractère.

N'ayant jamais avoué à l'abbé Jouet la transformation que j'avais subie, j'étais demeuré, malgré moi, zélateur de la Petite

Œuvre; détenteur de listes d'adhésions, il m'avait bien fallu, sous peine de voir mes projets se démasquer, continuer à accueillir les souscriptions des personnes auprès desquelles j'avais été précédemment un propagateur de la dévotion à Notre-Dame du Sacré-Cœur.

On voit d'ici mon ennui, mon embarras.

Cet argent n'était pas à moi; bien qu'il fût destiné à l'Église que je considérai alors comme l'ennemie, et quelle que fût mon ardeur extrême à augmenter n'importe comment mes ressources, je ne pouvais m'approprier la somme en ma possession; c'eût été un vol.

Quelques jours avant notre fugue, je rencontrai l'abbé Jouet.

Le directeur de la Petite Œuvre avait, sans doute, depuis mon départ de Saint-Louis, reçu les confidences de l'abbé Carbonnel, mon dernier professeur; celui-ci lui avait probablement fait part de ses appréhensions à mon sujet. En effet, l'abbé Jouet se tint sur la réserve, en me voyant. J'étais, à la rue, causant avec quelqu'un de mes nouveaux amis, dont la tournure était éminemment démocratique.

Plantant là mon ami, j'allai droit au missionnaire de Notre-Dame, très étonné.

— Monsieur l'abbé, lui dis-je, j'ai un reliquat de souscriptions destinées à la Petite Œuvre. Soyez assez bon pour me faire savoir à quelle heure vous serez demain chez vous, afin que je vous remette l'argent en question.

La somme se montait à vingt-cinq francs à peu près. Le lendemain, à l'heure convenue, je les apportais à l'abbé Jouet.

Lorsque, un mois après, le missionnaire n'eut plus aucun doute, par les tristes nouvelles reçues de moi à Saint-Louis, sur ma perdition qui parut à tout le monde irrémédiable, il fut frappé de ma conduite en ce qui concernait la Petite Œuvre.

C'était à qui disait :

— Notre pauvre Gabriel est bien perdu à jamais; il mourra dans l'impénitence finale.

Seul, parmi les professeurs du Collège Catholique, l'abbé Jouet avait confiance en mon retour.

— Non, répétait-il, il ne se peut pas que la grâce abandonne notre cher enfant; elle le poursuivra, quand elle sera le plus repoussée par lui; elle le vaincra, au moment où il se croira le plus fortement cuirassé par le mal. Il a pour lui, contre tout l'enfer déchaîné, la protection de Marie.

En 1882, au mois de juin, je m'étais rendu en Italie, à l'occasion des funérailles de Garibaldi. A Rome, l'Association Démocratique des étudiants de l'Université m'invita à donner une conférence à la jeunesse des écoles. M. le sénateur Caracciolo de Bella mit à ma disposition la salle de la Société Progressiste. Là, en face du Vatican, le cœur gonflé d'une haine satanique, je me répandis, avec une fureur sans égale, en invectives contre la religion et la papauté.

Ce même jour, 10 juin, une autre voix s'élevait dans la chaire d'une église de Rome, et cette voix disait :

— Prions, mes frères, prions pour un aveugle; prions pour un de mes anciens élèves que l'enfer nous a pris et qu'il nous faut arracher à l'enfer.

Et le prédicateur sans me nommer, racontait l'histoire des vingt-cinq francs de la Petite Œuvre. En narrant cette anecdote, il avait des larmes dans la voix. Et les prières des fidèles montèrent suppliantes vers le ciel.

Ce prédicateur, c'était l'ancien missionnaire d'Issoudun, mon professeur de Saint-Louis. Il avait réalisé son beau rêve d'apôtre. Il ne s'appelait plus l'abbé, mais le Père Jouet.

L'ordre religieux de Notre-Dame du Sacré-Cœur, reconnu par le Pape, compte aujourd'hui de nombreux membres, répandus dans les contrées les plus reculées du monde. Voilà comment, en 1882, le Père Jouet, supérieur général, résidait à Rome.

Mais je reviens à l'aventure peu édifiante de ma fuite de la maison paternelle.

C'était donc un dimanche. Nous partîmes, mon frère et moi. Nous prîmes le chemin de fer et nous nous rendîmes à Aix, où nous passâmes la journée.

Nous nous sentions errants, nous nous imaginions que tout le monde nous remarquait. Pour demeurer inaperçus, donc, nous cherchâmes à nous confondre dans une foule. Un café-concert nous attira par son vacarme; nous nous y précipitâmes; ces hurlements de chanteurs de dernier ordre, ce bruit d'un orchestre réduit à sa plus simple expression, mais faisant néanmoins un tapage excessif, cette atmosphère enfumée, saturée des émanations de l'alcool et de l'âcre odeur de la multitude, tout cela nous étourdissait, et, grisés en quelque sorte, nous oubliions, dans ce milieu immonde et malsain, le père et la mère qui, là-bas, se désolaient, en proie à des transes mortelles.

Nous mangeâmes, sans appétit, dans un restaurant de catégorie infime. Puis, après le repas, nous revînmes encore nous étourdir dans le nauséabond et charivarique casino.

Il s'agissait d'atteindre minuit, heure du départ de la diligence qui se rend à Digne.

Ah! quelle mauvaise nuit je passai dans le lourd véhicule! Les cahots et le sentiment insurmontable de ma vilaine action m'empêchèrent de dormir.

Mon plan de voyage était celui-ci :

Gagner la frontière par le nord du département des Basses-Alpes, et pénétrer en Italie, à travers montagnes, par le col de l'Argentière.

A Digne, deux routes s'offraient, pour atteindre la frontière. La plus courte, par la Javie et Barcelonnette, avait, pour nous, le désavantage de nous faire traverser des communes relativement populeuses, où nous pouvions être signalés; nous en avions, du moins, la crainte. La plus longue, par Barrême, nous obligeait à redescendre d'abord vers le Var; mais, une fois Barrême traversé, nous ne cheminions plus que par de minuscules bourgades, franchissant sans cesse monts et vaux, longeant les Alpes-Maritimes et parvenant enfin au col de l'Argentière par une région à peu près déserte et des défilés presque inaccessibles.

C'est pourquoi, après avoir passé la matinée à Digne, nous prîmes la diligence de Barrême. Seulement, pour éviter de séjourner dans ce chef-lieu de canton, nous fîmes halte en un maigre hameau d'une quarantaine d'habitants, appelé Norante.

Nous étions là en pleines montagnes. Le site nous charma. Une lutte s'engagea, en nous, entre deux désirs contraires : d'une part, nous avions hâte de nous trouver en Italie; d'autre part, nous éprouvions le besoin de respirer encore le plus possible notre bon air de France.

Il fut donc décidé que nous demeurerions à Norante jusqu'au jeudi et qu'ensuite nous partirions pour ne plus nous arrêter.

Il n'y avait pas d'hôtellerie, à Norante, comme bien on pense; mais une famille de cultivateurs avait consenti à nous héberger. Ces braves gens, à qui nous avions conté une histoire quelconque, se nommaient Féraud, si j'ai bonne mémoire.

Le jeudi, 22 octobre, tandis que nous revenions de vagabonder à travers les collines, on nous dit que le brigadier de la gendarmerie de Barrême demandait à nous parler.

Nous comparûmes, un peu penauds, devant le représentant de la force publique; il nous apprit, — ce qui nous stupéfia, — que notre père nous attendait à Digne, où il nous était enjoint de retourner.

Le gendarme s'offrait, avec une grâce tout à fait narquoise, à être notre compagnon de route.

Toute résistance était impossible.

Nous revoilà bientôt à Digne. M. le procureur impérial nous administra une verte semonce, en présence de notre père, plus navré, certes, que nous. Le pauvre homme se croyait le jouet d'un cauchemar.

— Mais enfin, nous disait-il en sanglotant, pourquoi êtes-vous partis? Qui a pu vous faire quitter la maison?

Nous pleurâmes aussi et racontâmes ce que nous comptions écrire à nos parents dès la frontière passée.

Notre pauvre père était abasourdi, atterré.

Bref, nous repartîmes avec lui pour Marseille; durant le trajet, il nous raconta ce qui s'était passé.

Quand on ne nous avait plus vu reparaître chez nous, le jour de notre fuite, on nous avait cru d'abord victimes de quelque accident. Notre mère était allée chez un de nos amis, ancien camarade de collège, pour l'interroger, pour savoir de quel côté nous nous étions rendus en partie de plaisir.

Notre ami, un des rares confidents de notre escapade, avait déclaré n'être au courant que d'une promenade projetée en mer.

Je ne sais pas comment il s'exprima ; mais sa déclaration parut suspecte à notre mère, et l'excellente femme comprit alors qu'aucun malheur n'était arrivé, qu'on lui cachait quelque chose.

Elle retourna à la maison, ouvrit nos placards, et, les trouvant vides, fut certaine de notre fuite.

Quelques journaux oubliés frappèrent son attention ; c'étaient les feuilles de M. Royannez. Nous avions dû laisser échapper parfois des appréciations sympathiques au sujet du journaliste radical de Marseille. Notre mère se les rappela, et, avec cette clairvoyance que donne seule l'affection, elle se dit :

— C'est chez ce M. Royannez que je saurai la vérité.

Elle ne se trompait point.

M. Royannez, chez qui elle courut, ne lui déguisa rien. Il lui fit part des communications qu'il avait reçues, se défendit d'avoir encouragé notre escapade, — il disait vrai, — et lui apprit que nous étions partis dans la direction de Digne.

La famille s'était alors adressée à l'autorité; le télégraphe avait joué, et notre itinéraire avait été découvert.

Rentrés à la maison, nous eûmes à subir les remontrances de tous nos parents, remontrances évidemment très méritées.

Les explications, que je donnai, pour ma part, avaient beau être sincères; elles n'étaient pas de nature à justifier notre équipée.

— En ce qui me concerne, disais-je à mon père, je ne pouvais me résoudre à vous avouer qu'en continuant à pratiquer la religion je vous trompais, et je ne pouvais pas non plus m'imposer longtemps encore un culte que maintenant je déteste; cette hypocrisie, à laquelle ma fausse situation me contraignait, était pour moi une vraie torture; j'ai voulu en finir.

Nos parents délibérèrent sur la conduite à tenir à notre égard.

Tout bien examiné, on se dit que, dans

cette aventure, le vrai coupable, c'était moi, que mon frère avait subi mon influence, et que c'était à mon imagination un peu précoce et à mon ardeur par trop déréglée qu'était dû ce voyage de haute fantaisie ayant pour but Rochefort et la Belgique.

Mon père, ne sachant à quel saint se vouer, demanda conseil à tout le monde. Il était négociant et avait un associé; celui-ci l'engagea à m'infliger une correction sérieuse, à me faire enfermer dans une maison de discipline.

Comme conclusion, mes parents décidèrent que mon frère continuerait ses études et que, moi, je serais mis en réclusion à Mettray, jusqu'à mon retour à de meilleurs sentiments.

Usant de son droit légal de correction paternelle, mon père obtint donc du président du tribunal civil une autorisation d'internement, et, le 1ᵉʳ novembre, je quittai Marseille sous la conduite d'un gendarme. A vrai dire, le gendarme, choisi pour me faire escorte jusqu'à Mettray, n'était pas le premier venu. Il était connu et apprécié de la famille; il avait, un jour, sauvé la vie à mon oncle, en arrêtant son cheval emporté; il était, à raison de cela, considéré et aimé par mes parents. Mais, si pour eux il était « le brave ami Bécoulet », pour moi, c'était... un gendarme.

Je partis en sa compagnie, maudissant les conseillers de mon père, enrageant de ne pouvoir me soustraire à cette humiliante correction, jurant à la religion une haine éternelle, me promettant bien de tirer dans l'avenir une vengeance éclatante du traitement qui m'était infligé.

Ce long voyage de Marseille à Tours fut pour moi un vrai supplice.

En vain, je tentai de m'échapper ; le gendarme ne me perdait pas de vue, une seconde.

A Mettray, il me remit entre les mains des directeurs, et l'on me claquemura dans une étroite chambrette, verrouillée et grillée, une prison.

Ah ! je n'ai pas l'intention de plaider les circonstances atténuantes. J'étais bien coupable ; mais je crois, aujourd'hui encore, que l'associé de mon père ne lui avait pas conseillé la bonne voie à prendre pour me ramener.

Au point de vue de la probité, rien ne pouvait m'être reproché, et l'on me soumettait à la réclusion dévolue aux malfaiteurs.

Entre mes quatre murs, j'enviais le sort des jeunes gens de la colonie agricole, envoyés à Mettray, après s'être assis sur le banc de la correctionnelle. Ils allaient et venaient, ils vivaient au grand air des champs, ils étaient relativement libres; et moi, du matin au soir, j'étais écroué dans une cellule, pouvant à peine faire quatre pas.

Oh! quelle torture!

— Quoi! l'on espère que je demanderai grâce, me disais-je; eh bien, non, je me révolte plus que jamais.

Je n'avais certes pas à me plaindre de la nourriture; mon père avait recommandé de ne me laisser manquer de rien, et l'on me servait des repas très confortables.

Le personnel de l'établissement n'avait que des prévenances pour moi.

Mais que m'importait? Je me souciais peu de toutes ces attentions.

— Donnez-moi du pain noir, bourreaux! m'écriai-je, et rendez-moi la liberté!

Je vivais dans une exaspération continuelle, j'écumais de fureur, j'étais comme une bête fauve arrachée à son désert et rugissant de se voir en cage.

Un professeur, nommé M. Messire, venait me donner quelques leçons; car mon père, espérant me voir m'amender, ne voulait pas que je perdisse le fruit de mes études. Ces leçons me plaisaient, non à cause de l'instruction nouvelle que j'en retirais, mais parce qu'elles me permettaient d'avoir du papier à ma disposition.

J'écrivais en cachette mes impressions de jeune reclus. J'ai tracé, alors, des lignes que j'ai conservées et qui prouvent bien la rage folle dont j'étais animé.

On me permettra d'en reproduire quelques-unes. Le public ayant été souvent étonné de mes violences de journaliste et n'en connaissant point les origines, il est utile que le lecteur se rende un compte bien exact de mon état mental, à l'époque où je délirais de furie sous les verrous de Mettray.

Voici un morceau des plus caractéristiques. Il occupait la place d'honneur dans mon recueil de prisonnier; qu'on excuse mes quatorze ans et ma folie. J'avais intitulé cela : *les Psaumes de la Vengeance.*

I

Le soleil venait de s'éteindre dans l'océan,* et la nuit allait bientôt couvrir le monde de son manteau semé d'étoiles.

La mère, assise dans un coin de sa demeure, versait des torrents de larmes, * et essuyait ses yeux humides ;

Et loin, bien loin d'elle, * le fils pleurait aussi.

La distance séparait leurs corps ; * mais leurs cœurs étaient unis par une amère douleur.

Et les persécuteurs se réjouissaient : * ils entouraient leurs têtes de couronnes de fleurs, et leurs lèvres s'humectaient des vins les plus recherchés.

Ils chantaient ; * et leurs bouches infâmes proféraient ces paroles odieuses :

« Gémissez et pleurez, fils et mères ; * gémissez, tandis que nous sommes dans l'allégresse.

« Nous nous réjouissons des larmes de l'enfant ; * les sanglots de la mère font notre bonheur et notre joie.

« A nous le plaisir, à nous les douceurs de l'ivresse !* Que le nectar coule dans nos coupes argentées ! »

Et l'amphore versait des flots d'un breuvage délicieux ; * et l'encens répandait une odeur des plus suaves.

II

Cependant, loin du tumulte et du bruit, * au fond d'un noir cachot était le malheureux exilé.

Sa tête, affaiblie par la souffrance, * se reposait sur ses mains chargées de fers ;

Son visage était rouge d'une violente colère, * et son cœur oppressé soulevait par moments sa poitrine.

La rage étincelait dans ses regards, * et des larmes nombreuses s'échappaient de ses paupières.

L'espoir et la crainte, l'amour et la soif de la vengeance agitaient tour à tour son âme, * et la pensée de sa mère lui revenait sans cesse à l'esprit.

« Ah ! s'écriait-il, quelle doit être en ce moment la douleur de ma mère, * de ma bonne mère que j'aime tant !

« Mes oppresseurs sont heureux, sans doute, * et le chagrin inonde le cœur de celle qui m'a donné le jour.

« O tyrans, qui m'avez arraché de ses bras, * vos plaisirs ne dureront point ;

« Car l'injure que vous m'avez faite * demande une prompte satisfaction.

« O ma mère chérie, * qui me rendra à ton amour ?

« Nos ennemis triomphent, * et la tristesse nous accable.

« Pourquoi n'ai-je point résisté à leurs persécutions ? * pourquoi n'ai-je point levé mon bras contre ceux qui me tendaient des embûches ?

« Pourquoi n'ai-je point ouvert les yeux, quand ils m'entraînaient loin de toi ? * pourquoi me suis-je laissé conduire comme un enfant à la lisière ?

« Pourquoi n'ai-je point encore brisé mes chaînes ? * pourquoi n'ai-je point encore franchi ces murs qui m'environnent ?

« C'est que la colère pèse sur moi ; * c'est que la haine est implacable.

« Qui me délivrera de l'esclavage ? * car ma faiblesse est trop grande !

« O ma mère chérie, * qui me rendra à ton amour ?... »

III

Soudain, l'éclair déchire la nue, * et une vive lueur illumine le cachot du prisonnier.

Une voix frappe ses oreilles * et retentit jusqu'au fond de la vallée :

« Fils, lève-toi ; * tes épreuves sont terminées.

« Le moment est venu de renverser la tyrannie * et de rendre à ta mère le bonheur et la tranquillité.

« A ton approche, tes ennemis, naguère si orgueilleux, * courberont leurs fronts dans la poussière :

« Tu marcheras sur leurs corps, * et a vengeance suivra tes pas.

« Fils, lève-toi ; * cours délivrer tes frères qui gémissent dans l'esclavage ;

« Prends le fer en main, * et va combattre les superbes ! »

L'exilé se dressait, secouait ses bras devenus tout à coup vigoureux, * et ses lourdes chaînes se brisaient avec fracas.

Il marchait, * et ses pieds n'étaient plus retenus par des entraves.

Devant lui, les murs s'entr'ouvraient ; * devant lui, les collines s'aplanissaient.

A sa voix, les captifs sortaient de leurs prisons, * et les tyrans tremblaient sur leurs trônes d'or.

IV

Au milieu d'une plaine marécageuse * est un manoir aux murailles sombres et crénelées ;

Un fossé l'enveloppe de ses eaux sanglantes, * et sept lions en gardent les portes ;

Les tigres et les panthères circulent à l'entour;* les hyènes attendent leur proie;

Les vautours tiennent dans leurs serres des lambeaux de chair;* et les serpents font entendre d'horribles sifflements.

A l'intérieur, est une cour jonchée de cadavres,* et pavée de têtes humaines;

Au centre s'élève une large pierre,* que recouvre la bave infecte des reptiles.

Une femme y est debout,* qui tient un glaive dans sa main;

Les tresses de ses cheveux sont des vipères entrelacées,* et ses yeux lancent des éclairs;

Le sang jaillit sous la pointe de son arme,* et la sueur ruisselle de son bras.

Cette femme est terrible;* son empire s'étend au loin.

Tous la craignent et la redoutent;* car nul ne peut échapper à son courroux.

C'est elle qui guide l'exilé au sortir de son cachot;* c'est la Furie Vengeresse qui immole les oppresseurs.

Dans mes rages de forcené, je n'en voulais nullement à mon père. J'étais convaincu, — et en cela je ne me trompais pas, — qu'il avait cédé à des conseils étrangers.

Je le voyais triste de ma réclusion, ne l'ayant demandée qu'à contre-cœur.

Pensant à lui, j'écrivais ces vers:

> Petits oiseaux, qui volez dans l'espace,
> A vous la joie, à vous la liberté!
> Le prisonnier, dans sa captivité,
> De ses chagrins un moment se délasse

Par vos accents mélodieux.
Laissez pleurer celui qui pleure;
Chantez : votre sort, à toute heure,
Est d'être gais, est d'être heureux.
Et toi, gracieuse hirondelle,
Qui vas dans le midi pour retrouver l'été,
Passe par ma Provence, et porte, sur ton aile,
Porte mes chants d'amour à mon père attristé !

Parfois, j'entrais dans une colère sauvage contre Dieu ; je le maudissais, je faisais retentir les murs de ma cellule des plus horribles blasphèmes. Puis, je retombais, abattu, et je me disais :

— Non ! Dieu n'existe pas !

Et j'essayais de me convaincre des sottises de l'athéisme.

Dans d'autres moments, c'était la tristesse qui m'accablait, après mes accès de fureur ; j'avais alors d'étranges aspirations. Je sentais qu'un être immatériel est au-dessus de nous, et je l'invoquais, quel qu'il fût.

Voici encore une de ces poésies de prison, composée le 25 décembre :

LE NOËL DE L'EXILÉ

C'est Noël ! c'est Noël ! L'Eglise, tout entière,
Dans ses joyeux transports chante son Rédempteur :
Elle se réjouit ; et moi, loin de ma mère,
Je pleure et suis rempli d'une atroce douleur.

Tandis qu'autour de moi domine l'allégresse,
Que j'entends retentir cris de joie et d'amour,
Tandis qu'on est heureux, je suis dans la tristesse,
Et je trouve à me plaindre au sein du plus beau jour.

Pour tous, le firmament est d'un bleu sans nuage,
Pour tous, le soleil brille, et je suis dans la nuit;
Aux autres, le ciel pur, et pour moi seul, l'orage,
Et le temps, lourd pour moi, bien lentement s'enfuit.

C'est que ma place est vide au banquet de famille,
Où naguère on me vit joyeux et triomphant;
C'est que dans tous les yeux un doux plaisir scintille :
Seule, ma mère est triste; il lui manque un enfant.

Que je suis affligé! que grande est ma misère!
Combien je suis ici délaissé, malheureux!
O Dieu, qui que tu sois, fais que ta foi m'éclaire
Et que mon cœur glacé s'embrase de tes feux!

Ces quelques feuillets, extraits de mes notes de prisonnier, donneront, je l'espère, une idée exacte de l'état de mon âme.

En relisant ces pages, empreintes tour à tour de fureur, d'amour filial, de tristesse et de vagues tendances à un retour vers Dieu, je me dis parfois : qui sait si, dans le cas où mes parents eussent répondu à ma révolte, non par des mesures de rigueur, mais au contraire par un redoublement de tendresse, qui sait si je ne serais pas revenu promptement à la vérité et au bien?

Hélas! les conseils que l'associé de mon

père donna à ma famille furent en cela fatals ; ils eurent pour moi des conséquences déplorables.

Le régime du vinaigre ne convenait pas à mon tempérament ; il m'eût fallu le miel.

Je fus donc indomptable. Je me raidissais contre la correction ; chaque jour passé dans la cellule de Mettray me rendait plus aigri, chaque minute de cette souffrance prolongée m'affermissait dans l'esprit de révolte.

Je finis par faire mon deuil de ma liberté ravie, je me résignai à la réclusion, et, le calme, un calme sombre, m'ayant envahi, je m'arrêtai froidement à la résolution suivante :

— Je ne me soumettrai pas. Dans trois ans et trois mois, j'aurai dix-huit ans. Jusque-là, je souffrirai ici. Le 21 mars 1872, usant à mon tour du droit que la loi me donnera de m'engager dans l'armée, je devancerai l'appel de ma classe et m'enrôlerai. Je préfère mille fois la caserne à la prison ; j'aime mieux être le soldat de Bonaparte que le captif des prêtres.

Je me considérais, en effet, comme une victime du clergé ; je croyais, par erreur, que mon père avait été conseillé à mon sujet, non seulement par son associé, mais aussi par mon oncle, l'aumônier de la Charité, et par le curé de notre paroisse, lequel était un des locataires de mes parents.

Fort de ma résolution, je n'aspirai plus dès lors qu'après le jour, encore lointain, où il me serait possible de contracter un engagement militaire, qui me délivrerait trois ans avant ma majorité.

Je dressai un tableau sur lequel j'inscrivis, un à un, tous les jours qui me séparaient de mes dix-huit ans. Chaque soir, j'effaçais une des dates de mon tableau, et je me couchais en disant :

— Encore 1184 jours... Encore 1183 jours... Encore 1182 jours à souffrir... Après, je serai libre, et alors, comme je me vengerai !...

Un matin, le directeur de l'établissement, étant venu me rendre visite dans ma cellule, aperçut mon tableau et me demanda ce que c'était. Je lui en donnai l'explication. Il en fut frappé, réfléchit longuement, m'interrogea de nouveau, et sortit en secouant la tête d'un air qui signifiait :

— Allons, voilà un petit bonhomme avec lequel il n'y a rien à faire.

Ma pensée est que ce directeur, très bon et

très sensé, écrivit à mes parents et leur donna son avis ; et, sans doute, il engagea mon père à renoncer au plus tôt à l'emploi des moyens coërcitifs.

Le 6 janvier 1869, le sous-directeur de Mettray m'annonça que la liberté m'était rendue. Je ne me fis pas prier, comme on pense, pour boucler ma valise. Un employé de l'établissement m'accompagna jusqu'à Tours : là, il me remit un billet de chemin de fer pour Marseille, me donna des provisions de route et me souhaita bon voyage.

Je montai dans le train, la tête absolument bouleversée : d'une part, j'étais ivre de joie en me sentant libre ; d'autre part, j'avais la conviction que c'était à contre-cœur que ma famille m'avait fait relâcher et je ne savais aucun gré à mon père d'avoir abandonné ses droits de correction. Une expérience avait été faite par mes parents ; elle ne leur avait nullement réussi ; on jugeait bon de ne pas la poursuivre. Tant-mieux pour moi ! me disais-je ; mais tant-pis pour le clergé qui est l'auteur de ce qui m'est arrivé ! Et je vouais de plus belle une haine implacable à tous « mes ennemis ».

Le lecteur s'attendait peut-être à me voir lui

donner, au cours de ce chapitre, une description de Mettray. Je ne l'ai pu, pour une bonne raison : c'est que je n'ai jamais vu l'établissement. Je sais que Mettray est une colonie agricole, peuplée de jeunes détenus, enfants coupables ayant passé en correctionnelle pour un délit, mais acquittés comme ayant agi sans discernement. Les colons, employés à des travaux d'agriculture dans une propriété qui a plus de deux cents hectares, jouissent d'une liberté relative et apprennent, selon leurs aptitudes, tel ou tel métier. Mais, en ce qui me concerne, je ne fus pas, une seule minute, classé parmi les colons.

J'ignore si les instructions données par mon père avaient été outrepassées. Quoi qu'il en soit, depuis le premier instant de mon arrivée jusqu'au moment de ma sortie, j'ai été en cellule, dans la partie de l'établissement qu'on appelle, si j'ai bonne souvenance, le quartier de punition. Le réduit était on ne peut plus étroit. Je n'avais pas même un lit, mais un sac garni de paille et suspendu à deux crochets aux murs, à la façon des hamacs. Le jour était donné par une petite fenêtre grillée très haute, à laquelle il était impossible d'atteindre. La nourriture seule, je l'ai dit, ne laissait pas à désirer; mais j'eusse préféré dîner de pain noir et vaquer avec les colons aux travaux des champs. Tous les mardis, un surveillant me conduisait dans une cabane, et là, pendant deux heures, il m'occupait à fendre du bois; c'est tout l'exercice auquel il m'était permis de me livrer. Je ne pouvais donc admettre que, n'étant pas un voleur, n'ayant comparu devant aucun tribunal, je fusse traité plus durement que les voleurs.

Aussi, mes soixante-cinq jours de cellule à Mettray sont-ils gravés dans ma mémoire comme une longue période de souffrance atroce.

Tous ceux qui m'approchaient me semblaient des bourreaux; je les voyais tous avec horreur : une seule personne m'était sympathique; c'était le professeur, M. Messire, qui me donna, pendant mon séjour, quelques leçons d'histoire, de narration française et de comptabilité; homme de bonnes manières, il était animé de sentiments très justes.

En arrivant à Marseille, je trouvai, à la gare, mon père qui m'attendait. Il m'embrassa en pleurant. Je ne repoussai pas ses caresses; mais je ne pus lui dire autre chose que ceci :

— Je ne vous en veux pas... Non, papa, ce n'est pas à vous que j'en veux !

Ma mère insista pour que je continuasse mes études. Il ne fallait plus songer à me mettre dans un collège catholique. J'entrai au lycée, comme externe libre.

Je commençai, dès lors, une existence en partie double.

Moitié élève, moitié journaliste, j'allais, deux fois par jour, au lycée, pour y suivre les cours, et, rentré au logis paternel, je bâclais mes devoirs et passais le reste de mon temps à griffonner des impiétés, que je m'efforçais de faire accueillir par les feuilles radicales de la ville.

Au surplus, je revoyais ceux que j'appelais mes amis : le conspirateur Leballeur-Villiers, l'athée Royannez, le juif Simon Weil.

Mon père, à qui je ne cachai plus ma conduite, était désespéré.

J'apportais triomphalement à la maison mes bonnes notes de classe, mes certificats de premier ou second en composition, et, en même temps, j'affectais de déployer quelque journal d'opinion écarlate, la *Voix du Peuple* ou l'*Excommunié*.

Ma mère ne voyait que mes succès d'élève

et se réjouissait. Mon père, lui, ne voyait que l'abîme dans lequel je m'enfonçais chaque jour davantage, et des sanglots lui montaient à la gorge.

S'il tentait une observation, je levais le doigt et montrais une immense pancarte que j'avais placée sur le mur de ma chambre.

Sur cette grande pancarte blanche, il n'y avait qu'un mot en colossales lettres noires, entourées de rouge : METTRAY.

Et partout, j'inscrivais ce nom fatal ; partout, les yeux, humides de larmes, de mon père le rencontraient.

A table, il me servait de réplique et de réponse à tout.

Mettray ! Mettray !... Cela sonnait comme un glas funèbre, le glas de mon âme perdue et de mon cœur brisé.

Au mois de mars de cette même année, un Père jésuite, de la Mission-de-France, directeur du Cercle Religieux dont mon père faisait partie, eut l'occasion d'aller à Rome.

Mon père le pria de remettre une supplique au Souverain Pontife. Ne suivant, cette fois, que sa propre inspiration, le pauvre cher papa avait recours à la prière, la vraie bonne arme contre Satan.

Voici cette lettre :

A notre Saint Père le Pape Pie IX

Saint et bien-aimé Père,

Ayez pitié de moi, car j'ai deux enfants bien malades. Je les recommande à vos saintes prières. Deux garçons de 16(1) et 19 ans, ne croyant plus en Dieu ni à l'immortalité de l'âme.

Un de vos enfants dévoués,
qui vous aime,
Membre du Cercle Religieux,
MARIUS JOGAND..

Marseille, 30 mars 1869.

Rendant compte de sa démarche, le religieux, qui avait été le messager de mon père, lui dit en lui rapportant la réponse :

— Ayez confiance. Dieu ne vous abandonnera pas. Le Saint Père a pris part à votre affliction. Sa Sainteté a daigné vous donner une preuve bien consolante de sa bonté pa-

---

(1) Mon père commettait une légère erreur à mon propos; je n'avais alors que 15 ans.

ternelle, en écrivant de sa propre main les vœux que son cœur forme pour vos malheureux enfants. Ayez confiance.

En effet, après avoir lu la supplique, Pie IX leva un moment les yeux au ciel; puis, prenant une plume, il écrivit, dans la marge de la lettre, ces mots, que l'avenir devait transformer en une prédiction :

Dominus te benedicat, et illuminet filios tuos ita ut videant et amplectentur veritatem.

Pius N.

Comme les desseins de Dieu sont mystérieux! Comme ses vues sont impénétrables!

N'est-il pas certain aujourd'hui que Pie IX le Saint a été, sur terre et dans le ciel, un de mes meilleurs avocats devant le tribunal de la miséricorde suprême?

Jusqu'à ces derniers temps, mon père me laissa ignorer sa lettre au Souverain Pontife et la réponse qu'il en reçut. C'est seulement après ma conversion qu'il me fit connaître sa démarche et me remit l'autographe mille fois précieux.

Or, Dieu, dont j'avais eu le malheur de me détourner par une mauvaise communion, a permis que je fusse, pendant dix-sept ans, l'esclave de l'enfer. Mon avilissement a été tel que j'ai osé inspirer les libelles les plus infâmes contre le Pontife vénéré qui, sans que je le susse, priait pour moi. Et Dieu, enfin, a voulu signaler sa clémence merveilleusement grande, en la faisant éclater dans ces circonstances caractéristiques : c'est au moment où je dépensais tous mes efforts à outrager plus que jamais la mémoire de Pie IX, c'est à ce moment même que la lumière de la grâce m'a éclairé.

Pie IX, écrivant à mon père, disait :

« Que le Seigneur te bénisse, et qu'il illumine tes fils tant et si bien qu'ils voient et embrassent la vérité! »

Le vœu pontifical de 1869 s'est accompli en 1885. Dieu, dont nous ne pouvons comprendre les plans sublimes, a toléré qu'un homme donnât toute la mesure possible de l'impiété, et il a voulu aussi qu'après l'abomination poussée au comble, le vœu de son vicaire s'accomplît.

Quels chétifs vers de terre nous sommes dans les infinis de l'éternité!

IV
DÉVOYÉ

LYCÉEN ET ANCIEN DÉTENU POLITIQUE. — UNE ÉMEUTE SCOLAIRE. — AU JOUR LE JOUR. — EN SIMPLE POLICE. — LE CULTE DE MARAT. — GAMBETTA ET ESQUIROS. — LE PLÉBISCITE. — CONSPIRATIONS. — UN ÉCHAPPÉ DU SÉMINAIRE. — LA GUERRE FRANCO-ALLEMANDE. — ZOUAVE PAR FRAUDE. — DURES ÉTAPES. — ENGAGEMENT CASSÉ. — LA JEUNE LÉGION URBAINE. — GARIBALDI. — LA GARDE CIVIQUE. — TROIS PRÉFETS POUR UNE PRÉFECTURE. — LA COMÉDIE DES COURS MARTIALES. — GENT ET LA BALLE INTROUVABLE. — LES CLUBS. — JE DEVIENS LÉO TAXIL.

Me voilà donc au lycée de Marseille.

Tous mes camarades connaissaient à peu près mon histoire; car un journal radical, le *Peuple*, de Gustave Naquet, en avait parlé Il paraît que, dans mon cas, une légère entorse avait été donnée à la loi : lorsqu'on m'enferma à Mettray, je n'étais pas dans les conditions d'âge que stipule le code. Aussi, un avocat républicain, M. Chappuis, écrivit, au sujet de ma réclusion, qu'il déclara illégale, un article qui fit quelque bruit dans le pays : il mettait en cause le président du tribunal civil et le procureur impérial.

Bref, pour ma part, j'étais enchanté de ces récriminations. Je me figurais être un personnage, et mes condisciples me regardaient au moins avec curiosité : on n'a pas souvent, en effet, dans sa classe, un élève ayant subi de la réclusion pour des causes pareilles à celles qui m'avaient fait connaître Mettray ; aux yeux des lycéens, j'étais bel et bien un « ancien détenu politique. » Il n'en fallait pas tant pour que je m'imaginasse être quelqu'un.

D'autre part, et à raison de cette situation particulière, je n'étais pas vu de bon œil par les hautes autorités du collège, et notamment par le proviseur. J'étais à la tête de toutes les petites émeutes scolaires.

Dans ces conditions, je ne pouvais pas demeurer longtemps élève du lycée.

A la fin de 1869, il fut question de diminuer les vacances de Noël. Les élèves s'émurent, de la belle façon. Les « grands » s'assemblèrent, et l'on décida de protester. Cinq ou six, dont j'étais, eurent pleins pouvoirs pour diriger le mouvement.

Nous arrêtâmes que, tant que le proviseur ne reviendrait pas sur sa décision, les récréations seraient « en boucan. » En d'autres termes, au lieu de jouer, les élèves devaient se réunir par groupes dans les cours, crier sur tous les tons, faire, en un mot, un véritable charivari.

Le programme fut exécuté à la lettre.

A peine la classe était-elle terminée que, tous, externes et internes, nous nous groupions par bandes et poussions d'interminables hurlements. C'était un vacarme dont il n'est pas possible de se faire une idée. Les habitants du quartier se demandaient si le lycée n'était pas en révolution, si nous n'étions pas en train de massacrer les professeurs et de mettre le feu à l'établissement.

Les malheureux maîtres d'étude, entourés et conspués, ne savaient que devenir.

Au surplus, j'avais rédigé un article virulent contre le proviseur, et le *Peuple* lui avait donné l'hospitalité de ses colonnes. L'article, découpé du journal, fut placardé dans chaque classe et dans chaque salle d'étude; il était signé, en toutes lettres, de mon nom : Gabriel Jogand-Pagès.

Le « boucan » dura trois jours.

Pour en finir, le proviseur accorda satisfaction aux élèves, voyant bien que le complot était on ne peut mieux organisé, — car le lycée tout entier y prenait part, — et que, s'il maintenait sa diminution des vacances, il n'aurait plus qu'à fermer l'établissement. Toutefois, pour prévenir le retour de pareil scandale, il prononça l'expulsion des meneurs. Il va sans dire que je fus le premier exclu.

Les parents se lamentèrent, multiplièrent les démarches. L'administration, qui n'était pas méchante, céda encore, et, à la rentrée, les élèves exclus furent réintégrés, sauf moi. Il fallait un exemple. Mon article ne pouvait être pardonné; j'avais poussé par trop loin l'esprit d'insubordination; je payai donc, en qualité de chef de l'émeute, pour tous les révoltés.

Cette fois, mon père en avait par dessus la tête.

De mon côté, bien qu'il ne me restât plus qu'une année à passer pour terminer mes études, je ne voulais plus entendre parler de collège quelconque. Je prétendis hardiment que je me chargeais de suffire à mon existence.

Je fus d'abord chez ma grand'mère; ensuite, je pris pension chez des étrangers. Dès lors, entre ma famille et moi, la séparation fut complète.

Au début, je vécus Dieu sait comme. Je faisais du reportage pour les journaux, qui, bien entendu, ne me payaient guère. En résumé, au bout du compte, c'était toujours mon père qui avait à régler ma pension. Je crois que les seuls bénéfices que me rapporta alors ma plume me vinrent de quelques chansonnettes composées pour les cafés-concerts de la ville.

J'étais dévoyé.

Le soir, par un restant d'amour pour l'instruction, j'allais suivre les cours de physique de la Faculté.

J'en profitais, du reste, pour me conduire comme un vrai polisson.

Ainsi, une nuit, en rentrant du cours, j'eus la belle idée d'aller casser les vitres du commissaire du quartier, M. Lambert. Une autre fois, ce furent les carreaux de la maison où demeurait le vicaire de la paroisse, l'abbé

Daspres. Ce soir-là, par exemple, je fus pris en flagrant délit par un co-locataire de l'abbé.

Traduit en simple police, j'attrapai, en récompense de cet exploit, trois jours de prison, malgré la plaidoirie de mon avocat, Mᵉ Brutus Bouchet, alors conseiller général, et depuis, député.

Je ne pense pas qu'on puisse trouver un plus mauvais garnement que moi, à cette époque.

C'était alors la fin de l'Empire.

N'étant pas électeur, je me mettais au service de tous les comités révolutionnaires, pour distribuer leurs programmes, circulaires et bulletins de vote, et certes je déployais dans cette mission un zèle des plus ardents.

L'année précédente, aux élections générales, la campagne politique avait été très vive. Les principaux candidats républicains dans les Bouches-du-Rhône étaient Gambetta et Esquiros. Je trouvai Gambetta beaucoup trop pâle; ce fut au comité d'Esquiros que j'offris mes services. Tous les deux furent élus, car ils ne se présentaient pas dans la même circonscription; mais je n'avais confiance qu'en Esquiros. A mes yeux, Gambetta avait eu le tort impardonnable de médire de

Marat dans sa proclamation aux électeurs.

Cette proclamation, je l'avais apprise par cœur, et j'en ai retenu les principaux passages. Je puis citer textuellement, de mémoire, celui qui m'avait choqué. Le voici :

« La démocratie sincère, loyale, disait Gambetta aux électeurs marseillais, est la seule ennemie de la démagogie, le seul frein, le seul rempart aux attentats des démagogues de tout ordre. Les démagogues, ils sont de deux sortes : ils s'appellent César ou Marat. Que ce soit aux mains d'un seul ou aux mains d'une faction, c'est par la force qu'ils veulent satisfaire les uns et les autres leurs ambitions ou leurs appétits. Ces deux démagogies, je les trouve également haïssables et funestes. »

Or, Marat était pour moi un dieu. J'avais sa mémoire en profonde vénération. Alors, on vendait, chez les papetiers, des reproductions photographiques de portraits représentant les principaux hommes de la Révolution. J'avais toujours le portrait de Marat dans ma poche.

Et voici que ce Gambetta, dont on parlait tant comme un « bon », comme un « pur », osait prononcer le nom de Marat dans des termes injurieux ! Même, dans son parallèle,

le candidat le plaçait au-dessous d'un tyran :
selon lui, César avait des ambitions, et Marat
n'avait que des appétits.

Indigné, j'allai trouver M. Leballeur-Villiers.

— Savez-vous ce qui arrive? lui criai-je. Il
est joli, le candidat Gambetta que nous ont
expédié les comités de Paris! On affiche en
ce moment une proclamation de lui dans
laquelle il traite les révolutionnaires de
démagogues.

Et je lui récitai l'affiche.

— Que pensez-vous de cela, monsieur
Leballeur? demandai-je. Je crois, moi, que
ce Gambetta nous trahit. Malgré ses apparences républicaines, il m'a tout l'air d'un
clérical.

M. Leballeur-Villiers me calma. Ce n'était
pas qu'il approuvât Gambetta, oh non! Mais
le candidat était en quelque sorte imposé par
les circonstances : le procès de la souscription
Baudin l'avait posé en adversaire résolu de
l'Empire; c'était certainement un républicain
modéré, un simple girondin; mais il fallait
soutenir sa candidature, quoique à contre-cœur.

Cela ne m'allait pas. M. Leballeur-Villiers

m'expliqua que Gambetta était un habile, qui, ayant affaire à un concurrent redoutable, M. de Lesseps, candidat officiel, gardait certains ménagements pour rallier à lui les orléanistes et les légitimistes. La sortie contre Marat avait pour but de rassurer les nobles et de plaire aux bourgeois.

— Eh bien, et le peuple ? répliquai-je ; est-ce qu'il ne compte pas, lui ? Qu'est-ce donc que ce candidat à deux faces qui, pour flatter les aristocrates et le tiers-état, ne craint pas de mécontenter le peuple ?... Quant à moi, je ne distribuerai pas un bulletin de ce tartufe-là !

En revanche, bien qu'alors encore au lycée, je secondai de toutes mes forces le comité d'Esquiros. A la bonne heure, Esquiros ! Il avait écrit l'*Histoire des Montagnards*; il ne traitait pas les révolutionnaires de démagogues, lui au moins ! Aussi, le soir, en revenant du collège, je parcourai les rues de mon quartier et je mettais des bulletins d'Esquiros dans les boîtes aux lettres de toutes les maisons.

En 1870, j'eus encore un bien autre zèle. J'étais indépendant, au moment du plébiscite ; je vivais hors de ma famille et n'avais plus à rendre compte à personne de l'emploi de mon temps.

Tous les républicains se démenaient pour faire voter « non ». On se livrait à une propagande de tous les diables.

Parmi les distributions de bulletins, il y en avait une qui n'était pas commode et pour laquelle les comités avaient besoin de gaillards à la fois adroits et résolus : la distribution à l'armée.

Je m'offris au comité révolutionnaire, dont le président était Gaston Crémieux, un jeune avocat qui publiait des poésies très violentes dans le journal de MM. Leballeur-Villiers et Royannez.

Crémieux pensa qu'on ne se méfierait pas d'un adolescent de seize ans, et il me chargea d'une partie de la distribution aux casernes. Je me rendais donc partout où logeaient les troupes, j'abordais les soldats et je leur glissais des proclamations anti-plébiscitaires et des bulletins « non ». Usant d'adresse, je réussis même à m'introduire un jour dans un hôpital militaire, tant j'avais à cœur de justifier la confiance de Gaston Crémieux.

Les votes contre l'Empire furent nombreux à Marseille. J'étais orgueilleux de ce résultat, comme si ç'eût été un succès personnel.

On conspirait alors sur toute la ligne ; je vivais dans la conspiration comme un poisson dans l'eau. Entre autres locaux secrets, il y en avait un que j'affectionnais fort : il était situé, au quartier du Vieux-Port, dans une sombre ruelle qui descendait du boulevard de la Corderie au quai de Rive-Neuve ; la salle servait aussi quelquefois à des réunions de francs-maçons, les murs portaient les vestiges de leurs emblêmes. On s'excitait là contre le gouvernement, on se montait la tête les uns les autres, chacun avait hâte de recevoir le signal d'une prise d'armes.

Un soir, un jeune homme de dix-neuf ans, au visage grêlé, à la chevelure en broussaille, nous récita des vers contre le « despote », qui provoquèrent chez nous un grand enthousiasme ; c'était un nouveau venu parmi nous. Il arrivait du Vaucluse ; d'une nature très ardente, il avait, d'abord, voulu se faire prêtre et avait passé ses années de jeunesse au séminaire ; puis, ne se sentant pas sans doute la vocation du sacerdoce, il avait quitté la soutane et il venait, à l'instar de son compatriote Raspail, se lancer dans la tourmente révolutionnaire. Cette conduite, cette quasisimilitude d'origines me remplirent pour lui d'admiration. A l'issue de la séance, j'allai lui donner une vigoureuse poignée de main, en lui disant :

— Bravo, citoyen ! Moi aussi, j'ai été élevé dans l'erreur, et, comme vous, je suis venu à la vérité. Voulez-vous que nous soyons amis pour toujours ?

— A la vie, à la mort ! me répondit-il avec sa fougue méridionale.

Nous nous embrassâmes.

M. Royannez ou quelque autre lui avait dit qui j'étais. Il me donna à son tour son nom ; il s'appelait Clovis Hugues.

C'est ainsi que je passai mon temps, menant une existence sans but, fréquentant les clubs, noircissant du papier, me mêlant à toutes les manifestations populaires.

Quand la guerre éclata, je ne fus pourtant pas avec la foule. L'immense majorité criait : « A Berlin ! » Tout le monde pensait que nous ne ferions qu'une bouchée de nos ennemis les Prussiens ; sur ce point, les partisans et les adversaires du gouvernement étaient du même avis. Seulement, les républicains concluaient que, par cela même, l'Empire allait s'affermir.

Le comité révolutionnaire, présidé par Gaston Crémieux, décida donc qu'il y avait lieu d'organiser une grande manifestation en faveur de la paix.

Elle eut lieu dans les premiers jours d'août.

On réussit à former un groupe assez nombreux, et, drapeau en tête, nous parcourûmes les principales rues de la ville.

Comme les manifestants heurtaient le sentiment public, la démonstration ne se fit pas sans incidents; on nous siffla quelque peu, des coups furent échangés; le porteur du drapeau, un cordonnier, se comporta comme un héros des temps antiques, défendant avec courage son étendard contre la multitude qui voulait le lui arracher et qui nous criait : « A bas les Prussiens ! » A la place de la mairie, la bagarre devint sérieuse; la gendarmerie chargea contre nous; des arrestations furent opérées.

Quand la manifestation fut dispersée, je m'en retournai tristement chez moi, réfléchissant avec amertume sur les inconséquences de la foule. Le peuple, à Marseille, étant républicain, je ne pouvais comprendre qu'il approuvât une guerre dont l'Empire semblait devoir bénéficier.

Il est vrai qu'à ce moment tout le monde croyait à des victoires; le peuple marseillais, oubliant l'Empire, fêtait le triomphe de la France.

Dans les cafés-concerts, on chantait la *Marseillaise*. L'escarmouche de Sarrebruck avait d'abord paru une grande bataille. Puis, Wissembourg, journée héroïque, était un combat dont le résultat avait été travesti par la presse. Le 9 août, les dépêches les plus absurdes circulaient en ville : Mac-Mahon, disait-on, avait écrasé l'armée du prince royal de Prusse, qui restait notre prisonnier avec 25,000 Allemands, et nous étions maîtres de Landau.

Les manifestants en faveur de la paix étaient donc des trouble-fête.

Mais l'ivresse joyeuse de la multitude ne pouvait durer. Quand on sut à quoi s'en tenir sur les opérations militaires des bords du Rhin, quand on connut, dans toute leur terrible vérité, Reischoffen et Forbach, il y eut un réveil effroyable. Alors, l'exaltation publique changea de note. On ne criait plus : « A Berlin », mais : « Sauvons la France! »

La nouvelle de nos désastres m'avait particulièrement surexcité. Dans ces circonstances, je fis cause commune avec la foule et je me séparai de mes amis des comités révolutionnaires, qui, eux, étaient d'avis que l'on devait « laisser l'Empire se débrouiller. »

— Ah! disaient-ils, si la France n'avait pas un empereur à sa tête, ce serait une autre affaire. Que la République soit proclamée, et alors nous prendrons les armes pour défendre le territoire national.

Le sort de la patrie leur était indifférent, du moment qu'elle n'avait pas le gouvernement de leurs rêves.

J'étais indigné contre une pareille attitude ; je me demande comment cette conduite des révolutionnaires ne m'ouvrit pas les yeux. Autant j'avais été pour la paix au début des hostilités, autant je devins enragé partisan de la guerre dès que le sol français fut envahi.

Le 16 août, je pris la résolution de m'engager. Seulement, pour être admis à contracter un engagement volontaire, il fallait, selon la loi, avoir dix-huit ans, et je n'en avais que seize.

Comment tourner la difficulté ?

Je me rendis à l'état-civil et me fis délivrer un extrait de mon acte de naissance. Il portait que j'étais né le 21 mars 1854. Je corrigeai le 4 et en formai un 2. De cette façon, mon extrait d'état-civil me donnait les dix-huit ans réglementaires. Rien ne pouvait plus, dès lors, s'opposer à mon engagement. J'avais commis un faux ; mais j'avoue que ce crime-là, ne m'a pas encore causé le moindre remords.

De même, j'avais un cas de réforme ; je suis myope, à un très fort degré. Aussi, comme cette infirmité est assez facile à dissimuler, je réussis sans peine à la cacher, quand je comparus devant le conseil de révision. J'éprouvai une bien vive joie, lorsque le major, après m'avoir examiné en moins d'une minute, prononça les paroles usuelles: « Bon pour le service. »

Le régiment dans lequel je m'engageai fut le 3ᵉ zouaves (17 août).

Les engagés s'imaginaient, pour la plupart, qu'ils allaient être envoyés sur le théâtre de la guerre. Pas du tout. On dirigeait d'abord les volontaires sur la ville où se tenait la garnison de leur régiment en temps de paix ; de telle sorte que ceux qui, comme moi, avaient voulu être zouaves pour aller immédiatement au feu, étaient expédiés en Algérie.

Nous protestâmes, — autant qu'on peut protester dans l'armée, — quand, une fois à la caserne, on nous dit que nous partions à destination de Toulon pour nous embarquer. Afin de calmer nos patriotiques inquiétudes, on nous expliqua qu'il était indispensable de nous exercer un peu au maniement des armes et que cela ne pouvait se faire qu'au dépôt du régiment. Un soldat ne s'appartient plus : nous fûmes donc contraints de garder notre mauvaise humeur ; car il nous semblait qu'il n'y avait pas besoin de nous expédier si loin pour nous apprendre l'exercice du chassepot.

Le 18 août, au soir, nous arrivâmes à Toulon. Nous étions plusieurs milliers de volontaires destinés à l'embarquement. Le 19, au matin, on nous entassait sur divers navires. Je me trouvai à bord de l'*Intrépide*.

Le 21, nous étions en rade devant Alger. On débarqua les hommes du 1ᵉʳ zouaves, et le navire reprit sa route, transportant à Philippeville ceux du 3ᵉ.

Stora est le nom du port où l'*Intrépide* mouilla en dernier lieu, le 23 ; c'est une bourgade à quelques kilomètres de Philippeville. Après trois jours passés dans cette ville, nous prîmes le train de Constantine, sur une ligne de chemin de fer de construction récente, et, le 17, nous arrivions au dépôt.

Je fus incorporé dans la 7ᵐᵉ compagnie du 1ᵉʳ bataillon. Notre compagnie n'avait pas de capitaine ; l'officier, qui en remplissait les fonctions, se nommait le lieutenant Larguillé.

Pour nous aguerrir, on nous expédia dans la région montagneuse dont Constantine est un des points culminants, c'est-à-dire sur l'Atlas. La montagne où nous campions est Djeb-el-Ouach. C'est un bien beau pays, mais affreusement sauvage ; la nuit, les hyènes et les chacals, se battant autour de nos tentes pour dévorer les débris de notre nourriture, nous donnaient un concert qui n'avait rien de mélodieux.

Le campement à Djeb-el-Ouach dura jusqu'au 7 septembre.

De grand matin, ce jour-là, on donna l'ordre du « sac au dos », et nous voilà en route, à travers les montagnes, sans savoir où nous allions.

J'ai rarement vu une contrée aussi merveilleuse, aussi pittoresque, que celle que nous traversâmes dans cette promenade par monts et vallées.

La première marche, du 7 septembre, avait

pour objectif Smendou, qui, à vol d'oiseau, est à 27 kilomètres de Djeb-el-Ouach ; soit plus de 30 kilomètres par les chemins rocailleux. Mais comme on marchait d'un pas léger ! Tout mon fourniment de zouave ne me pesait pas une once.

Quel plaisir on avait à suivre, dans la vallée accidentée, l'Oued-el-Kébir qui descend des hauts sommets d'où nous partions et coule avec fracas, blanc et écumeux, serpentant avec grâce, se précipitant ensuite sur des rochers abrupts, s'enfonçant enfin dans des défilés grandioses, dans des gorges profondes et boisées, nous accompagnant joyeux avec sa musique de torrent impétueux qui dégringole de cascade en cascade !

La route nous parut bien courte, ce jour-là.

Le lendemain, seconde marche. De Smendou à El-Arrouch, 33 kilomètres. Ce fut encore une promenade agréable. Nous traversâmes El-Kantour, sans nous y arrêter, et arrivâmes le soir, au crépuscule, au terme de l'étape. Il y avait eu marché à El-Arrouch ; aussi fit-on bombance. Mais, d'autre part, le marché avait attiré, dans le voisinage du camp, certains hôtes peu commodes des forêts. Toute la nuit, notre colonne entretint des feux pour tenir à l'écart ces malfaisantes bêtes. Du reste, il nous fut impossible de fermer l'œil, tant ce vacarme de carnassiers avait des notes stridentes. Le lendemain matin, au départ, les habitants nous racontèrent que les panthères du pays s'étaient livré combat.

Nous nous remîmes en route, aux premiers rayons du soleil. Cette troisième journée devait fournir la plus longue marche, 44 kilomètres ; mais on devait se reposer un jour entier à Jemmapes, terme de l'étape.

Cette fois, la promenade manqua de gaîté. Nous commencions à être fatigués. D'El-Arrouch à Saint-Charles, par Gastonville, le chemin fut monotone. Puis, pour se rendre de Saint-Charles à Jemmapes, il fallait franchir des montagnes escarpées, et ce genre de montées et descentes rapides, qui nous avait charmé au début du voyage, ne convenait plus à nos jambes harassées.

Dans cette partie de notre pérégrination, nous eûmes, je ne dirai pas le plaisir, mais l'avantage de rencontrer un superbe lion qui, très paisiblement installé sur un tertre à une certaine distance de la route, nous regarda passer, sans nous chercher la moindre querelle. On serra les rangs; ceux qui chantaient se turent; on se contenta de se tenir en garde, en cas d'attaque, et nous poursuivîmes gentiment notre chemin, en nous abstenant de toute provocation. Je crois que le seigneur lion et nous, de part et d'autre, nous nous considérâmes tout simplement avec curiosité. Quand on fut hors de portée du majestueux personnage, quelques malins émirent l'avis qu'on avait eu tort de ne pas faire usage des chassepots; mais on les laissa dire.

A Jemmapes, où nous parvînmes assez tard dans la soirée, ce 9 septembre, nous apprîmes que la République venait d'être proclamée en France. Les habitants, parmi lesquels se trouvaient de nombreux proscrits du coup d'état, nous firent une chaleureuse réception. De notre côté, nous n'eûmes qu'une voix pour demander à être ramenés à Philippeville.

Sans doute, des ordres nouveaux avaient été télégraphiés au commandant de la colonne ; car il nous annonça le lendemain matin que la halte projetée n'aurait pas lieu, et qu'on se remettait en route pour le port d'embarquement. Il s'agissait de revenir en partie sur nos pas et de fournir une quatrième traite, celle-ci de 38 kilomètres. Seulement beaucoup avaient trop présumé de leurs forces; j'étais du nombre. J'avais beau avoir la meilleure volonté du monde; à seize ans, on n'est guère solide, après de pareilles marches; j'étais exténué.

Le matin, je pus encore aller; mais, dès midi, mes jambes se refusèrent à me porter. Je m'assis, désespéré, sur le bord du chemin, et je dis adieu à mes camarades.

Il faisait une chaleur accablante; le soleil brûlait ces montagnes d'Algérie, j'avais la bouche desséchée; et pas une goutte de liquide quelconque pour étancher ma soif. Je me traînai comme je pus auprès d'un ravin; j'apercevai au fond une petite flaque d'eau; coûte que coûte, il me fallait y parvenir. J'y parvins, au prix de mille efforts, en me traînant sur les genoux. Spectacle hideux! cette flaque, qui avait à peine un mètre de largeur, était remplie de crapauds. J'approchai néanmoins mes lèvres de cette onde malsaine et puante, et je bus. Mais, ne pouvant ensuite vaincre mon dégoût, je rejetai aussitôt la boisson infecte.

Qu'allais-je devenir, seul, abandonné, dans cet endroit désert?

La pensée, — je dois le dire, hélas! — ne me vint pas de prier. Il est vrai que d'autres, là-bas, dans la patrie, priaient pour moi.

Je me demandai si je ne serais pas la proie de quelque bête féroce.

Je pensai au lion aperçu la veille, aux panthères qui pullulaient alors dans les environs de Philippeville. Je ne me sentais pas même la force de défendre ma vie.

Tandis que je me désespérais ainsi, je perdis connaissance.

Au bout d'un temps dont j'ignore la durée, je repris mes sens. Deux visages bronzés d'arabes étaient penchés sur moi; l'un de ces hommes me donnait à boire une liqueur réconfortante.

Ne pouvant m'expliquer, je leur dis :
— Philippeville ! Philippeville !

Ils me comprirent, me saisirent l'un par les aisselles et l'autre par les pieds, et je terminai ma route, ainsi porté.

J'avais quelque argent sur moi; je leur en offris; ils n'en voulurent point. Ces braves gens étaient tout heureux d'avoir sauvé la vie à un « petit zouave ».

Avec leur aide, je pus gagner une caserne. Je rejoignis ma compagnie, et je dormis, cette nuit-là, d'un sommeil de plomb. En quatre jours, nous avions fait 145 kilomètres, et cela par les plus mauvais chemins.

Le lendemain, 11 septembre, on nous donna l'ordre de nous rendre de Philippeville à Stora. Vu mon état de fatigue, je fus autorisé à faire ce trajet sur une prolonge. On s'embarqua sur le transport le *Jura*. Le 14, nous étions en rade de Toulon. Le 15, nous arrivions à Montpellier, ville qui venait d'être désignée pour servir de dépôt au 3e zouaves, pendant la guerre.

Là, on devait nous répartir en nouvelles compagnies, attendu que nous étions beaucoup trop nombreux. Ainsi, vu la surabondance des engagements, notre compagnie, la 7e du 1er bataillon, se composait d'environ 600 hommes. Il y avait nécessité à mettre fin à un tel état de choses, avant de nous envoyer au feu.

Mais il était écrit que je ne devais pas aller sur le théâtre de la guerre. Depuis mon départ de Marseille, ma mère avait pris ses renseignements; elle avait su qu'un engagement ne pouvait être contracté avant dix-huit ans révolus, et, munie d'une copie authentique de mon acte de naissance, elle tomba comme une bombe, le 16 septembre, chez le général Messiat, qui commandait la place de Montpellier. Je venais à peine d'arriver.

Le général me fit appeler et demanda comment mon engagement avait pu être accepté. Je dus avouer ma supercherie. Il me gronda vertement et cassa mon engagement comme non valable au premier chef.

J'avais donc été zouave, par fraude, juste pendant un mois.

Ramené par ma mère à Marseille, je rentrai dans ma famille. Toutefois, me tenant fort de la proclamation de la République et de l'état de trouble général, je faisais à la maison mes quatre volontés.

Le préfet des Bouches-du-Rhône, nommé par le gouvernement, était précisément Esquiros, pour l'élection duquel je m'étais tant démené.

Esquiros avait un fils de mon âge, William. Nous nous liâmes d'amitié, et, avec Clovis Hugues, que j'avais retrouvé à Marseille, nous constituâmes un corps d'adolescents qui prit le nom de *Jeune Légion Urbaine*.

Nous adoptâmes un costume dans le genre

de celui des francs-tireurs. Esquiros nous distribua des carabines de dragons. Toute la journée, on jouait au soldat.

Il était alors question d'une levée en masse projetée par le gouvernement.

Tous les gardes nationaux, disait-on, allaient partir. La Jeune Légion Urbaine se chargeait de défendre Marseille; allez, les Prussiens se garderaient bien de paraître sur les bords de la Durance. Et, pétulants et guerriers, nous étions absolument convaincus que sans nous les Bouches-du-Rhône ne résisteraient pas à l'invasion; heureusement, nous étions là.

Par exemple, nous ne nous ménagions guère. Il faut nous rendre cette justice : si nous ne faisions pas grande besogne, nous nous donnions, du moins, beaucoup de mal.

Du matin au soir, nous nous escrimions sur la plaine Saint-Michel; nous allions, nous venions, nous exécutions mille manœuvres militaires. En ma qualité « d'ancien zouave », — pensez donc! — je commandais l'exercice. On avait, cependant, mis à notre tête deux hommes, qui prenaient aussi leur rôle au sérieux : le chef de bataillon Giraud et le capitaine Henry.

Et l'état-major! c'était l'état-major qu'il fallait voir! J'en faisais partie, cela va sans dire. Le préfet nous avait donné un local, sur la Cannebière même, au centre de la ville. Nous avions tapissé le balcon de tant d'écussons et de drapeaux que le jour ne pénétrait plus par les fenêtres; à deux heures de l'après-midi, on était obligé d'allumer le gaz.

Lorsque Garibaldi, venant de Caprera, débarqua à Marseille, la Jeune Légion Urbaine, depuis le port de la Joliette jusqu'à l'hôtel de la Préfecture, lui servit d'escorte d'honneur.

L'enthousiasme des marseillais pour le général italien touchait au délire. Les bonnes femmes du marché voulaient toutes lui sauter au cou. Nous ne savions comment nous y prendre pour les empêcher de se faire écraser par sa voiture.

Je me souviens d'une de ces bonnes commères, qui avait réussi à rompre nos rangs et qui tendait vers Garibaldi un bébé, en criant :

— *Batiza lou! batiza lou!*

Garibaldi demanda ce que voulait cette femme.

— Elle veut que vous baptisiez son enfant, lui répondit-on.

Le général eut un sourire, et, tendant sa main vers le petit garçon, il dit :

— Je te baptise républicain.

Il y eut une explosion de bravos ; la promenade de Garibaldi à travers les rues de Marseille fut un triomphe.

Du reste, les Marseillaises ont, pendant toute la guerre, donné mille preuves de leur excellent cœur. Quand arrivait un bataillon d'Afrique, elles entouraient les soldats, les comblaient de prévenances, les accablaient de tablettes de chocolat, d'oranges et de sucreries ; turcos, spahis et zouaves partaient pour la frontière plus surchargés de friandises que de cartouches. Lorsque c'était un convoi de blessés qui débarquait, venant du théâtre de la guerre, elles ne savaient que faire pour témoigner leur sympathie à ces pauvres enfants : elles organisaient des collectes ; porte-monnaie, parures, bijoux, tout y passait. Et quels soins ! Elles se multipliaient, les bonnes dames.

Ce n'était pas pour elle une question de parti. Elles avaient demandé la bénédiction de Garibaldi ; elles eussent baisé les pieds de Charette. Du reste, aux élections de 1871, Marseille allait choisir pour députés aussi bien les royalistes Charette et Cathelineau que les radicaux Esquiros et Ledru-Rollin. Quiconque, aux yeux des populations provençales, représentait l'idée de la guerre à outrance, était acclamé et porté aux nues.

On s'est beaucoup moqué de mes compatriotes, à propos de cette terrible campagne de 1870-1871. On ne nous a pas ménagé le ridicule. Sans doute, nous avons prêté à rire avec nos Légions Urbaines et nos Francs-Tireurs de la Mort; sans doute, nous avons eu des mobiles qu'il était impossible de mobiliser. Je le sais, et les premières critiques ont été formulées chez nous.

Mais, ce qu'il faut aussi qu'on sache bien, c'est que, si nos retardataires ont été plus que d'autres remarqués, cela a tenu à ce que, dès les premières hostilités, tous les hommes de bonne volonté étaient partis; et ils furent nombreux, ceux-là. Que l'on prenne la peine de consulter les archives de l'armée, et l'on verra quel formidable mouvement d'engagements volontaires se produisit dans le Midi, aussitôt la nouvelle reçue de nos premiers désastres. Sur les navires qui nous transportaient aux dépôts de nos régiments, dans les trains qui nous véhiculaient, nous étions littéralement entassés. On n'avait pas attendu le 4 septembre pour donner sa signature sur l'autel de la patrie.

Quant à l'exubérance de sentiments qui chez nous est si naturelle, elle était bien faite, je l'avoue, pour nous signaler, après la guerre, aux plaisanteries de la presse; n'importe, les méridionaux, comme les autres, firent leur devoir.

Après cette digression, je me sens plus à l'aise pour rire un brin des côtés comiques du patriotisme marseillais. On me pardonnera d'autant plus mon ironie que je suis un des premiers à qui elle s'adresse.

Examinant les évènements à seize ans de distance, que pourrai-je, en effet, trouver de plus grotesque que notre Garde Civique, dont les exploits mériteraient d'être célébrés dans des images d'Epinal?

Les gardes civiques étaient les prétoriens de la Préfecture. On les jugera par cette anecdote, rigoureusement authentique.

Le commandant de la garde était un courtier de commerce, nommé Matheron; le capitaine, un teinturier nommé Gavard.

Un jour, en faisant une partie de dominos, le courtier dit à l'artiste en teinture :

— Sais-tu bien, capitaine, qu'il y a, dans les environs de Marseille, un maire de village qui m'est signalé comme ayan exercé une pression formidable pour faire voter « oui » au plébiscite ?

— Cela est bien possible, commandant, ces maires de village étaient tous des suppôts de l'infâme Empire. Quel est l'indigne fonctionnaire municipal dont tu veux parler ?

— C'est le maire de Septêmes.

— Très bien, conclut le teinturier Gavard, je me charge de son affaire.

Le lendemain à la première heure, le capitaine de la Garde Civique part pour Septêmes, monté sur son cheval, nommé Robespierre.

Septêmes est une commune de 1,500 habitants, à 12 kilomètres de Marseille, sur la route d'Aix.

En voyant arriver, sur les neuf heures du matin, un cavalier au chapeau empanaché de longues plumes de couleurs éclatantes, une carabine en bandoulière, la ceinture garnie de pistolets et révolvers de tous les calibres, nos villageois s'attroupent, ahuris.

Sans descendre de son cheval couvert d'écume, le capitaine-teinturier demande :

— Oùs qu'est le maire ? Conduisez-moi au

domicile du citoyen maire de la présente commune!

Les habitants obéissent.

Voilà donc le magistrat de village comparaissant devant Gavard. L'infortuné maire était un brave homme de cultivateur, très simple, occupé, à ce moment, à tailler les arbustes de son jardin.

— C'est pas tout ça! fait le capitaine de la Civique, sans autre préambule; citoyen maire, l'opinion nationale t'accuse de conspirer avec les Prussiens pour empêcher la guerre.

— Mais, monsieur...

— Il n'y a pas de monsieur ici; il n'y a que des citoyens, entends-tu, suppôt de l'Empire?... Et le citoyen qui te fait l'honneur de te causer a en outre celui d'être ton capitaine... Appelle-moi donc : citoyen, mon capitaine !

— Citoyen, mon capitaine, je ne comprends pas ce que signifie cette accusation, je suis un homme des champs, qui...

— Tu n'as pas besoin de comprendre, suppôt de l'Empire!... Je te confirme que tu es accusé, par devant le tribunal de la justice populaire, que je représente ci-inclus en ma personne, d'avoir, à la date du plébiscite, outragé le sentiment national, en faisant voter

« oui » aux populations ci-contre, et en leur inculquant l'abominable mensonge que l'Empire, c'est la paix... C'est pourquoi, tu es et demeures convaincu d'être opposé à la guerre, la guerre à outrance, que je représente au même titre et dans les mêmes proportions... Par conséquent, il est hors de doute que tu pactises avec la Prusse, c'est-à-dire avec l'étranger... Au nom de l'opinion nationale, dont je suis le mandataire revêtu de pleins pouvoirs, je te déclare dégradé de tes fonctions, qualités municipales et autres, sans préjudice de ce qui s'ensuit... Et, étant donné que, par le fait de cette dégradation méritée, tu es maintenant hors la loi et justement dépouillé de ton inviolabilité parlementaire, je te mets et maintiens en état d'arrestation.

Le malheureux maire était littéralement abasourdi et incapable d'opposer la moindre résistance. Gavard tortillait sa moustache, d'un air féroce. Les gens de Septêmes ne savaient que penser. Ils ne connaissaient les civiques que de réputation; mais la réputation était telle que nul n'osait broncher.

Comme conclusion, le capitaine-teinturier ajouta :

— Allons, hisse !... Monte en croupe avec

moi, citoyen ci-devant maire; je t'emmène à la Préfecture. Là, tu t'expliqueras avec le citoyen proconsul. Si ton cœur est pur et ton patriotisme sans reproche, tu n'as rien à craindre; mais fais-moi le plaisir et l'honneur d'obéir un peu vivement. Moi, je n'ai pas à discuter avec les exigences de mon service; je suis l'exécuteur des hautes-œuvres de l'opinion nationale.

On hissa donc, sur le cheval de Gavard, le maire de Septêmes, plus mort que vif. Sa femme se lamentait; les villageois étaient atterrés.

— En route pour la Préfecture, fait enfin le capitaine de la Civique... Citoyen ci-devant maire, tiens-toi bien, prends-moi *à brasse-corps* pour ne pas tomber, et surtout, attention à ne pas faire partir mes pistolets!... Allons, hue, Robespierre!

Et il pique des éperons.

Pour retourner de Septêmes à Marseille, il faut traverser plusieurs villages.

Un des premiers que l'on rencontre est situé dans un défilé sauvage, entre la chaîne de l'Estaque et la chaîne de l'Étoile. Ce hameau, perdu au milieu de ces gorges d'aspect sinistre, est appelé l'Assassin.

Le maire de Septêmes, peu rassuré sur son sort, claquait des dents en se cramponnant au capitaine; le malheureux, croyant sa dernière heure venue, avait la chair de poule.

Lors, mon Gavard, qui, pour son compte, se bornait à avoir soif, fait arrêter Robespierre devant l'auberge de l'Assassin.

— Halte de cinq minutes, dit-il en sautant à terre, entraînant avec lui son prisonnier... Ici l'on trinque... Citoyen ci-devant maire, présentement otage du peuple souverain, tu vas boire avec le capitaine Gavard à la santé de la nation... Tâche d'être à la hauteur de l'honneur qui t'est fait; c'est la République, entends-tu ? qui te paie la goutte !

L'infortuné captif, fort peu soucieux de contrarier le représentant de la justice populaire, n'a garde de refuser.

On vide un verre de champoreau d'Afrique, atroce mélange de café, de cognac et de curaçao ; c'était la boisson favorite de l'officier à panache.

Puis, on se remet en route.

A la Viste, nouvelle halte, nouveau champoreau et nouveau toast patriotique. Cette fois, c'est à la santé du citoyen proconsul que le capitaine teinturier oblige son prisonnier à trinquer.

Les villages de Saint-Louis et des Crottes, ainsi que le faubourg d'Arenc, fournissent motif à une station semblable. Le maire de Septêmes n'en peut mais; toutefois, comment résisterait-il aux sommations de son terrible gendarme? Pour sauver sa vie qui lui paraît très menacée, il ingurgite tous les champoreaux que Gavard lui présente; et c'est ainsi qu'il boit successivement à la commune de Marseille, à l'Internationale et à Robespierre.

A chaque verre, le capitaine n'oublie pas de dire :

— Sache, ci-devant maire, que tu es plus honoré que tu ne mérites; c'est la République qui te paie la goutte!

Enfin, l'exécuteur des hautes-œuvres de l'opinion nationale et l'otage de la justice populaire, tous deux ensemble à califourchon sur Robespierre essoufflé, brisé, rompu, éreinté, entrent majestueusement dans la ville.

Les passants les regardent, intrigués. Gavard étant connu de tout Marseille, on se demande ce que signifie cette nouvelle équipée de l'artiste en teinture, improvisé capitaine.

Gavard et son prisonnier s'arrêtent en dernier lieu devant l'hôtel de la Préfecture ; un civique, de planton, mène le cheval à l'écurie ; le capitaine conduit le pauvre maire au préfet Esquiros. Celui-ci n'est au courant de rien.

Par extraordinaire, notre héros ne tutoyait pas le préfet.

— Citoyen proconsul de la République, lui dit-il, je livre entre vos mains intègres le ci-devant maire de Septêmes, lequel s'intitule homme des champs, mais n'est en réalité qu'un suppôt de l'Empire et un agent de la Prusse. Il a été pris en flagrant délit de conspiration pacifique, ayant tenté de s'opposer à la guerre à outrance que nos cœurs de patriotes désirent tous. Son inviolabilité parlementaire lui a été retirée, ce matin, à neuf heures ; le cri de la conscience publique de ses administrés lui a arraché l'écharpe municipale dont il s'est rendu indigne par ses forfaits ; Septêmes l'a confié à ma garde, et je vous l'amène, pour qu'il subisse, dans les vingt-quatre heures, le châtiment de ses crimes. Je dois, toutefois, témoigner à sa décharge que, depuis son arrestation, il a fait preuve d'une soumission exemplaire et s'est même montré bon patriote en buvant à votre santé, sans compter les autres. A vous de juger, citoyen proconsul de la République, si cette soumission fidèle doit tenir lieu de circonstances atténuantes au prisonnier ci-inclus.

Esquiros, habitué à ces aventures, mande aussitôt le commandant-courtier Matheron, pour avoir le mot de l'énigme ; car le maire de Septêmes, inaccoutumé aux champoreaux d'Afrique, et, au surplus, très ému par les difficultés de sa situation, ne pouvait fournir aucun éclaircissement.

Matheron venu, on s'explique.

Esquiros, envoyant à tous les diables son capitaine des gardes, le tance vigoureusement et lui donne l'ordre de remettre son prisonnier en liberté.

— Très bien, citoyen proconsul, répond Gavard ; du moment que le coupable est innocent, il va être rendu à sa famille en pleurs. La République est magnanime. Elle est juste avant tout et protège l'aveugle et l'orphelin. Vive la République !

Là-dessus, mon Gavard embrasse le maire de Septêmes, l'adjure de mépriser à jamais les noirs poisons de la sanglante calomnie, fait seller un autre cheval, et, reprenant en croupe son ex-prisonnier, le ramène triomphalement à Septêmes.

Cette fois, au lieu de toaster en route, on dîna à Saint-Antoine, près de la Viste. Les deux voyageurs étaient en appétit. Ce fut le maire qui paya la carte du festin.

En arrivant au terme de cette pérégrination épique, le capitaine Gavard adressa, du haut de sa monture, aux villageois, de plus en plus ahuris, la proclamation suivante :

— Habitants de Septêmes ! je reconduis parmi vous le magistrat vertueux qui est l'honneur de votre laborieuse commune. Accusé de crimes horribles, il a victorieusement mis à nu l'innocence patriotique de son cœur républicain... Citoyens, que cet exemple méritoire vous serve de leçon !... La France, aux prises avec l'étranger, a les yeux sur vous. Ne trahissez pas la confiance de la République, qui est pour vous une mère. Répétez à vos enfants et à vos arrière-petits-neveux que la Garde Civique de Marseille tient d'une main l'épée du devoir et de l'autre la balance de la justice... Recevez de cette garde sans peur et sans reproche votre estimable maire ;

rendez à ce magistrat modèle tous les honneurs qui lui sont dus ; inscrivez, sur la façade de l'hôtel de ville de Septêmes, son nom vénéré en lettres d'or, afin qu'il passe, flamboyant et radieux, à la plus séculaire postérité. Vive la République !

Je ne garantis pas, comme rigoureusement exact, le texte des discours du capitaine Gavard ; mais, si une différence existe entre leur teneur et la reproduction que j'en fais, cette différence est, en tout cas, peu sensible. Quant à l'aventure elle-même, je la certifie d'une authenticité parfaite, y compris l'arrestation et ses motifs ultra-fantaisistes, le double voyage du teinturier civique ayant en croupe son captif, et les petits verres de champoreaux.

Par cet épisode, on peut juger la garde prétorienne du proconsul Esquiros. Encore, l'incident du maire de Septêmes fut simplement une odyssée héroï-comique ; mais il n'en fut pas toujours de même. Les civiques ont, à leur passif, une série d'autres affaires qui leur ont valu d'être à Marseille l'objet d'une réprobation unanime.

Lors de la capitulation de Metz, il y eut, dans le Midi, comme dans le reste de la

France, un mouvement de colère générale, que les révolutionnaires surent mettre à profit.

Esquiros avait organisé une Ligue des départements méridionaux. Cluseret, qui devait plus tard devenir ministre de la guerre de la Commune de Paris, fut appelé pour commander l'armée de la Ligue. Seulement, une partie de la garde nationale ne voulut pas reconnaître son autorité. On en vint aux mains. Les civiques, qui jusqu'alors, avaient été surtout grotesques, tout en étant redoutés, devinrent odieux au plus haut point, à la suite d'une fusillade sur les allées de Meilhan ; le sang coula, il y eut des morts ; bref, les évènements tournant au tragique, Gambetta envoya à Marseille un nouveau préfet.

Le désordre était à son comble.

Les partisans de la Ligue du Midi couvraient toutes les murailles de la ville de gigantesques affiches, sur lesquelles on lisait ces seuls mots en caractères immenses :

NOUS VOULONS
LE MAINTIEN D'ESQUIROS.

Le nouvel administrateur du département, le citoyen Marc Dufraisse, arrive, se rend à la Préfecture, examine la position, comprend qu'elle ne sera pas tenable et déguerpit sans tambour ni trompette ; comme fiche de consolation, on lui donna la préfecture des Alpes-Maritimes qui était plus facile à occuper.

Gambetta, lui, tenait à avoir le dernier mot dans cette affaire. Il décide Alphonse Gent à se substituer à Esquiros, au nom du gouvernement de Tours. Il s'agissait, pour Gent, de prendre la place, non d'un préfet, mais de deux ; car j'ai oublié de vous dire que nous possédions à la fois à Marseille deux chefs du département, l'un, Esquiros, avec le titre d'administrateur des Bouches-du-Rhône, l'autre, Delpech, avec le titre de préfet. Je ne parle pas de Maurice Rouvier, à qui le gouvernement de Tours avait aussi offert la même préfecture, entre le refus de Marc Dufraisse et l'acceptation d'Alphonse Gent ; Rouvier, malin, ayant constaté, en qualité de secrétaire général, que l'administration des Bouches-du-Rhône offrait plus d'épines que de roses, avait répondu : « Merci, offrez la place à un autre. »

La nomination de Gent fut accueillie par des cris de colère de la part des partisans d'Esquiros et de Delpech. J'étais au nombre de ces derniers. Nous nous disions que la France était perdue si le nouvel administrateur prenait possession de la Préfecture. A la rigueur, on sacrifiait Delpech, le préfet n° 2, aux exigences de Gambetta; mais le préfet n° 1, c'est-à-dire Esquiros, jamais !

A la Jeune Légion Urbaine, les uns tenaient pour le gouvernement de Tours, et les autres, pour la Ligue du Midi. Les *Girondins*, — tel était le nom que nous donnions aux légionnaires qui acceptaient Gent, — furent plus adroits que les *Montagnards*. Ils firent un coup d'État. Une nuit, ils déménagèrent toutes les carabines avec lesquelles nous exécutions nos manœuvres sur la plaine Saint-Michel et les remirent aux bataillons de la garde nationale qui soutenaient le nouveau préfet.

C'était une « exécrable trahison ».

Je fis appel aux légionnaires demeurés fidèles à Esquiros. Nous constituâmes un conseil de guerre, qu'on nomma la Cour Martiale de la Jeune Légion Urbaine, et nous nous mîmes en devoir de juger les traîtres.

Naturellement, pas un d'entre eux ne daigna comparaître devant la Cour Martiale;

mais cela importait peu, nous les jugions quand même.

Je me souviens que je remplissais les fonctions du ministère public. L'avocat d'office, chargé de défendre les accusés absents, Elie Devèze, était un camarade du lycée, membre de l'état-major de la Légion.

On appelait gravement par trois fois les légionnaires « girondins ».

— Tistin Capefigue !... Tistin Capefigue !.. Tistin Capefigue !...

Silence.

Je prenais la parole :

— L'accusé Tistin Capefigue ne répondant pas à l'appel de son nom, mais l'évidence de sa trahison étant indiscutable, je demande à la Cour Martiale de le juger quoique absent.

— Accordé, murmurait le président.

Elie Devèze se levait :

— Pour quel motif mon client Tistin Capefigue est-il mis en accusation ?

— C'est à lui, répliquais-je, qu'étaient confiées les clefs des placards dans lesquels nous avions déposé les carabines de la Légion. Tistin Capefigue a livré les clefs à l'ennemi. C'est une trahison en temps de guerre. Je conclus à la condamnation à mort de Tistin Capefigue.

Le président invitait le défenseur d'office à prononcer son plaidoyer.

— Citoyens, membres de la Cour Martiale, disait Elie Devèze, j'ai une pénible mission : atténuer le crime dont s'est rendu coupable ce scélérat qui porte le nom de Tistin Capefigue, est une tâche au-dessus de mes forces. Pourtant, je ne puis me soustraire à l'obligation de le défendre, puisque votre sagesse m'a imposé cette dure corvée. Je ne vois aucune excuse à la conduite de mon client ; c'est de nuit, c'est en abusant de notre confiance, qu'il a livré à l'ennemi les clefs des placards de notre état-major. Je m'associe aux conclusions de l'honorable organe du ministère public ; néanmoins, comme défenseur de Tistin Capefigue, je demande qu'aucune flétrissure publique ne soit infligée à son nom, par égard pour sa respectable famille.

La Cour Martiale délibérait, et Tistin Capefigue était condamné à être passé par les armes, aussitôt que les circonstances permettraient de s'emparer de sa personne.

Tous les légionnaires, partisans de Gent,

furent, de la même manière, condamnés par nous à être fusillés à la première occasion. Seulement, ce qui nous exaspérait, c'était que nous ne pouvions pas exécuter notre sentence, puisque nous n'avions plus de fusils.

De leur côté, les « girondins » ne ménageaient pas les « montagnards ». Ils avaient aussi constitué leur Cour Martiale de la Jeune Légion Urbaine, et ils nous jugeaient également sans comparution. Toutefois, ils furent plus cléments que nous, tout en qualifiant de « crime de lèse-patrie » le fait de vouloir le maintien d'Esquiros. Nous poussions la cruauté jusqu'à les condamner tous à mort; ils eurent l'indulgence de ne nous condamner tous qu'aux travaux forcés à perpétuité.

Pendant que délibéraient nos Cours Martiales et que Cluseret voyait les bataillons de la garde nationale les uns après les autres, sauf de rares exceptions, refuser de reconnaître son autorité, Alphonse Gent débarquait à Marseille par le train d'Avignon.

Il croyait, naïf vauclusien, n'avoir qu'à se présenter à la Préfecture pour être acclamé par tous les habitants des Bouches-du-Rhône;

Gambetta, en signant sa nomination, lui avait doré la pilule.

Ah! bien oui! il allait, le malheureux, connaître, par une prompte expérience, le revers de sa médaille de préfet.

Le soir de son arrivée, il réunit son personnel autour de lui; il avait préparé un discours patriotique, joliment bien tourné, qui devait lui rallier tous les dissidents. Il fait un signe; on se tait. Il ouvre la bouche, il commence sa harangue... Pan! une détonation retentit... Qu'est-ce que c'est donc?... Vient-on de tirer un pétard en l'honneur du nouvel administrateur?... Non, ce n'est point cela... Gent porte la main à la hauteur de sa ceinture, l'appuie contre le gousset de son gilet, et s'écrie :

— On m'assassine!... Je suis mort!...

C'est un vrai coup de théâtre. Chacun se précipite vers le préfet n° 3. On le transporte dans la coulisse... pardon, dans le cabinet voisin. Un conseiller d'arrondissement, qui est vétérinaire, dit :

— Cela me regarde.

Alphonse Gent se déshabille. Il n'avait rien du tout.

Cependant, un coup de pistolet avait été

tiré ; toutes les personnes présentes l'avaient entendu.

On rentre dans le salon de réception, on dérange tous les meubles, on cherche la balle. Pas plus de balle que sur ma main, pas une éraflure dans les lambris.

— Mes enfants, murmure Gent d'un ton ému, je pardonne à mon assassin.

Cette grandeur d'âme touche l'assistance. Delpech, le préfet n° 2, s'avoue vaincu par tant de générosité et donne sa démission.

Bientôt, se répandaient en ville, le bruit de l'attentat et la nouvelle de la clémence exemplaire de cet autre Auguste.

Les quelques bataillons de la garde nationale qui hésitaient encore crient :

— Vive Gent !

La garde civique, seule, persiste à acclamer le préfet n° 1.

— Vive Esquiros !

De fait, on n'a jamais su à quoi s'en tenir sur ce fameux coup de pistolet.

Les uns prétendent qu'il a été réellement tiré et que Gent dut la vie à une pièce de cinq francs en argent, sa fortune de vieux proscrit, qu'il avait dans le gousset. Les autres affirment que l'envoyé de Gambetta, moins naïf qu'on se le figurait, avait joué une comédie et qu'un compère avait fait partir une arme chargée à blanc.

Quoi qu'il en soit, vraie ou fausse, cette tentative d'assassinat tourna à l'avantage du préfet n° 3.

Sur ces entrefaites, une catastrophe mit Esquiros en deuil. Son fils William, malade depuis quelques jours, vint à mourir. Accablé par la douleur, le président de la Ligue du Midi abandonna la Préfecture à son compétiteur et rentra dans la vie privée.

La Garde Civique et la Jeune Légion Urbaine furent dissoutes par décret. Quant à Cluseret, il n'eut que le temps de disparaître. Il avait été appelé par les organisateurs de la Ligue, et c'était lui que, depuis la débâcle, on accusait de tout le mal. Etranger à ces évènements, il était chargé des responsabilités de chacun. Je crois même que Gambetta donna l'ordre de l'arrêter et de le fusiller. Il fallait bien venger l'assassinat de ce pauvre Alphonse Gent.

Les révolutionnaires, ne pouvant plus déployer leur zèle en arrêtant quiconque leur déplaisait, se rattrapèrent au moyen des clubs.

Il y avait alors deux clubs très fréquentés : l'Alhambra et l'Eldorado. Le premier se tenait dans un café-concert qui avait fait faillite; le second, dans une salle de bal.

A l'Alhambra, comme à l'Eldorado, la société était choisie; entrait qui voulait.

Là, chaque soir, on fusillait un général, en effigie.

Le président de la séance donnait lecture des dépêches reçues dans la journée.

— Citoyens, voici ce qui se passe dans les Vosges : le général Cambriels vient de résigner son commandement entre les mains du général Michel.

Voix nombreuses :

— Cambriels est un traître!... A mort! A mort!...

Le président agitait sa sonnette :

— Que ceux qui sont d'avis que le général Cambriels doit être fusillé veuillent bien lever la main.

Toutes les mains se levaient.

Ce n'était pas plus compliqué que cela.

Deux jours après, on fusillait le général Michel, parce qu'il n'avait pas passé par les armes le général Cambriels.

Un soir, cependant, on ne fusilla personne.

Je ne sais plus quel mauvais plaisant monta à la tribune et dit :

— Citoyens du club de l'Alhambra, vous êtes sur un volcan. La Monarchie s'apprête à confisquer la République. Depuis hier, le comte de Chambord est à Marseille. Il loge chez son ami, le marquis de Foresta. Il a passé sa journée d'aujourd'hui à distribuer de l'or à la troupe, et, en ce moment même, il est ici dans la salle.

Ces paroles provoquèrent un tumulte indescriptible. Toute l'assistance poussait des hurlements. Chacun accusait son voisin d'être le comte de Chambord. Plusieurs furent obligés de venir se justifier à la tribune et d'établir leur identité. Bref, on s'en retourna se mettre au lit sans avoir rien décidé.

J'étais un des orateurs ordinaires de l'Alhambra. Ce fut, sur mon initiative, qu'on fusilla, un beau dimanche, l'évêque de Marseille.

J'avais découvert, à la Bibliothèque de la ville, une affiche datant de 1793 et contenant un jugement du Tribunal Criminel Révolutionnaire du département des Bouches-du-Rhône. Ce jugement envoyait à la guillotine « le nommé Jean-Joachim Gail, âgé de cinquante ans, vicaire à Salon, ci-devant chanoine, convaincu du crime de contre-révolution. »

Tout fier de ma trouvaille, j'apportai, à la tribune du club, la copie de l'arrêt du Tribunal Révolutionnaire, et je la communiquai à l'assistance. Ensuite, je lus divers extraits d'un mandement que l'évêque de Marseille avait adressé, au commencement de 1870, à ses diocésains, et dans lequel il leur recommandait de s'écarter des adversaires de la religion.

— Citoyens, que pensez-vous de cela ? demandai-je en manière de conclusion. Est-ce que l'évêque Place ne vous paraît pas mille fois plus contre-révolutionnaire que le chanoine Gail ?

— Oui ! oui ! répondit la foule.

— Eh bien, le chanoine Gail a subi la peine de son crime, et l'évêque Place vit encore !

— Fusillons-le ! fusillons-le !

— C'est précisément ce que j'allais avoir l'honneur de vous proposer.

On vota donc, à mains levées, que l'évêque de Marseille serait exécuté à bref délai.

C'est ainsi qu'on surexcitait les mauvaises passions de la multitude. Exalté moi-même au plus haut degré, je ne comprenais pas le mal que je faisais.

Un autre jour, j'obtins le vote d'une motion réclamant l'installation permanente d'une guillotine sur la place de la Bourse. Il fallait, disais-je, terrifier le cléricalisme. Et je me souviens qu'on m'écoutait, qu'on m'applaudissait, moi, petit bonhomme de seize ans !... Quand je songe à ce triste passé, j'ai honte pour moi et pour le peuple.

J'avais alors une phrase favorite, qui obtenait un grand succès dans les clubs.

— Fondons à jamais la République, disais-je, et si la réaction ose lever la tête, nous serons là pour la couper !

Cette sanguinaire figure de rhétorique me valait une ovation splendide.

Franchement, je devais être fou, et tous nos clubistes marseillais aussi.

Un homme était désolé de ces incartades inqualifiables : mon père. La ville entière savait que le jeune orateur de l'Alhambra était son fils. Mes motions de cannibale paraissaient dans quelques journaux avec ma signature : Gabriel Jogand-Pagès.

— Tu déshonores le nom de ta famille, me répétait mon père, navré.

A force d'entendre ces doléances, je pensai que le mieux, pour ne plus m'exposer à de telles récriminations, était d'adopter un pseudonyme.

Mon aïeul maternel, qui avait été mon parrain, s'appelait Léonidas. Je supprimai les deux dernières syllabes de son prénom ; il me resta : Léo. D'autre part, au collège, j'avais été frappé par le nom d'un roi indien, Taxile, qui contracta alliance avec Alexandre-le-Grand, conquérant pour lequel j'éprouvai une vive sympathie ; je retranchai l'*e* final de ce nom de monarque du temps jadis. L'ensemble, Léo Taxil, me parut euphonique, et je composai ainsi le pseudonyme que j'ai gardé depuis et sous lequel je suis connu.

Telles sont les raisons qui me firent quitter mon nom de famille.

Je voulais suivre ma voie, — ma mauvaise voie ; — mais je ne voulais pas déplaire à mes parents, en ce qui concernait l'emploi de leur nom dans des actes et des écrits qu'ils désapprouvaient.

V

LA COMMUNE

LE RÈGNE DES JOURNALISTES. — GENT ET LES ÉLECTIONS GÉNÉRALES. — UNE FAUSSE JOIE DE SPULLER. — PROGRAMME OFFICIEL EXÉCUTÉ AU REBOURS. — LES MALHEURS D'HENRI FOUQUIER. — UN GOUVERNEMENT IMPROVISÉ. — TOUT MARSEILLE SAUTERA. — LE GACHIS INSURRECTIONNEL. — LE 4 AVRIL. — FIN DE LA COMMUNE RÉVOLUTIONNAIRE.

A part le tapage des clubs, pendant l'administration de Gent, les Marseillais se tinrent assez tranquilles.

Le successeur d'Esquiros, pour se concilier les bonnes grâces de la presse, s'entoura de journalistes de toutes nuances. On ne rencontrait plus que des journalistes à la Préfecture : les salons, cabinets, divisions et bureaux en étaient remplis ; on en voyait jusque dans les corridors et dans la loge du concierge.

Vous frappiez à une porte, vous entriez pour demander un dégrèvement de contributions ou faire enregistrer une patente ; vlan ! vous vous trouviez avoir affaire à des chroniqueurs des feuilles locales. Vous vous présentiez au bureau des enfants assistés, à celui du domaine départemental, à la direction des pompes funèbres, ou à l'inspection des asiles d'aliénés ; vous étiez nez à nez avec des feuilletonnistes, des secrétaires de rédaction, des courriéristes théâtraux. Quant au service des antichambres, il était fait par des reporters sans ouvrage.

Le chef de cabinet du préfet était aussi un journaliste, Auguste Cabrol, radical à tous crins, un joyeux vivant qui fumait une pipe colossale et, à la fin de ses audiences, tapait amicalement sur le ventre de ses visiteurs.

Le secrétaire général n'avait pas non plus beaucoup de prestige. C'était un jeune chroniqueur marseillais, de trente-deux ans, qui depuis, a fait son chemin. Il n'était pas radical, lui, oh ! non. Il avait eu quelques articles dans le *Figaro*, lors de la fin de l'Empire. Au 4 septembre, un marchand de draps de

Marseille, que Gambetta avait nommé préfet, lui aussi, l'avait placé à la tête d'un journal, intitulé *la Vraie République*, fondé pour mettre tout le monde d'accord.

Vous voyez le succès que cette gazette pouvait avoir au pays de la Cannebière ; le marchand de draps y mangea une partie de ses économies et quitta la Préfecture à l'arrivée d'Esquiros et de Delpech. Seulement, comme la *Vraie République* s'obstinait à ne pas faire ses frais, malgré tout le talent de son rédacteur, le marchand de draps, ne nourrissant plus l'espoir de redevenir préfet, mit notre chroniqueur à la ration la plus maigre, en attendant de supprimer tout à fait l'inutile journal.

Heureusement, à cette époque, Gent venait de s'installer ; il offrit le secrétariat général de la préfecture au bon jeune homme, qui accepta. Pour le nommer, c'est Henri Fouquier, aujourd'hui encore collaborateur du *Figaro*.

Là-bas, les Marseillais, très portés à la familiarité, l'appelaient Monsieur Henri, ou même Henri tout court ; ce qui le vexait, soit dit entre parenthèses, car il était rempli de son importance, tout au contraire d'Auguste Cabrol. Mais le secrétaire général avait beau pincer les lèvres et prendre un air solennel, personne, dans la vieille cité phocéenne, ne pouvait se faire à l'idée qu'il était tout-à-coup devenu un personnage sérieux, et on l'abordait avec le même sans-gêne que le chef de cabinet.

Cela dura jusqu'à la capitulation de Paris.

Les élections générales se firent en France avec une précipitation que tout le monde connaît; mais, dans les Bouches-du-Rhône particulièrement, les représentants de l'autorité républicaine le prirent à leur aise, mieux encore que partout ailleurs.

L'armistice, on se le rappelle, fut signé le 28 janvier 1871. Le lendemain, 29, le gouvernement rendit un décret convoquant les électeurs pour le mercredi 8 février; ce décret fut envoyé par voie télégraphique à tous les préfets.

Savez-vous ce que fit Alphonse Gent, préfet de Marseille ? — Il garda tout simplement la dépêche dans sa poche. Mais le plus beau de l'affaire, c'est que, tandis que les électeurs des Bouches-du-Rhône n'étaient pas convoqués et se demandaient à quelle date aurait lieu le scrutin, Gent se portait candidat dans le département à côté, en Vaucluse.

A la Préfecture, on trouvait ce tour-là charmant. On travaillait à la confection de la liste officielle, et, pensait-on, on prendrait ainsi les conservateurs à l'improviste. Tous les secrétaires et sous-secrétaires de Gent se frottaient les mains.

Du reste, le haut personnel administratif de la maison avait de quoi s'amuser, les sollicitations pleuvaient ; c'était une avalanche de dépêches d'un tas de frères et amis suppliant Gent de les mettre sur la liste de la Préfecture. Steenackers, entre autres, Steenackers que personne ne connaissait dans le Midi, écrivait, le 31 janvier, à notre incomparable préfet : « Vous savez ce que je vaux ; si vous avez besoin d'un nom sur votre liste, prenez le mien ». (*Textuel.*) On ne le prit pas, et ce pauvre Steenackers ne fut, au surplus, élu nulle part.

Enfin, quand la Préfecture se crut sûre d'enlever le vote, elle afficha le décret de convocation des électeurs. Voici la date exacte de cet affichage : le 3 février, dans la nuit. Les Marseillais apprirent donc, le 4 au matin, qu'ils étaient appelés à voter le 8. Le citoyen Alphonse Gent existe encore, il est aujourd'hui sénateur, je le mets au défi de me démentir. Dans la campagne, le décret du gouvernement ne fut affiché que deux jours avant le scrutin.

Une joyeuse aventure, par exemple, est celle dont Spuller, le fidèle Achate de Gambetta, fut le héros.

Le 5 février, Gent recevait la dépêche suivante (je la recopie sans y changer une virgule) :

Bordeaux, 5 février 1871, 5 h. soir, N° 7842.

Spuller à Gent, préfet, Marseille.

Je lis dans votre dépêche d'hier soir adressée à notre ministre, cette simple et courte ligne : « Citoyen, je vous recommande Spuller », et rien de plus.

Cela veut-il dire que vous verriez avec plaisir mon élection par Marseille ?

Je suis fondé à le croire, et je veux vous dire, mon cher ami, la profonde reconnaissance que je vous garde de ce témoignage d'estime.

Je serais payé bien au delà de ce que je mérite, si, pour prix des services que j'ai pu rendre à la France et à la République, en assistant Gambetta depuis le 4 septembre, une grande et républicaine cité comme Marseille me choisissait pour son représentant.

Je n'ose espérer tant de faveur ; mais à vous qui avez eu l'idée d'une pareille élection pour moi, je puis déclarer, dans le secret de l'amitié, que ma vie entière n'épuiserait pas ma gratitude, et que, si un tel honneur m'était fait, je ne croirais pouvoir m'acquitter envers Marseille qu'en lui dévouant, à elle, à son magnifique et riche avenir, à la démocratie vive et intelligente qu'elle contient dans ses murs, tout ce que j'ai d'intelligence, de dévouement sans réserve, avec le plus inaltérable attachement.

Ecrivez-moi, je vous prie; je vous laisse juge de mon émotion contenue depuis hier.

E. SPULLER.

On voit que la dépêche était aux frais de l'état ; l'ami Spuller ne ménageait pas les mots, il en était même prodigue.

Mais là n'est pas la question.

Quand on reçut, à la Préfecture de Marseille, ce mirifique télégramme, Gent, Fouquier et les autres partirent d'un formidable éclat de rire.

Jamais on n'avait télégraphié à Gambetta pour réclamer sa recommandation en faveur de Spuller, personne n'avait songé à la candidature de Spuller dans les Bouches-du-Rhône.

Voici ce qui s'était passé :

Gambetta avait fait part à Gent de ses difficultés avec Jules Simon; il avait déclaré à son ami que, se voyant tenu en échec par ses collègues du gouvernement, il se retirait. Et Gent, en style de camarade, avait répondu à

Gambetta : « Vous êtes malade, je vous recommande *à Spuller*. »

L'employé du télégraphe avait oublié un mot de la dépêche : *à*. De là était venu le malentendu, qui avait causé une fausse joie au compagnon du ministre.

Lorsque l'entourage de Gent eut fini de rire, on envoya donc à Spuller, pour calmer ses transports, le télégramme que voici :

Marseille, 5 février 1871, 8 h. 25 soir.

Préfet à Spuller, Bordeaux (confidentielle).

J'avais écrit à Gambetta : « Vous êtes malade ; je vous recommande *à Spuller.* »

Pourquoi ne m'avez-vous pas écrit plus tôt ? Dans l'état actuel des esprits de coterie et de prétentions, ç'aurait été difficile ; mais impossible, non peut-être. Je ne me pardonne pas de n'y avoir pas pensé.

A. GENT.

Malgré la surprise des électeurs, malgré la pression formidable des agents du pouvoir, malgré toutes les précautions et les illégalités de la Préfecture, le suffrage universel ne donna pas, dans les Bouches-du-Rhône, les résultats attendus par Gent. Les Marseillais s'offrirent une députation des plus panachées.

Quant à Gent, il fut élu en Vaucluse.

Député, il donna sa démission de préfet et fut remplacé par l'amiral Cosnier. Le nouveau titulaire de la préfecture de Marseille conserva Henri Fouquier comme secrétaire général.

Nous voici à la période, plus que jamais troublée, de la Commune.

En province, les ultrà-radicaux commençaient à s'endormir; le 18 mars les secoua. Les Marseillais ne devaient pas être les derniers à sortir de leur torpeur.

— Paris a une Commune Révolutionnaire, disait-on ; eh! pourquoi Marseille n'aurait-elle pas la sienne?

La Préfecture, sans le vouloir, certes, fournit aux impatients l'occasion qu'ils attendaient.

Cosnier, Fouquier, le maire Bory, toutes les fortes têtes du parti républicain modéré, avaient tenu conseil : dans ces circonstances particulièrement difficiles, que fallait-il faire?

Ils décidèrent que tous les bataillons de la garde nationale seraient convoqués le 23 mars, et que, sous la conduite d'un colonel nommé Jeanjean, ils se promèneraient par la ville en criant : « Vive Versailles! »

Cette idée paraissait merveilleuse aux habiles qui l'avaient eue. Fouquier, en sa qualité de marseillais, disait connaître, mieux que personne, les sentiments de ses compatriotes ; quant au colonel deux fois Jean, il était sûr de ses bataillons. Versailles allait être acclamé contre Paris d'une seule voix par les habitants.

Les gardes nationaux, dûment convoqués par ordre, se réunirent donc et suivirent l'itinéraire fixé pour cette promenade officielle. Seulement, il y eut un article du programme qui fut exécuté au rebours. Tous les bataillons, à l'exception de deux, crièrent : « Vive Paris! » Et la petite fête eut une conclusion que Cosnier, Fouquier, Bory et Jeanjean n'avaient pas prévue : à la fin de la promenade, les manifestants prirent d'assaut la Préfecture.

La partie turbulente de la population s'était jointe, cela va sans dire, aux gardes nationaux et avait participé à leur démonstration. Les anciens civiques n'avaient pas manqué de se mettre de la partie. Et nous aussi, les jeunes gens de la Légion Urbaine, nous étions là.

Avec quelle joie nous envahîmes l'hôtel préfectoral!... Ce fut une irrésistible poussée.

Le secrétaire général Fouquier, entre autres, qui ne s'attendait pas à un pareil évènement, fit, le pauvre, une bien piteuse figure.

Il avait été, lors de la chute d'Esquiros, un des plus résolus partisans de la suppression de la Garde Civique et de la Jeune Légion Urbaine. Aussi, civiques et légionnaires ne le portaient pas précisément dans leur cœur.

Je ne fus pourtant pas au nombre de ceux qui, lors de la prise de la Préfecture, infligèrent à l'infortuné Fouquier l'humiliant traitement, dont tout Marseille a parlé et surtout beaucoup ri ; j'étais occupé, à ce moment, avec mon co-légionnaire et ami Élie Devèze, à préparer un drapeau rouge que nous voulions arborer à la grande porte d'entrée.

Quelques civiques, donc, furieux contre le secrétaire général, le poursuivirent, en criant :

— A la tinette ! à la tinette !

Et le malheureux, saisi par ces forcenés, fut culbuté dans la fosse des lieux d'aisance de l'hôtel ; il eut toutes les peines du monde à s'en tirer.

Cette aventure, qui fut l'incident comique de l'émeute, laissa à la victime une irritation et un dépit, dont j'ai, quoique innocent, éprouvé souvent les effets. Henri Fouquier ne pardonna jamais une telle avanie à ceux qu'il pensa en être les auteurs. C'étaient les civiques, assistés de plusieurs jeunes gens de la Légion Urbaine, qui lui avaient fait faire la désagréable culbute : ma qualité de légionnaire me désigna à son ressentiment; et, depuis lors, dans tous les journaux qui ont publié sa prose, le rancunier ex-secrétaire de Gent n'a jamais manqué l'occasion de décocher contre moi ses critiques malveillantes et rageuses.

Mais, je le répète, le dépit d'Henri Fouquier s'est, en ce qui me concerne, trompé d'adresse; car je ne fus pas au nombre de ses baigneurs; c'est le lendemain seulement que j'appris, par la voix publique, l'histoire de cette malpropre vengeance de mes camarades de la Légion.

Le 24, la Commune Révolutionnaire fut constituée. A sa tête était Gaston Crémieux, le jeune président de l'ancien comité antiplébiscitaire. Les autres membres avaient été pris dans le conseil départemental et parmi les orateurs les plus exaltés des clubs.

L'armée régulière, ne reconnaissant pas la

dite Commune qui avait accaparé tous les pouvoirs, se retira de Marseille. Le conseil municipal, composé de républicains modérés, ne donna plus signe de vie, le maire ayan le premier pris la fuite. Quant au préfet Cosnier, il était captif dans la Préfecture, otage des insurgés. Henri Fouquier, lui, peu soucieux d'une nouvelle baignade, s'était mis prudemment à l'abri.

Pendant onze jours, la ville fut livrée à la plus complète anarchie.

Les chefs du gouvernement improvisé étaient incapables de faire face à la situation. Aucun de mes compatriotes ne me démentira quand je dirai que la Commune de Marseille fut absolument grotesque. Il y avait là, au nombre de ses chefs, un coiffeur et un cordonnier; pour affirmer le principe internationaliste, on avait placé aussi un nègre parmi les gouvernants. Un limonadier fut nommé général en chef des forces insurrectionnelles.

A dire vrai, les révolutionnaires ne faisaient que suivre l'exemple des radicaux. Delpech, au 4 septembre, n'était qu'un modeste teneur de livres dans une maison de commerce. Le 6, il avait été nommé sous-préfet d'Aix, et, seize jours après, préfet des Bouches-du-

Rhône; en dix-huit jours, il avait donc franchi toutes les étapes administratives, puisque Marseille est une préfecture de première classe. Bien mieux, quand Esquiros et lui furent remplacés par Gent, Delpech, qui n'avait jamais tenu que le porte-plume et le grattoir, fut nommé général, commandant la 2ᵉ brigade de l'armée des Vosges. (Pauvre France!) Ce ne sont donc pas les radicaux qui peuvent reprocher aux révolutionnaires leur sans-façon à s'installer dans les plus hauts postes militaires et administratifs.

Cependant, la Commune s'attendait à être attaquée par l'armée régulière; elle songea donc à préparer sa défense. Ce fut le commandant de la Jeune Légion Urbaine qui reçut la mission de créer un arsenal insurrectionnel, attendu que les forts de la ville se refusaient à reconnaître Gaston Crémieux et ses collègues.

On se procura, je ne me rappelle plus où ni comment, quelques canons et des boulets, et on les plaça dans la cour de la Préfecture. Ah! nous devions faire merveille! Nous passions toute la journée à charrier des boulets, et il y en avait de joliment lourds. Quand nous les déchargions de la voiture qui les apportait et que nous les rangions en belles pyramides, nous nous mettions en grande sueur; mais, le soir, cette besogne terminée, nous avions la satisfaction du devoir accompli.

— Gare aux versailleux, s'ils viennent! disions-nous; ils seront contents de la réception!...

Et notre chef de la Légion Urbaine, notre brave commandant Giraud, en voilà un qui se donnait du mouvement!

Rien n'était plus curieux que de le voir se démener dans son bureau, situé au premier, à gauche, du côté des salons.

A l'entendre, la pièce qu'il s'était réservée dans la Préfecture était pleine de matières explosibles. A peine entrait-on chez lui qu'il bondissait hors de son fauteuil.

— Prenez garde! criait-il; attention! ne touchez rien ici! il y a dans ce bureau de quoi faire sauter tout Marseille!

Si vous aviez le malheur de bouger, de remuer une chaise, de vous diriger vers un placard, il prenait des airs à la fois épouvantés et mystérieux et vous obligeait à l'immobilité la plus complète. Il semblait que mille bombes allaient partir de tous les coins, au moindre mouvement.

— Ne bougez pas! ne bougez pas! répétait-il. Vous ne pouvez vous douter de l'effrayante responsabilité que j'assume ici !

A force de l'entendre, on lui donnait une très grande importance, et on avait fini par croire, à la Préfecture, que l'on était en possession de toutes sortes d'engins destructeurs, tous plus terribles les uns que les autres.

Partout régnait un désordre dont il est impossible de se faire une idée.

La Commune de Paris nous avait envoyé trois délégués : Mégy, Amouroux et Landeck. Ils voulaient commander, et chacun, au surplus, avait les mêmes prétentions. On se traitait de temps en temps de traîtres, mutuellement; on parlait beaucoup plus de se fusiller que de s'organiser.

Parfois, une consigne, que rien ne justifiait, était donnée tout à coup.

Ainsi, un jour, je ne sais qui intima aux factionnaires l'ordre de ne laisser sortir personne sans laisser-passer.

Le premier qui se présenta pour franchir la porte ignorait absolument la consigne. C'était un des orateurs habituels de l'Alhambra, nommé Pancin.

Le civique, de planton, l'arrête :

— On ne passe pas !

— Mais je suis le citoyen Pancin.

— Je le sais bien ; seulement, j'ai ordre de ne laisser sortir personne sans laisser-passer.

Pancin remonte dans le premier bureau venu, prend une feuille de papier quelconque et y écrit ces mots :

Laissez passer le citoyen Pancin.

Signé : PANCIN.

Puis, il descend gravement et remet son papier à la sentinelle.

Le civique lit.

— Très bien, citoyen, vous êtes en règle.

Et il lui permet enfin de sortir.

Cette simple anecdote, authentique, quoique invraisemblable, suffira à donner la mesure du gâchis dans lequel la Commune pataugeait.

Le 4 avril, au matin, on fut tout surpris de voir la troupe campée sur plusieurs points de la ville.

Pour s'emparer de la Préfecture, l'armée régulière n'avait qu'à se présenter aux portes et à entrer.

J'ignore quels rapports avaient été faits au général Espivent. Toujours est-il que, si ces rapports présentaient les insurgés comme maîtres de ressources formidables, ils étaient dans l'erreur.

Je n'entreprendrai pas de raconter cette journée, dont le récit a déjà été fait à de nombreuses reprises. Je me bornerai à rappeler quelques souvenirs personnels.

Quand la fusillade commença, on recourut au commandant Giraud, qui avait tant promis de réduire l'ennemi en poussière.

Le commandant avoue que, s'il avait parlé comme on sait, c'était pour imposer à ses visiteurs le respect de la Commune. On ouvre les placards de son bureau, ces fameux placards qui contenaient tant de bombes ; dedans, il n'y avait rien du tout.

On descend dans la cour de la Préfecture, on aligne un canon pour la défense, on se met en devoir de le charger. Ah bien oui ! impossible de trouver un boulet qui pût entrer. Le diamètre de tous ces boulets, que nous avions tant pris de peine à charrier, était plus grand que le calibre des canons. Personne n'avait jamais songé à examiner si les projectiles et les pièces étaient assortis.

C'était du plus haut comique; seulement, on riait jaune.

Quel parti prendre?

Ceux que tenait l'envie de se battre n'avaient plus qu'à aller faire le coup de feu dans les rues, derrière les deux ou trois barricades qui se trouvaient en ville.

On s'arrêta à cette résolution, et, pendant la journée entière, la Préfecture, au lieu d'être une citadelle, fut un hôpital dans lequel on apportait les blessés des deux partis.

De la colline de la Garde et du fort Saint-Nicolas, les obus pleuvaient. Au haut du belvédère de l'horloge préfectorale, mon camarade Élie Devèze et le citoyen Pancin eurent la constance de tenir, jusqu'à quatre heures de l'après-midi, un drapeau blanc pour demander la cessation du bombardement. La pluie d'obus ne finit qu'au coucher du soleil.

Dans la journée, après avoir déjeûné à midi à la maison, je me rendis un moment à la Préfecture, où l'on entrait à ses risques et périls; car on franchissait la place sous une grêle de balles, tombant des maisons voisines occupées par la troupe.

Les partisans de la Commune n'étaient plus nombreux. Quelques anciens civiques gardaient l'amiral-préfet, à qui l'on avait adjoint, comme otage, le fils du maire. Les salons étaient transformés en ambulances ; une jeune femme et un chirurgien, tous deux n'appartenant à aucun parti, pansaient les insurgés aussi bien que les soldats blessés. Dans plusieurs bureaux, dont le gouvernement révolutionnaire avait fait des magasins d'équipement, se trouvaient des costumes de francs-tireurs et de garibaldiens, restés pour compte.

En compagnie de trois camarades légionnaires, j'enfilai un pantalon de toile et une vareuse bleue, et nous allâmes tirer quelques coups de fusil, tout auprès, à la barricade qui était à l'angle de la rue Montgrand et de la place Saint-Ferréol; de là, nous ajustions tant bien que mal les gardes nationaux du parti de l'ordre, qui, du perron du Palais de Justice, au bout de la rue, nous envoyaient à leur tour leurs balles. A la fin, ceux-ci installèrent un canon et nous adressèrent de nouveaux compliments sous forme de boulets, dont un alla crever une maison en face. Jugeant alors que la partie n'était plus égale, nous quittâmes la barricade; retournant vivement à la Préfecture, nous fîmes toilette et nous débarrassâmes de nos vêtements d'emprunt.

Vers cinq heures, je grimpai à la colline de la Garde, pour me rendre compte du tir de nos adversaires. Il y avait là quelques curieux. Les soldats nous défendirent de stationner.

Enfin, à la tombée de nuit, les marins de la frégate *la Couronne*, qui, campés dans la Bourse, attendaient le moment favorable, arrivèrent devant le palais préfectoral, siège abandonné de l'insurrection, et escaladèrent les fenêtres. Ils ne trouvèrent guère que les otages, à qui personne n'avait touché.

La Commune de Marseille avait vécu.

VI

DE MARSEILLE A PARIS

LA *MAROTTE* ET L'*ÉGALITÉ*. — A DIX-HUIT ANS EN COUR D'ASSISES. — LA *JEUNE RÉPUBLIQUE*. — LA LUTTE CONTRE L'ÉTAT DE SIÈGE. — LE *FURET* ET LA *FRONDE*. — TROIS DUELS. — AVALANCHE DE PROCÈS. — EXIL A GENÈVE. — L'AMNISTIE DES DÉLITS DE PRESSE. — MONTPELLIER ET LE *FRONDEUR*. — FRATERNITÉ RÉPUBLICAINE. — L'EXPOSITION DE PARIS.

La Commune avait valu à Marseille l'état de siège.

C'est à ce moment que je devins tout à fait journaliste.

Pendant les premiers mois qui suivirent mon retour du régiment, j'avais, tout en pérorant dans les clubs, collaboré à divers journaux révolutionnaires ; mais ce travail ne me rapporta jamais un centime.

Enfin, j'étais entré, le 1ᵉʳ janvier 1871, à l'*Egalité*, journal fondé par Maurice Rouvier et Delpech, et dont le rédacteur en chef était alors un professeur bas-alpin, M. Gilly la Palud. L'*Egalité* est le premier journal où ma collaboration fut payée.

Nous étions deux rédacteurs chargés, à tour de rôle, de donner chaque jour la biographie d'un homme célèbre. Cette série de biographies était intitulée *Ephémérides Républicaines* ; les personnages, dont nous racontions la vie, et dont nous avions à analyser les ouvrages, quand il s'agissait de littérateurs, étaient placés à leur date de naissance.

Cette besogne nous prenait beaucoup de temps. Il fallait travailler souvent quatre et cinq heures à la Bibliothèque de la ville pour réunir les éléments d'une biographie.

Mon collaborateur avait la spécialité des célébrités artistiques et littéraires, et moi, celle des hommes politiques.

L'administration du journal nous réglait ces biographies à raison de dix francs par mois, à tous deux. Je m'explique bien : nous touchions, mon collègue et moi, cinq francs chacun. On ne dira pas, je pense, que j'ai trouvé la fortune à mes débuts dans la presse.

Après la Commune, mon collaborateur fut arrêté. J'eus la charge entière des éphémérides : néanmoins, je lui envoyai chaque mois sa part d'appointements, quoique je rédigeasse seul les biographies ; et cela était juste, car c'était bien malgré lui qu'il ne collaborait plus au travail que nous avions commencé ensemble.

Cependant, cinq francs par mois ne pouvaient pas suffire à mes besoins. J'avais, comme avant la guerre, pris pension chez des étrangers, et ma famille payait. Mais j'avais hâte de ne rien devoir à mes parents, dont je me séparais de plus en plus.

Je résolus donc, avec sept ou huit camarades, de fonder un journal. Il parut, dès le lendemain de la Commune, sous le titre de *la Marotte* et vécut deux ans. C'était une feuille satirique hebdomadaire, assaisonnée du plus gros sel, attaquant à outrance les conservateurs et spécialement le général commandant l'état de siège. Au bout de quelques numéros, nous ne fûmes plus que trois rédacteurs.

Sous prétexte de plaisanterie, nous frondions les hommes du pouvoir avec une véritable rage.

Le journal, à tout instant saisi et suspendu, disparaissait sans cesse pour reparaître sous un autre titre. La *Marotte* devenait successivement *la Marmotte*, *le Sans-Culotte*, *le Bouffon*; mais, après chaque changement d'en-tête, c'était toujours la *Marotte* qui se montrait encore à l'horizon, et agitait de nouveau ses grelots.

L'imprimeur et le gérant, — n'étant pas majeur, j'avais dû prendre un gérant, — payèrent, une fois, mes folies par une incarcération de plus d'un mois dans les casemates du fort Saint-Nicolas.

Je ne parle pas des procès intentés par les particuliers.

A un moment donné, vu le déluge des assignations, je ne pus plus trouver un imprimeur à Marseille; et le journal dut recourir aux presses de coreligionnaires politiques à la Ciotat, puis à Toulon.

A la fin de 1872, je fus cité à comparaître devant la cour d'assises des Bouches-du-Rhône, pour outrages à la religion. J'avais dix-huit ans.

Le journal, malgré les poursuites continuelles dont il était l'objet, et peut-être à cause d'elles, avait du succès. Il tira jusqu'à 15,000 exemplaires ; ce qui est beaucoup pour une feuille hebdomadaire de province, à 10 centimes. Les bénéfices de la vente nous aidaient à vivoter, mes collaborateurs et moi.

Quant aux éphémérides de l'*Egalité*, j'avais été obligé de les cesser.

Ma biographie de Robespierre avait effrayé les directeurs du journal, qui, pourtant, étaient radicaux. Celle de Marat fut refusée comme par trop compromettante.

Elle contenait des passages dans le style que voici :

« C'est à la classe plébéienne que je m'adresse, à cette classe si injustement méprisée par l'aristocratie orgueilleuse... Je ne le cache pas, j'aime ces hommes qui envahissaient la Convention pour proclamer l'innocence de Marat, et ces femmes courageuses qui, sous la conduite de la Théroigne de Méricourt, allaient jusqu'à Versailles chercher le despote Capet. J'aime cette foule qui, enflammée par l'éloquence de Desmoulins, couvrait son front d'un vert feuillage et renversait le monument de la tyrannie. J'aime cette populace active qui, tantôt, groupée autour du drapeau de la patrie, courait repousser l'étranger en chantant la *Marseillaise*, et tantôt se pressait autour d'un échafaud pour voir couler le sang des nobles et des prêtres au refrain du *Ça ira!* »

Le rédacteur en chef, M. Gilly la Palud, préféra supprimer pour toujours les éphémérides que risquer de publier, un beau matin, par inadvertance de l'administrateur, des lignes pareilles à celles que je viens de citer.

Néanmoins, comme il tenait à ma collaboration, il me donna le poste de chroniqueur supplémentaire, avec 30 francs d'appointements mensuels. Réduit à la relation des arrivages de bateaux et au récit des histoires de chiens écrasés, il m'était désormais impossible d'exercer mes fureurs révolutionnaires dans les colonnes du journal.

A cette époque, donc, je collaborais d'une part à l'*Egalité*, et d'autre part j'étais le principal rédacteur de la *Marotte*. J'avais rompu toute relation avec mes parents et mes amis d'enfance. Je ne gagnais pas de quoi mener la vie à grandes guides; mais enfin je suffisais à mes besoins. J'avais réalisé mon rêve : n'être à charge à personne.

Le 10 janvier 1873, les propriétaires de l'*Egalité* me proposèrent de remplacer la *Marotte* par une autre feuille, toujours dans la note satirique, mais d'une allure moins faubourienne; ils me fournissaient un cautionnement et la rédaction devenait plus nombreuse. Ainsi fut fondée la *Jeune République*, qui vécut un an : elle subit d'abord une suspension de trois mois, puis une interdiction complète de vente sur la voie publique.

Les années 1874 et 1875 furent consacrées à la rédaction du *Furet*, petite feuille dans l'esprit de la *Marotte*.

Le procès le plus important que j'eus fut celui où je dus comparaître en cour d'assises.

Le jury, à raison de ma jeunesse, m'acquitta. Mon avocat était Mᵉ Maglione, qui, depuis, fut maire de Marseille.

Un autre procès, à moi intenté en 1873 par un prêtre diffamé, eut, dans le Midi, un certain retentissement.

Le plaignant n'était autre que l'ancien supérieur du Collège de Saint-Louis, M. l'abbé Magnan.

La *Marotte* et la *Jeune République* s'étaient fait une règle de déverser constamment l'outrage et le ridicule sur tous les écrivains catholiques. Or, M. l'abbé Magnan, qui collaborait à un journal conservateur de la ville, *le Citoyen*, servait, plus que tout autre, de cible à nos plaisanteries, souvent d'un goût douteux.

Un jour, M. l'abbé Magnan, lassé, et voulant mettre un terme à ces attaques d'une violence inouïe, m'assigna, et, avec moi, le gérant. On avait alors dépassé toute limite. Une poésie, en vers provençaux, avait été publiée et contenait, à l'adresse du vénérable prêtre, un de ces mots plus que grossiers dont le dialecte de la Cannebière est si riche. La poésie n'était pas de moi; mais elle venait à la suite d'une série de mes articles, série qui durait depuis près d'un an. La malpropre poésie détermina la poursuite, et l'ensemble des articles, ceux des autres rédacteurs comme les miens, fut visé par la plainte. Toutes ces attaques, du reste, se valaient.

En première instance, nous bénéficiâmes de l'obscurité d'un article du code, relatif à la répression des délits de diffamation, et le tribunal ne voulut ni acquitter ni condamner le journal.

La question de droit, en litige, vint jusqu'en Cassation; le tribunal suprême donna gain de cause à notre adversaire.

Finalement, l'arrêt de la Cour d'Aix, qui avait jugé au fond, fut déclaré valable, et le journal eut à payer à M. l'abbé Magnan deux mille francs à titre de dommages-intérêts.

Mon ancien supérieur toucha, je crois, seize

cents francs, qu'il employa à la construction d'un autel dédié à la Sainte Vierge dans l'église de sa ville natale, et il me fit volontairement remise du reste.

Je lui ai, en 1878, exprimé, en particulier, mes regrets au sujet de cette vilaine campagne, et je suis heureux de les lui renouveler publiquement ici.

Indépendamment des procès, mes journaux de jeunesse m'attirèrent d'autres affaires d'un autre ordre.

En 1872, j'eus un duel avec un de mes camarades de collège, Horace Martin, plus âgé que moi. Je ne connaissais pas les premiers éléments de l'escrime, ni lui non plus. Nous nous battîmes néanmoins comme des enragés. Le combat eut trois reprises, à l'épée. A la troisième reprise, j'eus le bras droit traversé de part en part; mais ma vivacité sur le terrain était telle que les témoins ne s'aperçurent de ma blessure qu'au moment où à mon tour j'atteignais mon adversaire à la main gauche.

On arrêta le duel; je perdais beaucoup de sang. Le médecin me pansa d'abord; car une grosse veine du bras avait été touchée. Puis, ce fut le tour de mon adversaire, avec qui je me réconciliai.

Pendant quelque temps, je ne pus écrire. Enfin, je guéris, et il ne me reste aujourd'hui qu'une double cicatrice en souvenir de cette aventure.

Je me trompe. A la suite de cette affaire j'ai gardé l'amitié d'un homme de cœur, l'un des témoins d'Horace Martin, M. Mercier, qui bien que ne partageant pas alors mes opinions, mais faisant la part de ma folie, me prit en affection, me gourmanda souvent à propos de mes excès et ne désespéra jamais de me voir revenir au bien.

En 1873, je croisai de nouveau l'épée, mais cette fois avec un républicain, Edouard Chevret. Juste retour des choses d'ici-bas, ce partisan de mes idées m'avait jeté la même injure que celle dont la *Jeune République* avait gratifié l'abbé Magnan. Sur le terrain, j'administrai une large estafilade au pauvre Chevret, artiste peintre, plus habile à manier le pinceau que l'arme blanche.

En 1874, troisième duel. Mon adversaire était un jeune chroniqueur marseillais, Emile Rastignac; il avait, parmi ses témoins, Léopold Peyron, qui est aujourd'hui secrétaire-rédacteur au Sénat. On se battit à Monaco, au pistolet. Nous échangeâmes à deux reprises deux balles, à vingt-cinq pas, sans nous atteindre.

Par trois fois, il s'en fallut de bien peu que mon existence anti-chrétienne prît fin. Si j'étais mort dans ces circonstances, c'eût été pour subir l'éternelle expiation de mes crimes. Et Dieu ne l'a pas voulu. Que Dieu est bon !...

Vers la fin de l'état de siège, dans les premiers jours de 1876, je pris la direction d'un journal satirique, qui s'intitula *la Fronde*.

Dans celui-ci, j'étais, comme à la *Marotte*, entièrement maître de mes écrits, n'ayant auprès de moi personne pour tempérer ma fougue. L'imprimeur, mon associé, était le premier à rire de ma frénésie de plume. Aussi, je m'en donnai à cœur-joie.

J'étais, au surplus, entièrement responsable de mes articles. Dès le jour même de ma majorité, j'avais pris la gérance de mon journal. En cas de procès, j'étais seul assigné.

Bientôt, l'imprimeur de la *Fronde* quitta Marseille; des intérêts supérieurs l'appelant à Montpellier pour la création du *Petit Méridional*. Il me laissa seul propriétaire de la feuille satirique. Je ne connus, dès lors, plus de bornes.

En quelques semaines, j'eus treize procès.

Les condamnations, qui en résultèrent, additionnées, donnaient, avec la contrainte par corps pour les dommages-intérêts, un respectable total dépassant huit années de prison.

Comme je ne tenais pas le moins du monde à devenir le pensionnaire du gouvernement, je m'empressai de prendre le train de Genève.

Je ne me faisais aucune illusion sur la misère noire qui m'attendait en Suisse. N'importe, je préférais la misère à la privation de la liberté.

Comme proscrit, je reçus de l'autorité cantonale un permis de séjour renouvelable tous les trois mois. Je passai dans ces conditions, à Genève, les années 1876 et 1877.

Je vivais du produit de ma plume. La *Fronde*, transportée à Montpellier, avait été continuée sous le nom du *Frondeur*. En outre, des correspondances à divers journaux français m'aidaient à subsister.

La situation n'avait rien de gai. A l'étranger, un journaliste exilé gagne peu; en outre, ses rentrées sont des plus difficiles.

J'en ai vu, des proscrits, qui passent pour avoir mené là-bas une vie dépensière et luxueuse et qui, bien au contraire, étaient pauvres comme Job.

Cluseret, entre autres. En France, on racontait qu'il passait gaiement son exil dans un magnifique château ; à en croire les chroniqueurs, il ne sortait à Genève que paradant sur un superbe cheval blanc.

J'ai été reçu dans son château. C'était une malheureuse bicoque, dont la location annuelle devait bien lui coûter de 150 à 200 francs. Son domaine se composait d'un minuscule jardinet, dans lequel il cultivait des choux qu'il allait vendre, avec les œufs de ses poules et le lait de sa chèvre, au marché de Carouge. Quant à son cheval, il fut toujours invisible et impalpable. En fait de compagnon de l'espèce animale, je ne lui ai connu qu'un bon et fidèle chien, du nom de Porthos.

Cluseret, que les gazettes françaises, représentaient comme riche à millions, vivait dans un dénûment absolu.

Si par hasard il lit ce livre, bien certainement il sera heurté par le sentiment de foi chrétienne qui m'inspire. Je ne suis plus aujourd'hui le jeune impie qu'il a connu. Au moins, constatera-t-il que tout en déplorant son aveuglement, un converti, un catholique, heureux de dire ce qui est vrai, rend hommage à sa probité.

Les saltimbanques de l'exil n'avaient pas, du reste, le don de m'attirer.

Je vécus, tranquille, cachant ma misère, ne me mêlant pas aux réunions tapageuses des farceurs qui battent monnaie avec leur titre de proscrit.

Je passai si bien ignoré, que personne, même parmi les rares amis politiques que je fréquentai, ne se douta de ma pénible position.

Dans un ouvrage comme celui-ci, je n'ai à parler que de ma vie publique, et le lecteur ne comprendrait pas que je le misse au courant des faits sans intérêt comme ceux relatifs à mon foyer.

Pourtant, sans entrer dans aucun détail, il est peut-être utile que je dise qu'à Genève je n'étais pas seul. J'avais charge de famille : une femme et deux enfants ; ma chère femme détournée par moi de Dieu; les enfants élevés en dehors de toute religion.

Nous étions donc quatre à traîner le lourd boulet de la proscription, quatre à souffrir, souvent à jeûner.

Il nous arriva de vivre, un mois entier, ne

nous nourrissant que de pain. Le pain même vint à nous manquer : nous donnâmes aux enfants le peu qui restait, et nous demeurâmes, ma femme et moi, trois jours pleins sans manger.

La misère fut telle que, désespéré, je voulus aller me jeter dans le Rhône ; ma femme m'empêcha d'exécuter ce funeste dessein.

Notre pitoyable état fut deviné par un ami, qui, lui, n'appartenait à aucun parti. Il nous porta secours avec une rare délicatesse. Je puis dire son nom ; c'est Jules Klein, le compositeur de musique. Il n'était pas proscrit ; il habitait Genève pour son agrément.

Et c'est ainsi que, le ventre creux, mais toujours correct, j'allai parfois rendre visite à nos chefs révolutionnaires, Courbet, Razoua, Cluseret, Rochefort.

J'aimais surtout Rochefort. L'impression que sa *Lanterne* avait autrefois produite sur moi était ineffaçable. Certes, je lui étais, j'en suis convaincu, parfaitement indifférent ; mais peu m'importait, j'étais toujours influencé par son ancien prestige.

D'autre part, si ma détresse passait inaperçue aux yeux des républicains et si elle n'avait été comprise à Genève que par un homme étranger aux partis, en revanche, elle fut soupçonnée de loin par un camarade d'enfance, qui, bien que conservateur, m'affectionnait au point de se compromettre pour moi. Notre liaison l'avait brouillé avec bien des personnes qu'il fréquentait.

Lors donc, — c'était pendant le régime du 16 mai, — mon ami H***, aujourd'hui l'un des médecins les plus distingués de Marseille, m'écrivit pour me démontrer « l'absurdité de mon entêtement à défendre une cause qui, tant par elle-même que par ses adhérents, ne m'offrait, disait-il, qu'ingratitude et désillusions. »

Il déploya toute son éloquence pour me convaincre.

Un important journal conservateur allait être fondé dans le Midi. H*** m'offrait une place de 6,000 francs par an, et les directeurs de l'organe se faisaient fort d'obtenir, de toutes les sociétés religieuses qui m'avaient poursuivi, la renonciation aux jugements de condamnation prononcés contre moi.

Je remerciai très cordialement mon ami ; mais je lui répondis que j'aimais mieux « mourir de faim en exil plutôt que d'abandonner la cause de la République. »

Les élections du 14 octobre donnèrent la victoire en France à mon parti, et je n'aspirai plus dès lors qu'à revoir la patrie tant aimée.

Une fausse manœuvre de la nouvelle Chambre m'ouvrit les portes du pays.

Sous le ministère de MM. de Broglie et de Fourtou, nombre de journaux républicains avaient eu maille à partir avec les tribunaux. La Chambre, afin de signaler son triomphe, vota l'amnistie en faveur de tous les condamnés pour délits de presse « commis du 16 mai au 14 octobre 1877 ». C'était dire que, pendant cette période, les tribunaux avaient rendu des sentences injustes. Le Sénat accepta l'amnistie, mais en supprimant les dates qui avaient été mises à dessein dans le projet de loi. En d'autres termes, la Chambre Haute consentait à passer l'éponge sur tous les délits de presse; mais elle ne voulait pas qu'il fût question de condamnations prononcées pendant une période quelconque.

La loi d'amnistie, ainsi amendée, profitait aux journalistes proscrits qui, comme moi, avaient été condamnés antérieurement au 16 mai. Nous n'étions que six dans ce cas. Il restait à savoir si, pour rendre service à six républicains et ne pas se mettre en conflit avec le

Sénat, la Chambre reviendrait sur son vote, consentirait à effacer ces dates qu'elle avait inscrites dans son projet primitif, avec le but bien calculé, non seulement d'enlever certaines condamnations de presse, mais surtout de flétrir la période pendant laquelle elles avaient été prononcés.

Heureusement, parmi les bénéficiaires de l'amnistie du Sénat, se trouvait un personnage, l'un des fils de Raspail; bref, la Chambre adopta la loi amendée, et tous les condamnés pour délits de presse purent rentrer en France.

Ah! quelle hâte nous avions de fouler le sol de la patrie! quel empressement nous mîmes tous à quitter le pays d'exil, dès que cela nous fût possible!

Un d'entre nous, Justin Alavaill, journaliste de Perpignan, se hâta même trop. Il partit de Genève avant que la loi du Sénat fût ratifiée par la Chambre. Il fut arrêté à la frontière; mais le ministère transmit, par voie télégraphique, l'ordre de le relâcher et de laisser rentrer librement en France tous les condamnés de presse.

Cette décision, très habile, du cabinet Dufaure donna le signal du retour à tous les écrivains proscrits. M. Dufaure, dans un but de conciliation, désirait voir la Chambre ne pas faire échec au Sénat : en nous ouvrant, dès le premier vote, les portes de la patrie, il forçait la main aux députés ; ceux-ci ne pouvaient plus dès lors, sans se rendre odieux, restreindre l'amnistie aux condamnés du 16 mai et obliger ainsi des républicains à reprendre le chemin de l'exil.

De retour en France (27 février 1878), je me rendis immédiatement à Montpellier où s'imprimait mon journal *le Frondeur*, qui, après avoir disparu sous le ministère Broglie-Fourtou, avait recommencé sa publication avec le cabinet Dufaure.

L'amnistie ne levait pas les condamnations prononcées dans des jugements rendus sur la plainte de particuliers ; j'en avais quelques-unes de cette espèce.

M. Mercier, dont j'ai parlé plus haut, à propos de mon premier duel, eut la bonté de plaider pour moi auprès des personnes que mes feuilles avaient autrefois attaquées et de solliciter leur indulgence pour un coupable déjà bien puni. Avec beaucoup de bonté, ces diverses personnes, appartenant toutes au monde catholique, signèrent leur désistement.

Je demeurai près d'un an à Montpellier.

Deux incidents, pendant mon séjour dans cette ville, me montrèrent, une fois de plus, les beautés de la fraternité républicaine.

Le premier se produisit à propos de l'avocat-général Jouvion.

Ce magistrat était radical. Accusé d'une infamie par ses ennemis, il se suicida ; l'enquête qui suivit sa mort établit qu'il avait été calomnié. Néanmoins, le malheureux fut abandonné par ses meilleurs amis, qui ne songèrent même pas à défendre sa mémoire Les opportunistes triomphaient d'être débarrassés d'un radical, et les radicaux, du moment que l'infortuné n'existait plus, se souciaient peu de lui. Nous fûmes seulement sept qui eûmes la constance d'accompagner sa dépouille jusqu'au cimetière.

Cette lâcheté de mes coreligionnaires politiques m'inspira un profond dégoût.

Le second incident eut lieu à l'occasion d'une polémique avec le maire de Cette.

Le parti républicain, à Cette, comme ailleurs, était divisé en deux camps, les opportunistes et les radicaux, qui, les uns les autres, se détestaient cordialement. Je pris parti contre les opportunistes, cela va sans dire. Le maire Espitalier, leur chef, avait un journal, le *Petit Cettois*, qui bataillait avec le *Frondeur*.

Seulement, la polémique n'était pas comprise de la même manière par les deux feuilles. Le *Frondeur* critiquait les actes politiques et administratifs du maire Espitalier. Le *Petit Cettois* me répondait en m'attaquant dans ma vie privée. Toutes mes actions personnelles, les moindres faits qui ne regardent pas le public, étaient travestis avec la plus odieuse mauvaise foi. Pour tout dire, et l'on ne sera dès lors plus surpris, il est bon qu'on sache que le maire Espitalier était franc-maçon et Vénérable d'une Loge de Cette; chez les francs-maçons, le mensonge est considéré comme une vertu.

Le *Petit Cettois* en vint jusqu'à imprimer que, nageant dans l'or, je laissais ma mère mourir de faim ; c'est de cette façon que les opportunistes présentaient au public l'histoire de ma séparation avec ma famille. Or, je gagnais alors 300 francs par mois, et ma mère avait si peu besoin de mes secours que, le jour même où paraissait l'article d'Espitalier, elle achetait à Marseille une maison lui coûtant 70,000 francs qu'elle payait comptant.

Ces articles étaient rédigés par plusieurs insulteurs à gages. L'un de ces bons opportunistes avait dans son casier judiciaire une condamnation à dix ans de travaux forcés pour banqueroute frauduleuse.

Mais ce ne fut pas tout.

Dans la suite, le maire Espitalier ne s'entendit plus avec son rédacteur en chef. Celui-ci, se séparant de son patron, fit des révélations sur la polémique du *Petit Cettois* et du *Frondeur*, révélations qui édifièrent le public méridional.

Je tiens à en rappeler une, ne serait-ce que pour faire bien connaître à mes lecteurs les mœurs aimables du parti républicain.

Un jour, me trouvant dans la ville où régnait le franc-maçon Espitalier, je me rendis dans les bureaux du *Petit Cettois* pour demander au rédacteur en chef des explications au sujet d'un article paru contre moi.

Le lendemain, Espitalier, apprenant cette visite, entra dans une colère bleue contre son collaborateur.

— Comment! s'écria-t-il, Léo Taxil s'est trouvé dans votre bureau, seul à seul avec vous, et vous ne lui avez pas logé une balle dans la tête?

— Mais, répondit le rédacteur, je n'ai pas eu à me défendre, il ne venait pas chez moi en agresseur, il a été très correct ; il me demandait seulement, et très poliment, le nom de l'auteur d'un article publié contre lui.

— Eh ! qu'importait ! répliqua Espitalier. Vous le teniez à votre merci, il était dans votre domicile, il n'y avait aucun témoin. Il fallait lui loger une balle dans la tête, vous dis-je. Une fois votre homme mort, vous auriez déclaré qu'il s'était porté à des voies de fait contre vous et que vous vous étiez trouvé en état de légitime défense. Le jury vous eût acquitté sans débats.

Et le soir, le maire franc-maçon envoyait à son rédacteur en chef une petite boîte, contenant un révolver chargé et un billet. Le billet était ainsi conçu :

« La première fois que le Taxil viendra chez vous, **crevez-moi ça !** » (Textuel.)

La République a nommé le gentilhomme Espitalier receveur principal des finances à Saint-Affrique (Aveyron), où il est actuellement ; il est aussi, dans cette ville, Vénérable de la Loge *l'Intime Union*, du Grand Orient de France.

Qu'elle est belle, n'est-ce pas, la fraternité

républicaine! Qu'elle est noble, grande et généreuse, la démocratie!

Et je suis demeuré dix-sept ans dans cette galère!...

Aujourd'hui, il me semble que je viens, brusquement réveillé, de sortir d'un immonde cauchemar.

L'Exposition de 1878 me fournit l'occasion d'aller à Paris, au mois de septembre. C'était la première fois que je mettais le pied dans la capitale. Elle me plut tant, que je décidai de m'y fixer. Les propriétaires du *Frondeur* m'y autorisèrent, et, dès le 1ᵉʳ janvier 1879, le journal eut un dépôt de vente à Paris

VII

GUERRE A DIEU !

PLAN DE CAMPAGNE. — ORIGINE DE MES BROCHURES IMPIES. — L'*ANTI-CLÉRICAL* ET L'*AVANT-GARDE*. — *A BAS LA CALOTTE !* — M. PAUL DE CASSAGNAC. — SECONDE COMPARUTION EN COUR D'ASSISES. — LES FINESSES DE LE ROYER. — A PROPOS DE MGR GUIBERT. — LA LIBRAIRIE ANTI-CLÉRICALE. — NOUVEAUX PROCÈS. — LES BONS CONFRÈRES. — CANDIDATURE A NARBONNE. — LA FRANC-MAÇONNERIE. — PREMIER CONGRÈS PARISIEN DE LA LIBRE-PENSÉE.

La grande et sacrilège lutte allait donc commencer. J'étais à Paris. Jusqu'alors je n'avais livré à la religion que de simples escarmouches. Il s'agissait à présent d'entreprendre une campagne décisive.

Mon plan était celui-ci :

Créer, à côté du *Frondeur*, un organe spécialement destiné aux attaques contre l'Eglise, ses dogmes, son culte et ses ministres ; avec l'appui de ce journal, répandre dans le peuple des brochures à bon marché, vulgariser les idées anti-cléricales ; une fois l'élan donné, provoquer sur toute la surface de la France la fondation de nombreuses sociétés de libre-pensée, les liguer entre elles, organiser, en un mot, les anti-cléricaux en parti politique militant.

Pendant mon séjour en Suisse, j'avais beaucoup correspondu avec Garibaldi, qui avait conservé un bon souvenir de son accueil triomphal à Marseille, au milieu de l'escorte de la Jeune Légion Urbaine. Je lui avais soumis mon plan ; il l'avait pleinement approuvé, tout en me prévenant que je me heurterais à d'innombrables difficultés.

Mais les obstacles ne m'effrayaient point.

Pour mettre à exécution mon projet, je commençai par renoncer à toute préférence en matière de coterie républicaine. « Ni intransigeant, ni opportuniste, mais anti-clérical en tout et toujours », telle fut ma devise. La guerre au catholicisme était, à mon avis, le terrain sur lequel devait se faire l'union de tous les démocrates d'action.

Gambetta venait de prononcer, à Romans, cette parole, qui eut un si grand retentissement : « Le cléricalisme, voilà l'ennemi! » Ces mots contenaient tout un programme.

Je voyais bien que Gambetta n'avait poussé ce cri, dont mon cœur était tout joyeux, que pour se rallier les radicaux, inquiets de sa popularité. Mais, que ce fût par artifice politique ou non, les hostilités n'en avaient pas moins été déclarées. Je prenais, quant à moi, le programme de Romans au sérieux.

La première difficulté que je rencontrai me vint des propriétaires du *Frondeur*.

Dans ma pensée, ce journal devait être conservé. C'était un organe précieux pour traiter par la satire les questions purement politiques; il était de grand format, à 15 centimes, et tirait à 30,000 exemplaires. Mais il allait devenir secondaire auprès de l'autre; celui-ci s'appellerait *l'Anti-Clérical*, titre qui ne prêtait à aucune équivoque.

Les propriétaires du *Frondeur* se méprirent sur mes intentions. Ils ne virent que le côté commercial de l'affaire et s'imaginèrent que, si l'*Anti-Clérical* venait à paraître, je négligerais l'autre journal ou l'abandonnerais. Ils avaient une feuille qui marchait très bien, qui était d'un excellent rapport; pourquoi risquer, pensaient-ils, une nouvelle fondation? Au surplus, ils n'avaient peut-être pas grande confiance dans le succès de l'*Anti-Clérical*.

Ils me répondirent donc par une fin de non-recevoir. Comme j'insistai, ils me mirent en demeure de renoncer à mon projet ou de donner ma démission du *Frondeur*.

La situation était fort embarrassante. Le *Frondeur* m'assurait mon pain de chaque jour, et je venais à peine de me fixer à Paris. Démissionner, c'était me mettre bénévolement sur le pavé.

Ayant tout bien pesé, je sacrifiai ma place.

A ce moment, une brochure que je venais de publier commençait à faire un certain tapage. Voici quelle était l'origine de ce pamphlet :

Lorsque je me trouvais encore à Montpellier, bataillant pour les radicaux contre les opportunistes, ceux-ci trouvèrent moyen de se venger de moi. Toutes mes anciennes condamnations, dont l'écrasant total m'avait obligé en 1876 à prendre le train de Genève, n'avaient pas été levées par l'amnistie ; la loi, en effet, réserva le délit de diffamation envers les particuliers et celui d'outrage à la morale publique et religieuse. Ce dernier délit devait plus tard être supprimé par les Chambres ; mais, en 1878, il existait encore.

Or, le 19 mars 1876, j'avais fait paraître, à Marseille, un numéro de la *Fronde* entièrement consacré à bafouer, de la façon la plus impie et la plus grossière, la fête de saint Joseph. Poursuivi à raison de ce fait, j'avais été acquitté par le tribunal de première instance ; puis, le procureur avait interjeté appel, et la Cour d'Aix m'avait condamné à huit jours de prison.

Cette condamnation n'avait pas été levée par l'amnistie. Toutefois, comme elle était fort minime, le parquet de Montpellier m'avait déclaré que, sans un ordre spécial du garde des sceaux, il ne me demanderait pas de la purger. Il y avait encore deux raisons à cela : le jugement était de date par trop éloignée ; d'autre part, il était à ce moment question de codifier les lois sur la presse, et l'outrage à la morale religieuse devait cesser d'être considéré comme un délit.

Seulement, j'avais oublié mes bons amis les opportunistes. Ma polémique avec le maire de Cette les avait exaspérés; ils sollicitèrent du garde des sceaux l'ordre spécial de me faire faire ces huit jours de prison oubliés.

Je me constituai donc prisonnier. Mais l'acte de mes adversaires parut à tout le monde une vengeance mesquine. M. Emile de Girardin, dans la *France*, voulut bien faire ressortir combien était à la fois ridicule et odieuse cette exécution d'un jugement vieux de plus de deux ans, alors que les catholiques, eux, m'avaient généreusement pardonné en renonçant au profit des condamnations prononcées contre moi.

Pendant mes huit jours de cellule, j'employai mes loisirs à réunir en brochure quelques-uns de mes articles du *Frondeur*, et l'ensemble parut, à ma sortie de prison, sous le titre d'*Almanach anti-clérical pour* 1879.

Cet almanach eut une certaine vogue. Je conçus, dès lors, la pensée de faire tous les trois mois un choix de mes articles et de les publier sous un titre général.

La première brochure de ce genre, éditée à Paris, eut pour titre : *A bas la calotte!*

C'est cette brochure-là qui venait de paraître au moment où, en désaccord avec les propriétaires du *Frondeur*, je quittai ce journal.

Les imprimeurs de l'almanach m'offrirent alors leur concours. La plupart de mes collaborateurs me suivirent, et ainsi furent fondés : l'*Anti-Clérical*, journal d'un genre spécial et entièrement nouveau ; et l'*Avant-Garde*, rédigé comme l'était le *Frondeur*.

Je ne m'étais pas trompé dans mes prévisions. L'*Anti-Clérical* fut, dès le début, très recherché par la masse populaire, si friande de scandales.

Au bout de dix mois, le journal, d'hebdomadaire qu'il était dans le principe, fut rendu bi-hebdomadaire, et, mes collaborateurs et moi, nous supprimâmes l'*Avant-Garde* pour nous consacrer entièrement à la feuille qui obtenait le plus les faveurs du public républicain. L'*Anti-Clérical* tira jusqu'à 60,000 exemplaires.

Quant à la brochure *A bas la calotte*, son tirage dépassa 130,000.

Je cite ces chiffres, dont aujourd'hui je suis honteux, afin que mes lecteurs connaissent bien l'étendue des ravages que mes impiétés ont accomplis, afin qu'ils aient toujours le droit de me reprocher le mal immense dont je me suis rendu coupable, afin que chacun sache bien que je dois une réparation sans limites.

Beaucoup de chrétiens comprirent immédiatement le danger de ces publications s'adressant au peuple; un d'eux, Paul de Cassagnac, le dénonça le premier à la tribune de la Chambre.

J'envoyai, le 15 mai, au rédacteur du *Pays* une lettre d'insultes, dont il eut le bon sens de ne tenir aucun compte. M. de Cassagnac, ne se préoccupant pas de mes colères, continua à exprimer, dans son journal, sa façon de penser sur ce genre de propagande sauvage que je venais d'inaugurer à Paris.

Alors, je priai deux de mes amis, députés du Midi, l'un des Bouches-du-Rhône, l'autre du Var, de se rendre auprès de leur collègue conservateur et de lui demander en mon nom réparation par les armes.

J'aurais voulu avoir un duel avec M. Paul de Cassagnac; mon orgueil en eût tiré vanité. Je ne pus obtenir cette satisfaction. Le député du Gers montra à mes témoins mon épître du 15 mai, en leur disant simplement ceci :

— Je ne comprends pas pourquoi M. Léo Taxil vient me demander raison d'une offense, lorsqu'il y a dix jours il m'a lui-même envoyé cette lettre d'insultes.

Force fut à mes amis de se retirer bredouille.

Ce duel manqué me causa un vif dépit.

Par contre, un procès qui m'était intenté par le parquet à propos de ma brochure, allait me combler de joie.

Mis en demeure de poursuivre ce pamphlet de libre-penseur épileptique, le garde des sceaux n'avait pu se soustraire à son devoir.

Je comparus, le 29 mai, devant la Cour d'assises de la Seine. J'avais pour défenseur un jeune avocat de beaucoup de talent, Mᵉ Albert Faivre, secrétaire de Floquet.

Néanmoins, je présentai moi-même un plaidoyer. J'eus l'aplomb de déclarer aux jurés, que j'attaquais, non pas Dieu et la religion, mais le culte et ses ministres. Le sens de toutes choses a été tellement défiguré, en notre siècle de mensonges, qu'il y a des gens qui admettent des subtilités de cette espèce. Le jury parisien avala cette couleuvre.

Au surplus, mon avocat, se bornant à traiter la question de droit, eut un argument qui produisit impression. Il insista sur ce fait, que la brochure se composait exclusivement d'articles déjà publiés dans mes divers journaux, lesquels articles n'avaient jamais été poursuivis. Or, ils n'avaient pu passer inaperçus, puisque j'avais eu d'autres procès pour ces mêmes journaux ; ce qui prouvait que ma prose était lue par messieurs du parquet. Donc, il était certain, disait Mᵉ Faivre, que j'avais considéré, de très bonne foi, ces articles, sinon comme inoffensifs, du moins comme restant dans les bornes de la discussion permise.

D'autre part, mon attitude à l'audience me concilia la sympathie du jury.

Je n'étais pas seul accusé. A côté de moi était assis le libraire, principal vendeur de la brochure. Son avocat, pour le faire acquitter, manqua de générosité envers moi ; au lieu de défendre son client purement et simplement, il me chargea presque autant que le ministère public. Au contraire, dans le discours que j'adressai aux jurés, je revendiquai hautement la responsabilité de mes écrits ; je déclarai que, si quelqu'un était coupable, c'était moi, et non le libraire, et que, seul, je devais être condamné.

Je disais, en outre :

— Ou la liberté de la presse doit exister complète, quiconque tient une plume a le droit d'exprimer ses opinions, même en tournant en dérision les idées de ses adversaires, et alors je suis innocent, vous devez m'acquitter ; ou bien il est juste qu'une manière de penser soit placée au-dessus de toutes les autres, chacun doit s'incliner devant elle et la respecter, et alors, comme j'ai outragé les croyances religieuses des catholiques, en attaquant violemment le culte, je suis un grand coupable, je ne mérite aucune pitié, rien ne saurait pallier mon crime, et du reste, ne regrettant pas une ligne, pas un mot de mes articles, je refuse les circonstances atténuantes.

Enfin, s'il me faut en croire ce que me raconta ensuite un juré, voici une considération qui motiva mon acquittement :

J'avais, dans mon allocution au jury, prononcé des paroles très vives ; je m'étais montré anti-clérical forcené. Le président et les membres de la Cour, à plusieurs reprises, n'avaient pas su maîtriser leur indignation.

Or, une fois dans la salle des délibérations, les jurés s'étaient dits :

— Il est certain que les articles de ce jeune homme sont blâmables et punissables ; mais nous avons affaire à un exalté, et il faudrait pouvoir lui donner seulement une bonne leçon. Si par exemple nous étions sûrs que sa brochure lui valût trois ou six mois de prison, nous le déclarerions coupable. Mais le ministère public nous demande l'application d'un article de loi qui permet d'infliger au délinquant jusqu'à cinq années d'emprisonnement. Ce n'est pas nous, jurés, qui fixons la peine ; notre rôle consiste seulement à dire si l'accusé est coupable ou innocent ; c'est la Cour qui applique la loi dans la mesure qu'elle juge utile, à la suite de notre verdict. Eh bien, d'après ce que nous avons pu voir, la Cour est dans les plus mauvaises dispositions envers ce jeune homme, et, si nous le déclarons punissable, il ne s'en tirera pas à moins de trois ou quatre ans de prison. Or, cela serait trop.

C'est pourquoi, le jury, bien qu'en majorité convaincu de ma culpabilité, rendit en ma faveur un verdict d'acquittement.

Cette journée fut donc un triomphe pour mon impiété, et les libres-penseurs parisiens ne me ménagèrent pas leurs ovations.

En outre, il importe de dire que mon procès n'avait été qu'une manœuvre gouvernementale.

A cette époque, les républicains venaient d'arriver définitivement au pouvoir. Grévy avait été élu président au commencement de l'année. Le garde des sceaux, qui avait ordonné les poursuites, était Le Royer, aujourd'hui président du Sénat; ce n'était donc pas par devoir envers la religion, qui ne l'intéressait guère, que le ministre de la justice me déférait à la Cour d'assises.

Le but était celui-ci :

A ce même moment, le gouvernement avait besoin d'obtenir une condamnation contre Paul de Cassagnac, qui, en tête de la presse conservatrice, se distinguait par son ardeur à attaquer la République. Le député journaliste devait comparaître, lui aussi, devant le même jury, pendant la même session, quelques jours après moi. Le garde des sceaux croyait donc faire acte d'habileté en assignant un brochurier jusqu'alors obscur, et cela à la suite de la dénonciation publique du directeur du *Pays*. J'étais sacrifié. Une fois une forte condamnation prononcée contre moi, le représentant du garde des sceaux aurait dit aux jurés : « Vous avez frappé un violent de notre parti; vous ne pouvez moins faire maintenant que de frapper à son tour un conservateur dont le gouvernement subit depuis trop longtemps les violences. »

Le verdict du jury de la Seine souffla sur ce château de cartes ministériel. Les finesses de Le Royer se retournèrent contre lui. Ayant acquitté Léo Taxil, les jurés, à plus forte raison, devaient acquitter Paul de Cassagnac. C'est ce qui arriva.

Il me reste encore un mot à dire au sujet de cette brochure : *A bas la calotte !*

Sa préface avait été assez remarquée L'avocat général en donna lecture en Cour d'assises ; c'était un morceau à sensation. J'y rappelais Mettray, mettant en scène Mgr Guibert, qui, en 1868, était archevêque de Tours.

Je fus, en effet, à cette époque, visité dans ma cellule par un ecclésiastique appartenant à l'administration de ce diocèse ; mais qui était-ce ? Je ne m'en souviens guère. Peut-être fut-ce un grand vicaire, peut-être et très probablement un simple curé. La scène rapportée par moi était exacte ; mais, en tout cas, mon interlocuteur ne fut pas Mgr Guibert. Je ne l'avais fait figurer dans mon dialogue, que pour donner plus de piquant au récit.

Ayant commis par vanité cette substitution de personne, je considère aujourd'hui comme un devoir et un honneur de m'humilier en rétablissant la vérité du fait.

Mgr Guibert est mort sans avoir jamais daigné protester contre ma mauvaise foi de libre-penseur; c'est une raison de plus pour que, redevenu chrétien, je fasse amende honorable à la vénérée mémoire du défunt cardinal-archevêque de Paris.

La détestable brochure qui m'avait conduit pour la seconde fois en Cour d'assises, fut suivie bientôt de plusieurs autres, ayant toutes des titres violents.

Seulement, avec le genre de littérature que j'avais adopté, il m'était tout à fait impossible de songer à avoir un éditeur. La vente de mes publications se trouvait exclusivement entre les mains de mes imprimeurs et de quelques vendeurs en gros.

Ce fut alors que ma femme, qui s'était laissé gagner à mes idées de la façon la plus complète, conçut le projet, qu'elle réalisa, de s'établir l'éditeur et le principal vendeur de mes œuvres. Dans les premiers jours de juin 1880, elle fit donc au ministère de l'intérieur la déclaration, exigée alors par la loi, d'ouverture d'une librairie. La Librairie Anti-Cléricale était créée.

On n'a pas oublié cette maison de la rue des Écoles, d'où sortaient chaque jour par milliers, pour se répandre en France et à l'étranger, volumes, opuscules, images, chansons, livraisons populaires, en un mot, tout ce qui était de nature à exciter la haine du peuple contre la religion et le clergé.

Le mal, qu'a accompli cette maison d'édition satanique, ne saurait se mesurer. Mais, devant Dieu, je le déclare, je suis seul responsable de tout ce mal.

Responsable je suis aussi de la plupart des sociétés de libre-pensée qui se sont fondées, de 1880 à 1885, en France et en Algérie. Mes publications irréligieuses n'étaient pour moi qu'un moyen d'action. Sitôt que, par le registre des abonnés de l'*Anti-Clérical*, je constatais, dans un canton, la présence de cinq ou six personnes zélées pour l'impiété, je m'efforçais de les mettre en relation les unes avec les autres et de les constituer en groupe militant. Chaque groupe s'employait dès lors à recruter des adhérents, et bientôt de nouvelles sociétés de libre-pensée se créaient par ce moyen.

Tandis que je procédais à cette organisation, j'étais harcelé par les réclamations des ecclésiastiques que l'*Anti-Clérical* attaquait sans cesse, réclamations souvent compliquées d'une assignation.

Les principaux jugements qui, pendant cette période, furent obtenus contre moi, furent les suivants :

Tribunal correctionnel d'Auch, 15 novembre 1879 ; diffamation envers l'abbé Duc, directeur de la *Semaine Religieuse* d'Auch ; 50 fr. d'amende ; 500 fr. de dommages-intérêts ; 350 fr. d'insertions du jugement dans les journaux.

Cour d'appel d'Angers, 3 mai 1880 ; diffamation envers les Frères des Écoles Chrétiennes de cette ville ; 300 fr. d'amende ; 3,000 fr. de dommages-intérêts ; 800 fr. d'insertions.

Tribunal civil de Montpellier, 29 décembre 1881 ; diffamation envers la mémoire de Pie IX, procès intenté par M. le comte Girolamo Mastaï, neveu du souverain pontife défunt ; 60,000 fr. de dommages-intérêts ; 5,000 fr. d'insertions du jugement dans 60 journaux.

Tribunal civil de Paris, 18 avril 1883 ;

diffamation envers six congrégations religieuses enseignantes ; 12,000 fr. de dommages-intérêts.

Plusieurs de ces amendes et dommages-intérêts furent payés par la caisse de l'*Anti-Clérical*. On paya, notamment, 1,000 fr. environ pour l'affaire d'Auch ; 200 fr. pour un petit procès intenté par un desservant du Var. L'affaire d'Angers, avec tous les frais qu'elle entraîna, coûta au journal plus de 5,000 fr.

En 1881, on récolta aussi une condamnation à 4,000 fr de dommages-intérêts pour attaques réitérées contre le séminaire de Dinan. Il y eut, néanmoins, transaction, et le journal s'en tira, je crois, avec 2,000 fr.

Mais le procès, qui eut le plus de retentissement, fut celui intenté par le neveu de Pie IX. Toutefois, le journal, n'eut jamais à payer, pour cette affaire, que les frais et honoraires d'avocats et d'avoués, lesquels dépassèrent 4,000 fr.

La condamnation du 29 décembre 1881 avait été prononcée par défaut, contre les imprimeurs et moi. Nous fîmes opposition au jugement, espérant d'abord faire traîner l'affaire et ensuite obtenir une diminution des dommages-intérêts.

Quand nous vînmes donc devant le tribunal civil de Montpellier pour engager le vrai procès, le procès contradictoire, nous commençâmes par plaider l'incompétence de la juridiction civile.

Le 13 mai 1882, les juges se déclarèrent compétents. Nous fîmes appel. La Cour, statuant sur la question de droit, nous renvoya devant le Tribunal civil de Montpellier pour plaider sur le fond de l'affaire.

Aux termes de la loi, M. le comte Girolamo Mastaï avait un délai pour nous signifier l'arrêt de la Cour. Lassé sans doute et prévoyant que, grâce à mille artifices de procédure, le procès était destiné à se perpétuer, *il abandonna la poursuite*, et l'arrêt fixant la compétence du tribunal civil ne nous fut jamais signifié.

C'est ainsi que cette affaire, après avoir fait grand bruit, tomba dans l'eau.

Mais les conséquences possibles d'un tel procès me donnèrent à réfléchir. L'*Anti-Clérical*, qui avait été fondé un an avant la librairie de propagande, était devenu ma propriété personnelle ; j'avais peu à peu acquis les parts de mes co-associés. Continuer le journal était cependant impossible ;

indépendamment du procès Mastaï, j'avais alors contre moi la poursuite des six congrégations religieuses enseignantes. L'*Anti-Clérical*, c'était forcé, ne pouvait que succomber sous les condamnations, dans un avenir plus ou moins prochain. Je supprimai donc cette feuille dont l'existence était si menacée, et elle fut immédiatement remplacée par une autre, lui ressemblant du reste comme une goutte d'eau ressemble à une goutte d'eau. Le nouvel organe s'appela *la République Anti-Cléricale* et fut la propriété de la librairie; toutefois, pour éviter les désagréments judiciaires, on fut désormais plus circonspect dans les attaques contre les personnes; nous augmentâmes la somme des blasphèmes en diminuant celle des diffamations.

Quant aux anciens procès (du comte Mastaï et des Frères), je ne m'en souciai plus guère, puisque, l'*Anti-Clérical* ayant été supprimé, je n'avais plus aucune propriété personnelle garantissant à mes adversaires le paiement des dommages-intérêts auxquels je pouvais être ultérieurement condamné.

Cette manière d'agir ne me causait alors aucune honte; de tels procédés me paraissaient de très bonne guerre et étaient approuvés par tous mes amis. Dans le monde que je fréquentais, on trouvait même que j'étais bien naïf de n'avoir pas usé plus tôt de ces subterfuges. Diffamer des religieux, jeter la boue à pleines mains sur la mémoire d'un pape, c'était charmant ; mais pour être parfait, il eût fallu prodiguer les outrages après s'être assuré une complète impunité.

Pendant cette période, il me fut donné, à plusieurs reprises, de constater qu'à Paris comme en province la fraternité républicaine est un affreux mensonge.

Le succès obtenu par mes publications me valait pas mal d'envieux. La plupart de nos écrivassiers de la presse radicale, surtout, voyaient de mauvais œil ce jeune méridional qui, sans appui, était rapidement arrivé à se faire lire du public. Les basses jalousies de la bohême littéraire couvaient depuis mon acquittement en Cour d'assises ; elles éclatèrent à l'occasion d'un procès, purement civil, que j'ai raconté tout au long dans mon premier chapitre des *Frères Trois-Points*.

Je veux parler de l'affaire Roussel, de Méry.

Une similitude absolue de noms avait fait croire aux journalistes libres-penseurs qu'un des principaux rédacteurs de l'*Univers* était un transfuge de l'anti-cléricalisme. Cette opinion était générale dans le monde où je vivais. Un négociant républicain, que je n'avais aucun motif de suspecter, m'apporta un recueil de poésies attribuées à M. Auguste Roussel; il n'y eut qu'une voix pour me conseiller de rééditer l'ouvrage; c'était, croyait-on, le plus vilain tour à jouer au collaborateur de M. Louis Veuillot.

La librairie de la rue des Écoles fit donc paraître le recueil dans un de ces fascicules trimestriels à bon marché, dont l'ensemble avait pour titre : *Bibliothèque Anti-Cléricale* J'étais le gérant de cette publication périodique. Le fascicule en question fut mis en vente le 29 juin 1880, c'est-à-dire le jour même de l'expulsion des Pères jésuites.

Quelque temps après, un Auguste Roussel, autre que le rédacteur de l'*Univers*, intervint et réclama. C'était le véritable auteur des poésies. Homme déjà fort âgé, il mourut peu après, et sa réclamation fut reprise par ses héritiers, sous forme de procès commercial.

J'étais, évidemment, dans mon tort; la méchanceté que j'avais voulu faire à un écrivain catholique se retournait contre moi. Mais, en somme, ce n'était pas à la presse radicale, dont j'avais partagé l'erreur, ce n'était pas aux « bons confrères », qui avaient cru jusqu'alors comme moi à un seul et même Auguste Roussel, à me reprocher d'avoir été victime d'une confusion de personne.

Le tribunal me condamna donc à des dommages-intérêts. De fait, il ne pouvait en être autrement. J'eus le malheur d'avoir pour juge un magistrat républicain, M. Cartier, le même qui, se portant candidat au Sénat, déclara que « la propriété, la famille et la religion n'étaient que des *balançoires* ». M. Cartier, à qui ma figure déplaisait sans doute, ne se contenta pas de me juger et condamner; il envoya le texte de son jugement à quelques journaux amis. Les « bons confrères » s'empressèrent de le reproduire en l'agrémentant de mille réflexions malveillantes pour moi. Cependant, ils savaient tous quelle avait été mon erreur, cause première de cette mésaventure; à l'audience, ils avaient entendu la déposition du négociant libre-penseur qui m'avait lui-même apporté les poésies, en m'affirmant que leur auteur était le collaborateur de M. Louis Veuillot, et qui, sous la foi du serment, témoigna l'avoir cru lui-même.

Un des journaux, qui, dans cette circonstance, furent des plus durs pour moi, est l'*Intransigeant*. Or, le secrétaire de l'*Intransigeant*, M. Robert Charlie, avait lui-même commis le même quiproquo et publié, sans accident, une partie des mêmes poésies en les attribuant, lui aussi, à M. Auguste Roussel, de l'*Univers*.

Au surplus, l'affaire se termina à mon honneur. Devant la Cour de Cassation, il y eut désistement ; mon adversaire reconnut qu'à l'égard de son défunt ami j'avais été de la plus complète bonne foi ; la poursuite fut abandonnée, et la Librairie Anti-Cléricale fut autorisée, par le mandataire des héritiers Roussel (de Méry), à éditer de nouveau le recueil de vers qui avait fait l'objet du procès. Cette seconde édition a paru, avec toutes les explications nécessaires.

Eh bien, croyez-vous que les « bons confrères » de la presse républicaine, qui s'étaient fait une joie d'annoncer ma condamnation, publièrent ensuite une rectification quelconque ? croyez-vous qu'ils informèrent leurs lecteurs de l'issue de cette affaire ? Non, pas un ne rectifia, pas un ne souffla mot du désistement final.

Aujourd'hui, quand je songe à ces vilenies, je me dis que ce fut bien fait pour moi. J'avais rompu les liens de sincères et cordiales amitiés, j'avais mis sous pied l'affection de mes parents, pour aller à ces hommes dont le cœur n'est rempli que de fiel. Je n'ai eu que ce que j'avais mérité.

Il fallait que je fusse bien aveugle pour n'avoir pas les yeux ouverts par ce déchaînement de haines mesquines.

Au lieu de comprendre que je m'étais engagé dans une mauvaise voie, que j'avais fait fausse route, je m'obstinai, je surmontai mes écœurements, et je continuai, quoique avec amertume, mon œuvre impie.

Je pensai pouvoir imposer silence aux rivalités étroites, aux jalousies venimeuses; et, d'autre part, pour être en mesure de lutter plus efficacement encore contre le catholicisme, j'eus la sottise de songer un moment à la députation.

Nous étions alors en 1881. Le mandat de la Chambre fut déclaré accompli, au moment où personne ne s'y attendait; et le gouvernement, pour enlever les élections, publia tout à coup, le 31 juillet, le décret de convocation fixant le vote au 21 août.

La candidature me fut offerte dans quatre arrondissements. Je me décidai pour celui de Narbonne.

Le temps pressait. Je partis de Paris le 12 août. J'avais juste huit jours à moi.

Voici quel fut mon programme électoral :

COMITÉ CENTRAL DE L'ALLIANCE RADICALE
DE L'ARRONDISSEMENT DE NARBONNE

PROGRAMME DU CITOYEN LÉO TAXIL

Politique et Administration

Suppression du Sénat.

Suppression de la Présidence de la République ; la promulgation et l'exécution des lois confiées au président du Conseil des ministres ; les ministres nommés par la Chambre.

Révision de la Constitution dans le sens le plus démocratique.

Séparation de l'Etat et des Eglises ; suppression de l'ambassade auprès du Pape ; rentrée complète du clergé dans le droit commun ; abolition du Concordat.

Décentralisation gouvernementale et départementale ; indépendance administrative des communes.

Gratuité, obligation et laïcité de l'instruction primaire et de l'instruction secondaire ; instruction supérieure donnée gratuitement par l'Etat aux meilleurs élèves, après concours.

En cas de complications diplomatiques, droit exclusif pour la nation, consultée dans les huit jours, de décider la guerre ; en cas de guerre, droit exclusif pour la nation, consultée pendant l'armistice, de décider la paix.

Service militaire obligatoire pour tous les hommes valides sans aucune exception et réduit à trois ans.

Participation du peuple à la confection de la Constitution et des lois constitutionnelles au moyen de cahiers élaborés dans les circonscriptions ; droit de pétition garanti à tous les citoyens, et obligation pour le gouvernement de soumettre les lois à la consécration populaire (comme cela se pratique en Suisse), lorsque les pétitions dûment légalisées ont atteint un chiffre fixé.

Suppression de l'inamovibilité de la magistrature ; application du jury (tiré au sort) à toutes les affaires civiles, criminelles et correctionnelles ; jury pour l'instruction des affaires ; élection, par le suffrage universel et avec mandat limité, des juges chargés de diriger les débats et d'appliquer la loi suivant le verdict des jurés.

Dissolution de toutes les congrégations religieuses ; expulsion hors du territoire français de tous les étrangers actuellement membres de congrégations quelconques.

Liberté complète de réunion pour tous les citoyens, avec cette garantie pour l'Etat : la conspiration contre la République et les intérêts nationaux sévèrement punie.

Liberté complète de la presse avec cette garantie pour les fonctionnaires et les particuliers : punition sévère de la calomnie ; droit, en conséquence, pour l'écrivain de faire la preuve des faits imputés par lui au plaignant, sauf au jury à apprécier.

Responsabilité des agents et des fonctionnaires.

Révocation de tous les fonctionnaires hostiles à la République à quelque degré qu'ils soient et dans n'importe quelle administration.

Finances

Suppression du budget des cultes et de toutes les subventions quelconques accordées aux divers clergés par l'Etat, les départements et les communes ; paiement, par ceux qui s'en servent, du loyer des locaux affectés au culte.

Suppression des gros traitements et du cumul des fonctions ; pour les ministres, en sus de leur traitement de député, rien de plus qu'une indemnité pour leurs frais de représentation.

Rétribution de toutes les fonctions électives.

Abolition de tous les impôts et leur remplacement par un seul : l'impôt proportionnel sur le revenu.

Socialisme Pratique

Droit au travail pour les hommes et femmes valides ; droit à l'assistance pour les invalides, les vieillards et les enfants.

Abolition des monopoles et du travail des prisons mis en concurrence avec celui des ouvriers ; abolition des ateliers religieux, dits ouvroirs.

Interdiction de la concurrence établie par les exploiteurs entre le travail de la femme et le travail de l'homme ; chaque sexe doit travailler conformément à ses aptitudes respectives; augmentation du salaire de la femme.

Liberté complète d'association, c'est-à-dire le droit reconnu aux individus de grouper à volonté leurs intérêts particuliers (politiques ou commerciaux) pour leur donner plus de force au moyen de l'association. — Ne pas confondre association avec congrégation; car la congrégation est formée par des individus qui, faisant abandon de leur volonté et de leurs intérêts entre les mains d'un seul, donnent ainsi à un chef, souvent étranger au pays, une force dont l'emploi est fatalement dirigé contre la nation.

Reconnaissance de la personnalité civile aux chambres syndicales; suppression de l'intervention des patrons dans l'administration des caisses ouvrières; révision de la loi sur les prud'hommes; admission des groupes ouvriers aux adjudications des travaux publics.

Rétablissement du divorce.

Application immédiate des lois de la grande Révolution; retour à la nation des biens ecclésiastiques; transformation des couvents en établissements d'utilité publique; affectation du produit des autres propriétés congréganistes à la création d'écoles d'apprentissage et de caisses de retraite pour les vieillards et les invalides du travail.

Mode de Scrutin

Le peuple étant seul souverain, c'est à lui qu'il appartient de décider de quelle manière il entend être consulté. D'autre part, on ne saurait établir un mode de scrutin définitif, les électeurs d'aujourd'hui n'ayant pas le droit d'enchaîner les électeurs de demain. En conséquence, six mois avant la fin de chaque législature, convocation du peuple dans ses comices, afin qu'il se prononce sur le mode de scrutin qu'il lui convient d'adopter pour le renouvellement de ses représentants

Devoirs des Députés.

Mandat impératif.
Défense aux députés de figurer, en cette qualité et sous ce titre, dans les conseils d'administration des sociétés financières.
Mise à l'étude des problèmes sociaux, avec obligation pour la Chambre d'y consacrer une session spéciale chaque année.
Obligation, pour le député, de rendre compte de son mandat quatre fois par an, et de représenter les projets de réforme rejetés par la Chambre, chaque fois que le règlement le permettra.
Obligation, pour le député, à chaque reddition de compte de son mandat, de consulter ses électeurs sur les questions d'intérêt local ; en conséquence, obligation pour lui de porter à la Chambre et d'y soutenir dans les commissions et à la tribune les questions locales en faveur desquelles la majorité de ses électeurs se sera prononcée.

J'ai tenu à reproduire ce document. Il montre bien jusqu'où j'allais, treize ans après Mettray. C'était la pensée de vengeance qui me soutenait toujours.

Nous étions trois candidats républicains

sur les rangs ; personne ne se présentait au nom des conservateurs.

J'avais le désavantage d'être étranger au pays et d'arriver quand mes concurrents avaient depuis longtemps préparé leur candidature.

Le candidat officiel, patronné par la Franc-Maçonnerie, était M. Malric, maire d'un chef-lieu de canton de l'arrondissement et conseiller général opportuniste. L'autre compétiteur, collectiviste ou anarchiste, était le citoyen Digeon, ancien président de la Commune Révolutionnaire de Narbonne ; il collaborait, à ce moment, avec Louise Michel, au journal *la Révolution Sociale*, qui, d'après les révélations ultérieures de M. Andrieux, était subventionné par la Préfecture de Police.

Dans mes huit jours de candidature, je ne pus visiter que quatorze communes, sur soixante-et-onze que compte l'arrondissement.

Je n'étais guère connu dans la région ; le bruit seul de mes récents procès m'y avait précédé ; et encore, la plupart de ces braves campagnards avaient vaguement entendu parler de mes démêlés avec la justice, beaucoup ne savaient pas au juste ce que pouvaient être des délits de diffamation.

Mes concurrents républicains tirèrent parti de l'ignorance des électeurs en faisant placarder, le matin du vote, dans tout l'arrondissement, des affiches ainsi conçues :

« *Avis aux électeurs.* — Il est inutile de voter pour le candidat Léo Taxil. Les suffrages à son nom ne pourront pas être comptés, attendu que M. Léo Taxil n'est pas éligible, ayant subi de nombreuses condamnations, dont plusieurs pour vol. »

Malgré ces manœuvres, bien dignes de mon cher parti démocratique, je recueillis 2.279 voix; ce qui occasionna un ballottage.

Je ne maintins pas ma candidature au second tour de scrutin. J'étais profondément dégoûté. En toute sincérité, je le déclare, je fus moins contrarié de mon échec lui-même que sensible à la répulsion que m'inspirèrent les mœurs républicaines. On ne voit, en général, l'injustice, hélas! que lorsqu'elle vous touche personnellement. J'avais, jusqu'alors, considéré que tout était permis contre la religion; j'apprenais, à mes dépens, que la calomnie est la chose du monde la plus ignoble et la plus méprisable.

Quant aux violences, mes aimables concurrents ne les avaient pas ménagées. Ainsi, la veille du vote, j'avais donné une réunion électorale dans le théâtre de Narbonne : il s'y passa des scènes de pure sauvagerie; les collectivistes essayèrent de faire sauter la salle en coupant et arrachant plusieurs tuyaux de gaz.

L'arrondissement de Narbonne, dans lequel j'avais tenté de planter le drapeau de l'anti-cléricalisme, est le berceau d'un saint qui appartient à ma famille : saint François de Régis est né, en effet, à Fontcouverte, près de Narbonne.

En cette année 1881, j'appartenais à la Franc-Maçonnerie, et je m'étais porté contre le F∴ Malric, candidat agréé par le Grand Orient. Cet acte d'indépendance me valut d'implacables rancunes au sein de la secte.

J'ai raconté ailleurs les tracasseries auxquelles je fus en butte de la part de mes collègues des Loges.

Quand j'avais été affilié à la secrète association, je connaissais d'avance la comédie des diverses épreuves. J'étais au courant de bien des choses dont on fait grand mystère; mais je ne savais pas que l'initié accepte une chaîne si lourde à porter. La secte m'avait attiré par sa haine irréligieuse; si j'avais pu me douter de l'esclavage auquel les adhérents se vouent, je n'aurais certes pas accepté l'initiation.

Aussi, dès l'instant où je manifestai ma volonté d'être libre, une véritable lutte s'engagea entre le Grand Orient et moi. On trouvera, dans le premier volume des *Frères Trois-Points* le récit de cette querelle, où l'on fit intervenir Victor Hugo et Louis Blanc. Ces deux vénérables personnages niaient avoir écrit certaines lettres (voir page 239); la vérité est que leur grand âge leur en avait fait perdre souvenance. Il me fallut reproduire les autographes même et montrer au public Victor Hugo et Louis Blanc pris en flagrant délit de manque de mémoire.

Ce camouflet infligé aux deux bonzes de la démocratie acheva de me perdre dans l'esprit des chefs de la Franc-Maçonnerie. Enfin, je sortis de l'intolérante secte, en octobre 1881.

Un mois auparavant, le premier Congrès général de la Libre-Pensée venait de se tenir à Paris.

J'assistai à ce congrès comme représentant de six sociétés de libre-pensée. On fit, dans cette assemblée, beaucoup de tapage et pas mal de mauvaise besogne. On vota l'écrasement du catholicisme à brève échéance, l'expulsion de Dieu des hôpitaux et des écoles, la dénonciation du concordat, la suppression du budget des cultes, etc. On s'engagea à entretenir dans le pays une grande agitation anti-cléricale, afin d'amener peu à peu les pouvoirs publics à réaliser les vœux du Congrès.

Enfin, on décida qu'un grand Congrès International Anti-Clérical serait tenu, l'année suivante même, à Rome, en haine de la papauté et comme affirmation suprême de la libre-pensée et du socialisme en face du Vatican. Une commission de quinze membres fut nommée pour organiser le dit Congrès de Rome.

Il y avait dans cette assemblée bon nombre de gens très honnêtes et irréprochables au point de vue de la vie privée, mais malheureusement égarés par le parti-pris le plus aveugle. Mais, à côté de ces exaltés sincères, se trouvaient d'effrontés bateleurs et même des personnages d'une moralité fort équivoque; et ceux-ci étaient les plus habiles à flatter les passions irréligieuses de la multitude.

Les séances furent publiques. Je me rappelle un de mes confrères en journalisme et en libre-pensée, alors intransigeant et aujourd'hui opportuniste, qui fut un des orateurs les plus applaudis de ce congrès parisien. Il avait amené sa femme avec lui : pendant qu'il débitait ses boniments à la tribune, elle raccolait dans la salle les délégués de province ; c'était tout ce qu'on peut imaginer de plus ignoble et de plus honteux.

Comme il est juste de laisser à chacun la responsabilité qui lui incombe, je me hâte de dire que ce triste couple n'appartenait pas aux groupes de la fédération connue plus tard sous le nom de *Ligue Anti-Cléricale;* le mari appartenait à la société de la *Foi Laïque.*

Du reste, la Ligue Anti-Cléricale venait à peine de naître, alors ; elle était encore au berceau. Je consacrerai plus loin un chapitre entier à cette Ligue qui a joué un rôle important, principalement dans la libre-pensée française.

A partir de maintenant, je ne suivrai plus l'ordre chronologique. Le lecteur connaît le plan de la campagne entreprise contre Dieu, la religion et ses ministres; il a vu comment je fus amené, pour ma part, à m'enrôler parmi les soldats de cette guerre insensée; il sait par quel enchaînement de circonstances je devins un des porte-drapeaux de l'impiété.

Désormais, pour l'intelligence du récit, il est utile de classer, sans distinction d'époque, les faits sur lesquels il me reste à publier mes aveux. Je terminerai leur exposé en racontant comment, enfin, je fus tiré malgré moi de cet abîme de perdition.

VIII

LES MENSONGES

LE PRINCIPE VOLTAIRIEN. — LA LÉGENDE DU CURÉ MESLIER. — COMMENT ET POURQUOI FUT CALOMNIÉE LA MÉMOIRE DE PIE IX. — LES DISCOURS SUR L'INQUISITION. — UNE RELIQUE DE LA LIBRE-PENSÉE. — VIEUX CONTES RAJEUNIS. — TRADUCTIONS FAITES DE MAUVAISE FOI. — UN DOCUMENT APOCRYPHE. — UNE MYSTIFICATION. — ENTENTE SYSTÉMATIQUE DES ÉCRIVAINS ANTI-CATHOLIQUES POUR LA DIFFUSION DES CALOMNIES.

Le premier principe de quiconque combat l'Église par la plume ou la parole est celui-ci :

« Toute arme est bonne contre la religion et ses ministres. Le cléricalisme est un ennemi, dont il faut se débarrasser par n'importe quels moyens. Dieu, c'est le mal ; par conséquent, tout ce qui peut détourner de Dieu les hommes est essentiellement honnête, et il ne peut y avoir de malhonnêteté irréligieuse. C'est pourquoi, le mensonge, dès l'instant qu'il est de nature à nuire à la religion et aux prêtres, est parfaitement licite. »

Voltaire a, plus que tout autre, usé de cette arme perfide ; on peut dire qu'il a élevé le mensonge à la hauteur d'une institution.

C'est lui qui, le premier, a formulé avec cynisme cette abominable théorie.

La voici, textuellement :

« Le mensonge n'est un vice que quand il fait du mal ; c'est une très grande vertu quand il fait du bien. Soyez donc plus vertueux que jamais. Il faut mentir comme un diable, non pas timidement, non pas pour un temps, mais hardiment et toujours. Mentez, mes amis, mentez. » (Lettre de Voltaire à son ami Thiériot, 21 octobre 1736. *Œuvres complètes de Voltaire*, édition Garnier frères, 2ᵉ volume de la correspondance, page 153.)

Donc, — en se plaçant au point de vue des ennemis de la religion, — étant donné que le plus grand bien qui se puisse rêver consisterait dans la destruction totale de la foi chrétienne, mentir contre l'Église, c'est pratiquer la vertu.

L'écrivain anti-clérical et l'orateur impie ont le devoir d'inventer tout ce qu'ils jugent pouvoir discréditer le dogme et le culte catholiques; la calomnie devient un sacerdoce.

Cette théorie est mise, chaque jour, en pratique dans la presse républicaine irréligieuse et à la tribune des clubs. Elle est enseignée dans les Loges de la Franc-Maçonnerie.

Lors de l'affiliation maçonnique au grade d'Apprenti, premier degré de l'initiation, le Vénérable s'exprime ainsi, parlant au récipiendaire :

« Le mensonge est le récit d'un fait contraire à la vérité; mais dire des mensonges, c'est les raconter, ce n'est point mentir. » (*Rituel de l'Apprenti-Maçon*, par le F∴ Ragon, Vénérable de la Loge « les Trinosophes », de Paris; édition sacrée, adoptée par le Grand Orient de France, page 37.)

Ainsi, lorsqu'on découvre qu'un récit est mensonger, on peut, s'il est de nature à jeter la déconsidération sur les hommes et les choses de l'Église, le répéter, le rééditer, le propager; ce n'est plus là le mensonge blâmable, ce n'est nullement ce que le vulgaire appelle mentir.

Bien mieux, rien n'est plus juste que d'amplifier les mensonges déjà mis en circulation par un autre.

Un de mes anciens amis, Léon Bienvenu, très connu dans la presse parisienne, a écrit ceci, au cours d'un ouvrage où il employait tous ses efforts à rendre la papauté ridicule et odieuse :

« On ne peut pas connaître tous les crimes commis par les papes; en en racontant deux ou trois fois plus qu'on en sait, on restera donc sûrement au-dessous de la vérité. »

L'aveu est dépouillé d'artifice, on le reconnaîtra; c'est en manière de plaisanterie que l'auteur le laissait tomber de sa plume. N'importe, il a sa valeur; car il est caractéristique. Ce que Léon Bienvenu a écrit en riant, tous mes ex-confrères républicains libres-penseurs le font quotidiennement sans le dire.

Ah! si chacun venait, comme moi aujourd'hui, avouer quelle a été sa part dans les mensonges accrédités auprès du peuple ignorant, il ne resterait pas grand'chose de ces légendes calomnieuses qui ont été imaginées par les uns et amplifiées par les autres.

Pour réparer, dans la mesure du possible, le mal dont j'ai été soit l'auteur soit le complice, j'ai donc le devoir d'avouer tous les mensonges auxquels j'ai collaboré, croyant, misérable insensé, faire œuvre de bien, selon la maxime de Voltaire et de la Franc-Maçonnerie.

L'une des plus hardies mystifications des temps modernes est sans contredit la création de ce personnage étrange, le prétendu curé Jean Meslier, qui, en mourant, avait renié, dit-on, la religion dont il fut le ministre. Cette légende est bien faite pour frapper l'esprit des personnes simples; aussi, est-elle exploitée de la belle façon par les anti-cléricaux.

Moi-même, je n'ai pas manqué de faire éditer par la librairie de la rue des Écoles les *Œuvres du curé Meslier*, et 30,000 volumes, au moins, de cette édition ont été répandus dans le public.

Toutefois, lorsque je songeai à la réimpression de ces œuvres, j'ignorai que la légende du curé incrédule était une imposture. Les premiers doutes sur l'authenticité de l'ouvrage me vinrent en corrigeant les épreuves du premier volume. Une contradiction flagrante attira mon attention, je fis des recherches, et je découvris bientôt la vérité. Mais alors l'édition était sous presse, et, tout bien examiné, je me dis qu'il était de bonne guerre de tromper le public du dix-neuvième-siècle, en suivant l'exemple de Voltaire qui avait trompé le public du dix-huitième.

Le curé Meslier est donc une invention de Voltaire; ou, du moins, c'est Voltaire qui l'a mis en vogue. L'idée première fut de l'ami Thiériot.

Thiériot pensa que la religion recevrait un coup terrible, si l'on publiait un ouvrage impie en le donnant comme ayant pour auteur un curé de campagne. Il s'agissait, afin de réussir, de présenter l'œuvre comme posthume, le prêtre-écrivain n'ayant pas osé causer un tel scandale pendant sa vie.

Voltaire goûta fort l'idée de Thiériot; toutefois, il eût voulu mettre en scène, non un curé vulgaire, mais bel et bien un évêque.

« Quel est donc ce curé de village dont vous me parlez ? écrivait-il à son complice, le 30 novembre 1735. Il faut le faire évêque du diocèse de Saint-Vrain ! » (*Œuvres complètes de Voltaire*, 2ᵉ volume de la correspondance, page 555).

Sans doute, Thiériot observa que, si l'œuvre était attribuée à un évêque, la supercherie serait bientôt découverte. En effet, le philosophe imposteur renonça à exagérer le scandale ; il finit par se contenter d'un modeste curé campagnard, aussi inconnu que possible, afin de rendre moins éclatante la constatation de son mensonge.

On trouva un bourg à peu près inaccessible aux investigateurs, Étrépigny, village perdu au fond de la Champagne. On supposa qu'un prêtre, du nom de Jean Meslier, avait été curé d'Étrépigny, et que, mort en 1733, il avait laissé un testament fort curieux, dans lequel il demandait pardon à ses paroissiens de les avoir, durant toute sa vie, induits en erreur en leur enseignant la religion. Ce testament, qui est intitulé *Extraits des sentiments de Jean Meslier adressés à ses paroissiens*, a été écrit, de la première ligne jusqu'à la dernière, par Voltaire, — dont le style est, au surplus, facile à reconnaître.

La première édition parut en 1762 ; mais Voltaire eut soin de l'antidater de vingt ans. L'imprimeur inscrivit en tête de l'ouvrage la date de 1742, et les lecteurs s'imaginèrent avoir entre les mains un opuscule mis tout-à-coup en évidence; comme il avait été, à dessein, tiré sur vieux papier, chacun croyait avoir fait une trouvaille.

Et Voltaire, à la fin de ce document apocryphe, écrivait avec son effronterie habituelle :

« Voilà le précis exact du *Testament de Jean Meslier*. Qu'on juge de quel poids est le témoignage d'un prêtre mourant qui demande pardon à Dieu. »

Pour mieux duper le public, Voltaire n'avait pas représenté son curé imaginaire comme un athée ; c'était un déiste de son espèce, reconnaissant un être suprême quelconque, mais tenant le catholicisme pour une fausse religion.

L'imposture réussit. Les philosophes encyclopédistes trouvèrent l'invention de Voltaire excellente. L'un d'entre eux, le baron d'Holbach, fut chargé de compléter l'œuvre du maître en l'art de mentir : il remania un de ses propres livres, ouvrage matérialiste intitulé *le Système de la Nature*, et en fit *le Bon Sens du curé Meslier*, qui fut adjoint au testament.

Seulement, — entre nous soit dit, — il faut que la bêtise populaire n'ait pas de limites; car il n'est nul besoin d'une lecture bien attentive pour que la supercherie des inventeurs de Jean Meslier éclate. Cet ouvrage, si répandu parmi les classes ouvrières, se compose de deux parties : *le Testament* du prétendu curé, et son exposé doctrinal, *le Bon Sens*. Or, la première partie est antichrétienne, mais reconnaît l'existence d'un Dieu ; en un mot, elle est théiste, à la mode voltairienne : au contraire, la seconde partie est résolûment matérialiste et athée.

C'est cette contradiction qui me frappa, alors que je corrigeai les épreuves de la réimpression exécutée par la Librairie Anti-Cléricale. Je m'empressai de retrancher le testament et je le réservai pour un second volume, afin que le dissentiment des deux collaborateurs en imposture ne fût pas trop sensible. Et, de la sorte, le testament fut, par mes soins, réuni à un autre ouvrage du baron d'Holbach, lequel formait une soi-disant histoire du clergé, sous le titre *Les Prêtres démasqués;* l'ensemble, toujours attribué au curé Meslier, parut en un volume à scandale, sous cette rubrique : *Ce que sont les Prêtres.*

Enfin, un troisième volume de d'Holbach, *la Morale Universelle,* fut intitulé *la Reli-*

gion Naturelle et compléta la prétendue œuvre du curé champenois.

J'avais amplifié le mensonge de Voltaire.

En vérité, je me demande comment personne, parmi les 30.000 lecteurs de l'édition de la rue des Écoles, n'a reconnu le subterfuge.

La presse républicaine, qui, elle, n'était pas dupe de cette supercherie cousue avec du fil blanc, prodigua à cette occasion mille louanges à la Librairie Anti-Cléricale et vanta l'utilité de la réimpression des « Œuvres de Jean Meslier. » Il est vrai de dire que notre maison de propagande était tenue en haute estime par les administrations de journaux démocrates ; elle payait bien ses réclames ; je pourrais citer telle agence de publicité qui, pour les insertions aimables des chers confrères, touchait alors à notre caisse irréligieuse des sommes variant entre quatre à six mille francs par mois.

Puisque, à propos de mes confessions, j'ai été amené à parler du pseudo-curé d'Étrépigny, je ne puis m'empêcher de raconter, pour terminer, la ridicule aventure arrivée à la Convention, au sujet de ce prêtre imaginaire.

Le 17 novembre 1793, un conventionnel, Anacharsis Clootz, ce pauvre fou qui prenait au sérieux les bourdes les plus absurdes et les utopies les plus extravagantes de la révolution, ce Don Quichotte de la philosophie naturaliste, monta à la tribune et proposa d'ériger une statue à Jean Meslier, « le premier prêtre, dit-il, qui ait eu le courage et la bonne foi d'abjurer les erreurs religieuses. »

Cette proposition fut renvoyée au Comité d'Instruction Publique, lequel procéda à une enquête. Seulement, il ne put être donné suite à ce mirifique projet ; car la commission découvrit sans peine que le curé apostat n'avait jamais existé. Toutefois, comme reconnaître la vérité eût été préjudiciable à la libre-pensée, comme cela eût équivalu à proclamer l'imposture de Voltaire et de d'Holbach, on laissa l'affaire tomber dans l'oubli et le Comité d'Instruction Publique ne déposa jamais son rapport.

Mettant encore en pratique la maxime voltairienne et maçonnique, je participai à l'organisation d'un des plus odieux mensonges qui aient été imaginés contre la papauté. Je veux parler des infamies dont on a essayé de salir la mémoire de Pie IX.

Il y avait déjà quelque temps que deux députés au Parlement Italien, M. Petruccelli della Gatina et M. le comte Luigi Pianciani, s'étaient permis des insinuations malséantes au sujet de la jeunesse du pontife vénéré.

Une calomnie est toujours avidement recueillie par les diffamateurs de profession. Ceux-ci s'emparent du moindre racontar et le gonflent à plaisir. La grenouille, en peu de temps, devient un bœuf.

Des brochuriers, donc, prirent texte de quelques mots glissés dans un but de dénigrement honteux et bâtirent là-dessus quelques obscurs libelles. Les pamphlets de cette espèce sont édités, d'ordinaire, en Suisse et Belgique. Pendant mon séjour à Genève, je m'en étais procuré un certain nombre ; je les avais soigneusement mis de côté.

L'occasion de m'en servir se présenta un jour.

Voici comment :

Les imprimeurs de Montpellier, qui m'avaient aidé lors de la publication de mes premières brochures et de la création de l'*Anti-Clérical*, se trouvaient, en 1881, engagés dans une affaire de laquelle ils ne retiraient que des déceptions.

Un riche viticulteur du Languedoc, M. de L***, conseiller général de la région, avait sacrifié deux cent mille francs à la fondation d'un journal quotidien radical à cinq centimes, intitulé *Le Petit Éclaireur*. MM. Firmin et Cabirou, chargés de l'impression, avaient acheté à cet effet des presses rotatives et une clicherie ; soit, une dépense de trente mille francs environ. L'affaire, à laquelle ils avaient été intéressés, fut montée très grandement.

Seulement, la spéculation ne réussit pas. Au bout de quelques mois, l'organe du radicalisme languedocien tirait à peine à quatre ou cinq mille exemplaires et avait englouti près de quatre-vingt mille francs du capital versé.

MM. Firmin et Cabirou étaient fort embarrassés. Ils ne voyaient aucune chance de succès à l'horizon ; ils avaient pris, pour l'organisation matérielle du *Petit Éclaireur*, des engagements au-dessus de leurs forces : ils se demandaient, en un mot, comment ils pourraient tirer parti, mais dans d'autres conditions, de cette affaire, à la disposition de laquelle se trouvaient encore des fonds considérables.

En leur qualité d'imprimeurs, ils connaissaient l'excellente situation de l'*Anti-Clérical*.

Ils savaient, d'autre part, que mes écrits

étaient très répandus, surtout chez les méridionaux mes compatriotes. Ils formèrent donc ce projet : me décider à me mettre à la tête du *Petit Éclaireur.*

Je reçus leur visite à Paris.

Ces messieurs me firent les propositions les plus brillantes. Ils m'offrirent la rédaction en chef du journal, avec de très beaux appointements ; tout le personnel des collaborateurs serait renouvelé au gré de mes désirs ; vingt mille francs du capital en caisse devaient servir à lancer de nouveau la feuille, et les cent mille francs restants devenaient ma propriété au bout d'un an de succès constaté. C'était là une prime on ne peut plus engageante. Au surplus, je ne contractais pas l'obligation de me consacrer exclusivement au *Petit Éclaireur ;* je pouvais continuer à diriger l'*Anti-Clérical* et à écrire des brochures et des volumes pour la librairie de la rue des Écoles.

J'acceptai, et le traité fut immédiatement signé. M. de L*** l'approuva et me remit les cent mille francs d'actions, représentant la moitié du capital du journal. Afin que ces actions pussent, au bout d'un an, être converties en espèces, il me fallait donc faire réussir la feuille à n'importe quel prix.

Je commençai par donner au journal un titre caractérisant sa ligne politique : *le Midi Républicain*. Puis, je partis pour Montpellier, emmenant trois de mes collaborateurs habituels.

L'un d'eux se chargea du feuilleton, qui devait être inédit et à grand scandale.

Ce fut ainsi que me vint l'idée d'utiliser les obscurs libelles recueillis en Suisse et calomniant la mémoire de Pie IX. C'est donc bien moi qui ai fourni la pensée, sinon la rédaction, de cet exécrable roman dont je rougis aujourd'hui d'écrire le titre.

La moralité étant la vertu souveraine d'un pape, il fallait donc représenter le pontife défunt comme un homme perdu de débauches. C'est pourquoi le roman diffamateur fut intitulé : *les Amours Secrètes de Pie IX*.

Mais ce n'était pas tout. Il s'agissait, pour donner plus de saveur à l'œuvre, d'inventer un curé Meslier quelconque. Nous créâmes donc de toutes pièces un imaginaire camérier secret du pape, à qui fut donné le nom de Carlo-Sébastiano Volpi, et le roman parut avec cette signature apocryphe. Même, j'écrivis une lettre du prétendu camérier, laquelle fut publiée en guise de préface et contribua à mieux duper le public. Ce fut là, du reste, toute ma collaboration. On le voit, si je ne suis pas l'auteur du roman, c'est bien moi qui dois en assumer la plus grande responsabilité, devant l'opinion publique si indignement trompée. Je n'ai aucune excuse : l'idée-mère est mienne, toute la boue des anecdotes menteuses, que l'auteur délaya en inventant à son tour des personnages et des aventures, a été ramassée et fournie par moi.

J'étais parvenu à mes fins. Le scandale du feuilleton attira l'attention sur le journal. Je soutenais sa vogue, avec mes autres collaborateurs, en publiant mille articles, tous remarquables par leur extrême violence. Un service télégraphique de premier ordre avait été organisé, d'autre part; le *Midi Républicain* prit rapidement place au milieu des journaux les mieux informés de la province. Au bout de quinze jours, son débit quotidien était de vingt-six à vingt-sept mille exemplaires.

L'apparition de cette feuille avait été saluée par deux des chefs de la démocratie française.

Paris, 20 avril 1881.

Je suis avec vous, chers confrères.

Je suis avec tous ceux qui tournent la jeunesse vers la lumière et la France vers la liberté.

Victor Hugo.

Louis Blanc m'avait adressé la lettre suivante :

Paris, 18 avril 1881.

Mon cher confrère,

J'apprends avec grand plaisir que vous allez fonder à Montpellier, sous le titre de *Midi Républicain*, un journal ayant pour but l'union des républicains contre le cléricalisme et l'étude des problèmes sociaux.

A une œuvre ainsi définie toutes mes sympathies sont acquises.

Courage !

Recevez l'assurance de mon dévouement fraternel.

Louis Blanc

Bref, le succès dépassa toutes les espérances des propriétaires du journal. Les imprimeurs étaient dans la jubilation ; le bailleur de fonds commençait à recouvrer les sommes que le *Petit Éclaireur* lui avait fait perdre.

Quant aux catholiques du Languedoc, je n'ai pas besoin de dire quelle fut leur indignation. Mais il est nécessaire que je rende hommage à leur conduite en cette circonstance : leur attitude fut des plus résolues. Les personnes pieuses de l'Hérault, notamment, bondirent sous l'outrage ; chacun se sentait atteint par ces insultes calomnieuses adressées à une mémoire vénérée. En moins de trois semaines, une protestation des dames du diocèse de Montpellier fut couverte de plus de deux mille signatures.

Au fond, MM. Firmin et Cabirou n'étaient que des commerçants ; ils ne s'occupaient que de la partie matérielle du journal. Aucune haine personnelle ne les animait contre l'Église.

Quand ils virent les protestations soulevées par le roman, ils me prièrent de le supprimer. La vogue était désormais acquise au *Midi Républicain*, que beaucoup appréciaient comme feuille de nouvelles et dont les articles ordinaires étaient goûtés.

J'ai le devoir de faire cette déclaration à la décharge des propriétaires du journal. Au moment où MM. Firmin et Cabirou et M. de L*** me demandèrent instamment de ne plus publier le feuilleton diffamatoire, ils obéissaient à la pression de l'opinion publique révoltée.

Quant à moi, j'étais aveugle. Ma rage contre la religion était telle que je préférai lui sacrifier mes intérêts. Pour ne pas déplaire à ces messieurs, j'interrompis le roman ; je le fis recommencer dans l'*Anti-Clérical*, où j'étais seul maître, et je donnai ma démission de rédacteur en chef du *Midi Républicain*.

En recevant, déchiré en quatre morceaux, le papier notarié qui m'assurait une prime de cent mille francs au bout de quelques mois, MM. Firmin et Cabirou furent plongés dans la plus profonde stupéfaction. Ils me savaient animé d'une fureur inouïe contre la papauté ; mais ils ne se doutaient pas que ce fût au point de me faire mettre le pied sur des avantages pécuniaires absolument exceptionnels.

Comme ma collaboration avait pour beaucoup contribué au succès du journal, ils me supplièrent de ne pas les abandonner ; ils me firent ressortir que le *Midi Républicain*, ayant sa vente désormais assise dans la région, était maintenant sûr d'un magnifique avenir ; ils me représentèrent combien il était possible de le rédiger sans tomber dans des excès ; ils employèrent, enfin, tous leurs efforts à me retenir. Je refusai de revenir sur ma décision, et je retournai pour toujours à Paris.

Ce fut vers le milieu de mai que le *Midi Républicain* interrompit le roman contre Pie IX. Deux mois et demi plus tard, le 30 juillet, MM. Firmin et Cabirou étaient assignés avec moi par le neveu du Souverain Pontife. Devant le tribunal, ils déclarèrent avoir seulement prêté leurs presses à la publication ; en affirmant cela, ils disaient la pure vérité. Le vrai coupable, en cette affaire, je le répète, ce fut moi.

Au surplus, j'utilisai, à mon tour, personnellement les pamphlets dont j'avais fait provision en Suisse. Après le roman, écrit par un ami sous le masque du prétendu camérier Volpi, je donnai au public trois volumes, intitulés *Pie IX devant l'Histoire;* dans cet ouvrage, je m'acharnai surtout contre le saint-père en tant que chef de la religion et homme politique ; les calomnies relatives à la question des mœurs étaient résumées en quelques pages.

On m'a souvent demandé de publier le nom de l'auteur des *Amours Secrètes de Pie IX.* Je me suis toujours refusé à le faire, cet auteur m'ayant prié, alors qu'il était mon ami, de ne jamais imprimer son nom. Maintenant, cet homme s'est déclaré mon ennemi :

ma conversion, ayant entraîné la fermeture de la Librairie Anti-Cléricale, l'a rendu furieux contre moi ; il ne me pardonne pas d'être indirectement cause de la suppression d'une maison qui, en quatre années, lui versa environ soixante mille francs. Mais cette animosité ne justifierait pas une indiscrétion qui, en somme, est sans aucune utilité. C'est l'œuvre elle-même qui est mauvaise ; c'est elle qui doit être désavouée : qu'importe aux honnêtes gens que tel ou tel en ait été le rédacteur ?

Du reste, dans le monde des lettres, on sait à quoi s'en tenir. Mon ancien complice, l'an dernier, se reconnut l'auteur du roman infâme devant un proche parent de M. Henri Fouquier, et *le XIXᵉ Siècle*, ne se croyant pas tenu à taire cette confidence, nomma l'écrivain, en donnant sur lui les plus minutieux renseignements.

Mais en voilà assez sur cette honte.

Je passe, sans transition, à une autre série de mensonges : après les calomnies écrites, j'en viens aux mensonges parlés.

Les sociétés de libre-pensée me demandaient souvent de venir donner dans leur ville une conférence publique ; ces manifestations mettaient en relief les groupes anti-cléricaux et leur fournissaient l'occasion de se livrer à une active propagande.

J'acceptais chaque fois que je le pouvais sans grand dérangement.

Mon sujet favori de déclamation irréligieuse était celui-ci : *les Crimes de l'Inquisition*. J'avais composé, sur ce thème, un long discours, qui s'allongeant ou se rétrécissant à volonté, durait de quarante-cinq minutes à deux heures, suivant les dispositions de l'auditoire.

J'avais mis à contribution tous les pamphlétaires protestants des deux derniers siècles, qui, on le sait, chargent l'Ordre de Saint Dominique de mille scélératesses impossibles.

Il est avéré, — pour ne citer qu'un fait, — que Galilée ne reçut jamais une chiquenaude. Néanmoins, de ce que sa fameuse découverte de la rotondité de la terre fut discutée, les ennemis de l'Église ont conclu que le savant avait été mis à la torture.

Avec quel empressement j'avais recueilli ce mensonge ! avec quel luxe de phrases indignées, je m'en faisais le colporteur !

Mais mon héros était Giordano Bruno, le moine apostat du seizième siècle.

J'avais dressé, d'après plusieurs dictionnaires encyclopédiques, la nomenclature de tous les procédés de torture employés par la barbarie du moyen âge, et je dépeignais le martyre de Bruno, en le donnant comme ayant subi, les uns après les autres, les divers tourments usités en ces temps arriérés. Je multipliai ainsi les descriptions ; l'assistance qui m'écoutait poussait des cris d'horreur. Il y avait de quoi : un seul des supplices, auquel, selon mon récit, avait été soumis Bruno, aurait suffi pour le tuer dix fois.

Je me gardais bien, au cours de ces narrations, où j'exagérais à plaisir, de dire que les quelques cruautés commises étaient le fait, non de la religion, mais de l'époque elle-même, et que les bourreaux du moyen âge étaient au service, non du pape ou des évêques, mais bien des magistrats ordinaires.

Si j'avais persévéré dans la voie où je m'étais engagé, je crois que j'aurais fini par faire de Cartouche un héros libre-penseur, victime des prêtres, et par dire que ce fut le clergé qui lui fit subir la question des brodequins et le supplice de la roue.

Qui sait ?... Peut-être un jour viendra où quelque conférencier anti-clérical, dépeignant les horreurs de la Jacquerie, affirmera, avec l'aplomb ordinaire, que les paysans socialistes du XIVᵉ siècle n'étaient autres que des capucins ivres de carnage et déchaînés sur la France. Et l'orateur, qui racontera l'histoire de ce chevalier du Beauvoisis dont on obligea la femme et les enfants à dévorer les chairs rôties et sanglantes, aura un auditoire pour l'applaudir, s'il a soin d'imputer cette atrocité républicaine à quelque prélat célèbre ou à quelque fondateur d'ordre religieux.

Dans une exhibition foraine, je vis, un jour, un montreur de curiosités, qui avait la spécialité des instruments de torture. Entre autres objets, il présentait au public une sorte de double griffe, qu'il avait achetée dans une ville du Nord et qui provenait, disait-il, de l'héritage d'un ancien bourreau. Cet horrible appareil servait, paraît-il, en ces temps barbares, à arracher les seins aux criminelles impudiques.

J'empruntai l'objet à l'artiste forain et je m'en fis fabriquer un pareil par mon serrurier.

A mes conférences, je mettais l'instrument en circulation dans la salle.

La première fois, je dis :

— Citoyennes et citoyens, cet appareil de supplice, nommé *araignée* ou *arrache-seins*, est semblable à celui dont le bourreau d'Abbeville se servit, sur l'ordre des prêtres, pour martyriser le jeune libre-penseur Lefebvre de La Barre.

L'araignée obtint un vrai succès d'horreur.

Enhardi par ce résultat, j'insinuai, la fois suivante, que l'instrument, acheté dans le département de la Somme, pouvait bien être celui-là même qui avait servi, etc.

A la troisième conférence, *l'araignée* était une relique de la libre-pensée.

Je ne sais ce que cet appareil est devenu. Peut-être a-t-il été recueilli par quelque groupe anti-clérical qui le conserve précieusement.

S'il en est ainsi, je m'empresse d'informer les intéressés que, d'abord, le jeune de La Barre n'a jamais eu les seins arrachés, — l'honneur de cette invention revient à un rédacteur du *Mot d'Ordre*, M. Edmond Lepelletier, — et qu'ensuite *l'araignée* en question a été confectionnée, il y a cinq ans, à Paris, par M. Mazet, serrurier, 6, rue de Bièvre, pour la somme de cinquante francs. J'ajoute que M. Mazet ignorait à quoi devait servir l'objet que je lui avais donné à fabriquer, et, s'il lit ce livre, il sera bien étonné d'apprendre que le chef-d'œuvre bizarre sorti de sa forge est devenu une relique anticléricale.

Tels sont les principaux mensonges auxquels j'ai pris une part des plus directes.

Je rappellerai encore, pour mémoire, quelques vieilles légendes imaginées par les pamphlétaires protestants et que j'ai rééditées, en leur donnant le piment d'une sauce nouvelle : la papesse Jeanne, l'affaire de Catherine Cadière, les calomnies imaginées contre Léon X, etc., etc.

Les livres d'études sacerdotales sur les cas de conscience me fournirent aussi matière à dénigrement. Ces ouvrages sont en latin ; il me fut, dès lors, facile d'en publier une traduction faite de mauvaise foi. Rien n'est plus simple, en pareil cas, que de torturer les textes, d'exagérer la pensée des théologiens, de heurter à dessein la pudeur du public en employant des expressions grossières que le lecteur attribue alors au clergé. Ainsi pourrait-on défigurer et rendre absolument abominable le premier traité de médecine venu. Et j'intitulai ces ordures : *les Livres Secrets des Séminaires.* Paul Bert m'avait donné l'exemple ; je le suivis joyeusement, heureux de troubler les âmes et de les perdre en les trompant.

C'est dans cet esprit que je fis plusieurs conférences sur *la Confession.* Mon parti pris était le dernier mot de l'exagération : tous les prêtres, selon moi, ne pouvaient être que des ministres indignes ; tous les apôtres étaient des Judas.

Et cependant, mieux que personne, j'aurais pu témoigner que le secret de la confession ne se trahissait pas. Mais j'oubliais, en ces heures de folie, mon confesseur de Saint-Louis, ce bon prêtre qui, me voyant faire une communion sacrilège, faillit mourir et n'ouvrit point la bouche pour révéler la cause mystérieuse de son mal.

Ah ! pourrai-je, je me le demande, réparer la multitude de mes forfaits ?

Un de mes mensonges se trouva, une fois, être une vérité.

J'avais eu l'impudence d'adresser au Souverain Pontife, notre Saint-Père Léon XIII, un de mes romans impies. Causant de cet envoi avec un de mes amis, j'eus l'idée de répandre le bruit que j'avais été excommunié ; mon ami n'avait pas plus tôt mis en circulation la fausse nouvelle qu'un journal catholique de Rome annonçait ma mise à l'index. La fausse nouvelle, publiée par bravade, devenait vraie.

Je pensai aussitôt à ridiculiser la papauté en servant au public une bulle d'excommunication apocryphe. Tous les journalistes républicains ont reproduit cette bulle en se moquant à qui mieux mieux du Vatican. Eh bien, il faut à présent en rabattre ; ce n'est pas du Vatican que venait ce document macaronique. Ouvrez, chers confrères, cet ouvrage de haute fantaisie qui s'appelle *Tristam Shandy*, par Sterne ; vous y trouverez tout au long mon excommunication au chapitre LXXVII. C'est tout comme si l'on servait au public, à titre de pièce authentique, une recette du baron de Crac.

Toutefois, je me hâte de dire que je ne crois pas mes confrères républicains assez ignorants pour n'avoir pas soupçonné la provenance de ma bulle. La plupart d'entre eux, certainement, en connaissaient l'origine. Mais ils trouvèrent le tour excellent et s'empressèrent de se rendre les complices de cette nouvelle supercherie. Un mensonge de plus ou de moins dans le parti dit de la vérité, est-ce que cela compte ?

Enfin, je terminerai mes aveux par le récit d'une série de contes bleus dont le clergé faisait les frais, comme toujours, mais pour laquelle je peux invoquer des circonstances atténuantes. Il s'agit d'une mystification.

Un journal de Paris, ultrà-socialiste, *la Bataille*, m'avait pris à partie, parce que je n'avais pas, lors d'un procès de révolutionnaires, montré une grande admiration pour certains accusés qui me semblaient exhaler une forte odeur de Préfecture de Police. *La Bataille* m'attaquait, en disant que je prêtais trop légèrement l'oreille aux calomnies débitées contre les collectivistes et que j'étais grandement coupable de ne pas contrôler les racontars de cette espèce.

Je m'offris alors le plaisir de mystifier le journal socialiste.

J'écrivis au directeur, M. Lissagaray, une lettre à peu près ainsi conçue :

Monsieur,

Je suis un des secrétaires particuliers de l'archevêque de Paris.

Pour des raisons que je ne puis vous faire connaître, je déteste cordialement mes supérieurs.

Voulez-vous me permettre de collaborer à votre estimable feuille ?

Je vous dévoilerai toutes les intrigues qui se nouent à l'archevêché, et je ne vous demanderai aucune rétribution

Si vous m'acceptez pour collaborateur, veuillez insérer un mot à votre petite correspondance.

Il est bien entendu que vous ne chercherez pas à découvrir qui je suis.

Signé : Jean-Pierre.

Le lendemain, je lisais dans la *Bataille* ces simples mots :

« *A M. Jean-Pierre.* Nous acceptons de grand cœur. »

Je commençai aussitôt mes chroniques. J'envoyai à la *Bataille* les extravagances les plus formidables ; elle inséra tout, sans sourciller.

Je racontai, entre autres belles choses, comme quoi Jules Ferry et Jules Simon étaient venus s'entendre secrètement avec Mgr Guibert pour assurer à Mgr Richard la succession du cardinal. C'était un conte à dormir debout. Il fit néanmoins le tour de la presse républicaine.

Une autre fois, j'expliquai comment les chanoines de Notre-Dame, se réunissant dans des souterrains, nettoyaient de vieux instruments de supplice et se disposaient à s'en servir, comptant sur une restauration très prochaine de la monarchie légitime.

Tous les renseignements que je donnais à la *Bataille* étaient de cette force-là. Et le journal les publiait ! D'autres feuilles parisiennes venaient à la rescousse. Il n'y eut que le *Temps* qui pensa et dit que les collaborateurs de M. Lissagaray avaient la berlue.

Ces chroniques insensées durèrent à peu près un mois. Dans les bureaux de l'*Anti-Clérical*, on se tordait de rire chaque fois que je mettais à la poste une lettre signée « Jean-Pierre ». On était sûr de la voir le lendemain dans la *Bataille*.

A la fin, je me lassai, Jean-Pierre cessa de dévoiler les intrigues de l'archevêché.

Cette aventure prouve avec quelle facilité on accueille dans la presse républicaine n'importe quelle calomnie, du moment qu'elle est dirigée contre le clergé.

On ne se doute pas de l'entente instinctive qui existe à cet effet entre écrivains libres-penseurs. Le moindre mensonge, allumé dans le coin du plus obscur journal, s'enflamme en un clin d'œil par toute la France; c'est comme une traînée de poudre qui prend feu.

Le jour où les journaux conservateurs se reproduiront avec le même ensemble et la même promptitude pour la défense des calomniés, les calomniateurs n'auront plus la partie si belle.

Quoi qu'il en soit, ayant pratiqué la théorie de Voltaire, je devais aujourd'hui avouer mes mensonges personnels, afin d'en atténuer l'effet, s'il en est temps encore.

Mais, après ces aveux, lorsque, dans la balance des responsabilités, le plateau de mes impostures est chargé si terriblement, que le public honnête me permette de jeter dans le plateau contraire une vérité à laquelle je fus toujours fidèle; c'est la seule bonne action que j'aie le droit de revendiquer, au milieu de toutes mes défaillances.

Il est un ordre de saintes filles qui m'imposa toujours le respect. On peut relire mes affreuses brochures et mes mauvais journaux; on n'y trouvera pas une seule attaque contre les Sœurs de Saint-Vincent-de-Paul. Pourquoi la vertu des Filles de la Charité m'obligea-t-elle à une secrète admiration? Je l'ignore;

je ne me l'explique pas, puisque j'étais alors en proie à une complète aberration de conscience. Le fait est que cette admiration intime me domina et fut plus forte que tous mes honteux instincts de libre-penseur forcené.

Puisse aujourd'hui mon sincère retour à la vérité me faire reconquérir l'estime des gens de bien !

Et que l'on ne me plaigne pas ! que l'on ne s'imagine pas qu'il m'en a coûté de faire cette confession publique !

Non ! je me sens, au contraire, soulagé d'un fardeau accablant, depuis que j'ai écrit si volontiers ces lignes.

Je suis heureux d'avoir brisé ma chaîne, et c'est moi qui plains mes anciens complices d'infamie, malheureux qui traînent encore le boulet de leurs impostures et n'ont pas le courage de s'en délivrer.

IX

LA PROPAGANDE DU MAL

ORGANISATION DE LA PROPAGANDE. — LA *LAN-TERNE*. — LA *PETITE RÉPUBLIQUE FRANÇAISE*. — DEUX BOURREAUX D'ENFANTS. — LES OUVRIERS DU MAL. — LES DÉFROQUÉS. — LES MYSTIFICATEURS. — LES EXALTÉS. — DÉSINTÉRESSEMENT. — LE PENSIONNAT ANTI-CLÉRICAL DE MONTREUIL-SOUS-BOIS.

Puisque j'ai été un des plus ardents à la diffusion du mal, j'ai le devoir de faire connaître l'organisation de cette propagande.

Dès le début de ma campagne contre la religion, j'avais pensé qu'il me fallait viser surtout à faire pénétrer mes écrits dans les petites villes et les villages.

Pour mettre ce projet à exécution, je résolus de me servir de l'intermédiaire des journaux les plus répandus de Paris et de la province, en leur donnant un fort intérêt dans l'entreprise.

J'allai trouver d'abord le directeur de la *Lanterne*, M. Eugène Mayer, et je lui fis la proposition suivante :

— Vous avez en province trois ou quatre cents correspondants, à qui vous expédiez chaque jour votre journal par quantités considérables d'exemplaires. En vertu des tarifs des chemins de fer, vous avez droit, pour chaque expédition, à un nombre fixe de kilogrammes, nombre que vous atteignez rarement. Eh bien, j'ai des brochures que vos marchands pourraient prendre en dépôt; pourquoi ne vous en serviriez-vous pas pour compléter le poids de vos paquets de journaux ? Vous les enverriez ainsi d'office à vos correspondants. Les marchands, au bout d'un certain temps, vous renverraient de la même manière celles qu'ils n'auraient pas vendues. Cette combinaison, supprimant pour tout le monde les frais de port, serait extrêmement avantageuse aux uns et aux autres.

M. Mayer accepta, et, dès lors, il vendit à ses correspondants non seulement son journal, mais encore les brochures de la Bibliothèque Anti-Cléricale. La librairie de la rue des Ecoles lui fournit ensuite, à son tour, des volumes, des livraisons, toutes les publications qu'elle éditait, et les expéditions de la *Lanterne* se transformèrent bientôt en véritables messageries.

De la sorte, l'administration du journal devenait « commissionnaire en librairie ».

Pour comprendre les avantages de la combinaison, il est bon que le lecteur soit mis au courant de certains détails du métier de libraire en province.

Le petit libraire de province ne s'adresse que très rarement d'une façon directe aux éditeurs de la capitale. La raison en est bien simple : en général, les éditeurs accordent à ces vendeurs de second ordre une remise très faible, 30 pour 100, souvent même 25 ou 20 seulement, attendu que l'importance de la remise est en rapport avec l'importance de la commande. Or, la vente de chacun de ces détaillants, en particulier, est des plus modestes. Aussi, si ces vendeurs s'adressaient directement à l'éditeur, les frais de transport de la marchandise dévoreraient le plus clair de leur bénéfice.

Ils ont donc intérêt à adresser leurs commandes diverses à un commissionnaire de Paris, lequel passe chez les différents éditeurs, achète tous les volumes dont son client a besoin et les lui expédie groupés, ce qui réduit les frais de port à une somme insignifiante.

D'autre part, comme le commissionnaire achète chez le même éditeur pour plusieurs clients de province à la fois, et comme les achats de ce genre se font au comptant, il obtient une remise plus forte que celle qui aurait été accordée à chaque client en particulier

Libraire de province et commissionnaire de Paris sont donc indispensables l'un à l'autre ; chacun trouve son bénéfice dans cette sorte d'alliance.

J'avais étudié avec soin la question, et ma combinaison perfectionnait encore le système de la commission ordinaire : elle supprimait complètement les frais de transport.

En outre, elle offrait deux avantages considérables aux petits libraires des départements : 1° étant en compte avec le journal, ils n'avaient plus à payer d'avance les volumes et brochures ; 2° ils ne couraient plus aucun risque, puisque le journal, entrepositaire central des publications de l'éditeur, leur reprenait la marchandise invendue, sauf à la rendre à son tour audit éditeur ou à la réexpédier sans frais à d'autres marchands.

Avec ce procédé de vente en grand, personne ne perdait ; tout était bénéfice pour chacun.

Les moindres merciers de village, papetiers, débitants de tabac, etc., qui avaient jusqu'alors tenu seulement les journaux à titre supplémentaire, s'improvisaient marchands de brochures, volumes et livraisons illustrées, comme les libraires du chef-lieu. Cette absence de risques et cet accroissement de gain les attachait chaque jour davantage à celui des journaux qui leur rendait de plus en plus lucratif le métier de détaillant.

De son côté, le journal se fortifiait par le zèle toujours croissant de ses dépositaires, et lui-même opérait une ample moisson de billets de banque. En effet, la remise qui était octroyée par la Librairie Anti-Cléricale à la *Lanterne*, pour sa vente générale à ses correspondants, était d'une importance jusqu'alors inconnue chez les éditeurs : 40 pour 100.

Enfin, l'éditeur obtenait un débit de publications qui eût été dix fois moindre sans cette combinaison.

La *Lanterne*, organe radical, ne fut pas le seul journal républicain qui trouva le système ingénieux et répandit ainsi à profusion mes œuvres et celles de mes complices. La *Petite République Française*, organe opportuniste, imita son exemple, et, à son tour, fut enchantée des résultats pécuniaires de l'opération.

Sur le terrain irréligieux, intransigeants et modérés sont d'accord.

Et puis, — faut-il le dire ? — le côté financier de cette spéculation avait bien son charme pour la *Lanterne* et la *Petite République*.

On ne se doute pas des bénéfices que la Librairie Anti-Cléricale leur rapporta.

La *Lanterne* gagna, de ce chef, jusqu'à 3,000 et 4,000 francs, nets, par mois, sans compter les gains particuliers revenant à ses vendeurs dépositaires. La *Petite République* gagna à peu près autant.

Mais ce ne fut pas tout.

La même combinaison fut adoptée par les journaux républicains de province les plus répandus. Les conservateurs se sont demandés souvent comment les publications de la librairie de la rue des Écoles arrivaient à pénétrer dans les moindres hameaux. Je leur révèle volontiers aujourd'hui le secret de cette propagande sans précédente.

Tel journal ayant son siège dans une ville de 50,000 habitants avait, avec l'éditeur de ces impiétés, un compte annuel de 30,000 à 35,000 francs.

Les organes des grandes villes réalisaient, par le fait de la Librairie Anti-Cléricale, des bénéfices prodigieux.

Aussi, quand la nouvelle de ma conversion éclata comme la foudre et porta un coup mortel à la maison d'édition, les malédictions de la presse républicaine de Paris et de la province formèrent un concert aussi unanime que bruyant. J'avais tué la poule aux œufs d'or. Les crimes de ce genre ne se pardonnent pas.

Parmi les feuilles qui m'attaquèrent, la *Lanterne* se fit remarquer par sa violence et son acharnement. Sa colère extrême fut en proportion exacte des écus que j'avais fait pleuvoir dans sa caisse.

Quant à la *Petite République*, son directeur, M. de Roussen, ne manqua pas de donner ordre à ses valets de plume de me traîner quelque peu dans la boue. Ces gens-là n'ont même pas la reconnaissance du porte-monnaie.

Cette mesquine rancune ne porta pas bonheur à M. de Roussen. Il avait acheté l'île de Porquerolles, et une partie des bénéfices que je lui ai procurés servit sans doute à cette acquisition. Un collaborateur, M. Quentin, devenu directeur de l'Assistance Publique, lui obtint l'envoi de nombreux enfants abandonnés pour la colonisation de son île. M. de Roussen fit de cette colonie un véritable bagne, où la torture fut appliquée à ces pauvres petits êtres, indignement exploités, à tel point que la justice eut l'obligation d'intervenir et d'enlever les intéressantes victimes à leurs odieux tourmenteurs.

Qui le croirait ? la directrice de cet enfer était une femme, Mme Lapeyrère. Cette dame, auteur de quelques romans anti-cléricaux publiés sous le nom de Pierre Ninous, avait paru aimable au directeur de la *Petite République*, qui se montra galant avec elle et lui commanda des feuilletons. Elle rompit avec son mari et devint madame de Roussen, à la mode républicaine. C'est ce couple délicat qui a commis les méfaits honteux, que la presse entière, sans acception de parti, a stigmatisés en les appelant : « les scandales de Porquerolles. »

Mme Lapeyrère, — ou Mme de Roussen, comme on voudra, — disait naguère à qui voulait l'entendre que, pour être sûre d'écrire des romans attrayants, elle avait soin d'étudier ses sujets sur le vif. En vertu de ce principe, il y a donc lieu de croire que, si elle a secondé M. de Roussen dans son œuvre de torture à Porquerolles, c'est qu'elle avait en vue un nouveau roman qui paraîtra prochainement peut-être. Son titre est tout indiqué : *les Bourreaux d'Enfants*.

Je m'en voudrais d'insister davantage sur ce côté matériel de la propagande du mal. Il était cependant nécessaire de fournir des chiffres et de donner certains détails. Il serait à souhaiter que la presse conservatrice sût s'organiser de même pour la propagande du bien. Aujourd'hui, dans le camp libre-penseur, l'organisation que je viens de faire connaître est générale. Mais, hélas ! il a été dit que les enfants de ténèbres sont plus habiles que les enfants de lumière.

Ah ! qui secouera la torpeur des catholiques ? Si le peuple est saturé de publications malsaines, c'est parce que les corrupteurs savent déployer une activité étonnante dans toutes leurs entreprises. Les conservateurs se reposent trop sur la bonté de leur cause. Ils oublient le vieux proverbe : « Aide-toi, le ciel t'aidera. »

Je terminerai par quelques mots sur les ouvriers de la besogne impie.

Ils peuvent être répartis entre trois classes : les anciens prêtres, aigris par les mécomptes de leur apostasie; les mystificateurs sceptiques, pour qui le blasphème est un amusement et qui se font un jeu d'inventer les contes les plus invraisemblables; les exaltés, qui se montent la tête et finissent par croire de bonne foi aux fantaisies de leur propre imagination.

Les « défroqués », — on appelle ainsi les anciens prêtres dans le monde républicain, — se distinguent par une sorte d'ardeur de convention; ils sont, pour ainsi dire, résignés à faire profession de violence. Quiconque les fréquente se rend facilement compte de leurs luttes intérieures. J'en ai connu quelques-uns, de ces déclassés du sacerdoce. J'ai été le confident de leurs souffrances et de leurs amertumes. Ils sont beaucoup à plaindre.

Les fidèles, instinctivement, les repoussent, et les impies ne les accueillent pas.

Ils sont les plus malheureux des hommes.

Si, au lieu d'être le dernier des indignes,

j'étais un Vincent de Paul, je créerais une œuvre pour faciliter le retour de ces infortunés coupables. La tâche serait plus facile qu'on ne croit ; on ne s'imagine pas ce que les « défroqués » éprouvent de déceptions dans leur existence sans but. Je suis convaincu que, si la question était sérieusement étudiée, on les ramènerait presque tous. Au surplus, ils ne sont pas nombreux.

Les mystificateurs, eux, se comptent par centaines. Notre siècle est rongé par la lèpre du scepticisme. On ment par plaisir, et l'on appelle cela : « être drôle ».

C'est en se moquant du public pour lequel ils écrivaient, que mes collaborateurs travaillaient à ces mystifications effrontées qui étaient intitulées : *le Secret de Tropmann, Marat ou les Héros de la Révolution, les Amours secrètes de Pie IX, Histoire scandaleuse des d'Orléans*, etc.

— Qu'allons-nous donc raconter au bon peuple dans notre prochaine livraison ? se demandait-on quotidiennement.

Et l'on imaginait les aventures les plus extraordinaires.

Le « Secret de Tropmann », c'était que Napoléon III lui-même avait coopéré à l'assassinat de la famille Kinck dans le champ Langlois, à Pantin. Ce crime cachait de terribles mystères politiques, et Tropmann, sacrifié pour la forme, n'avait pas été guillotiné.

Toutes les idées saugrenues étaient accueillies par de joyeux éclats de gaîté, du moment qu'il s'agissait de mystifier le naïf lecteur.

J'ai assisté à des enfantements de « romans historiques », dont les auteurs se tenaient les côtes, quand ils rédigeaient le « canevas ».

Lorsqu'on traça le plan de *Marat ou les Héros de la Révolution,* nous portâmes, mon collaborateur et moi, de vrais défis à la crédulité publique. Nous en arrivâmes à présenter Marat comme le père de Théroigne de Méricourt.

L'*Histoire scandaleuse des d'Orléans*, à laquelle je fus étranger, mais dont j'ai suivi tous les incidents de fabrication, est le comble de la mystification extravagante.

L'idée première de cette élucubration ultra-fantaisiste est d'un de mes amis et confrères de ce temps-là, aujourd'hui député de Paris. Le principal rédacteur est un vaudevilliste en vogue sur les théâtres du boulevard.

On se tordait littéralement, à force de rire, lorsqu'on imaginait quelque bouffonne impossibilité, et l'on se demandait comment on pourrait la faire prendre au sérieux par le vulgaire.

C'est ainsi que la famille d'Orléans fut chargée des crimes les plus atroces, à la grande joie des auteurs, qui, constatant l'engouement du public pour leur œuvre, disaient en riant :

— Allons ! la bêtise humaine n'a pas de limites !

Mais, à côté de ces virtuoses de la mystification, il y a, — qu'on me permette d'accoupler deux mots qui jureront de se trouver ensemble, — il y a, dis-je, les « menteurs sincères ».

Eh ! oui, j'en ai connu, de ces étranges auteurs qui finissent par se convaincre de la vérité de leurs propres inventions. Ceux-là sont des exaltés du plus haut degré. C'est avec une gravité étonnante qu'ils affirment les faits les plus insensés, lesquels n'ont jamais existé que dans leur cervelle ; mais ils ne les croient pas moins vrais, ils en sont sûrs, et cela de très bonne foi.

Ces exaltés méritent d'être classés à part. Ce sont, en général, des hommes ayant beaucoup souffert dans les combats de la vie ; chez eux, le moral est affecté. On se les imagine méchants; pas du tout, ils sont les meilleures gens du monde, d'une bonté excessive dans les relations privées, sensibles à la moindre prévenance, à la moindre marque d'amitié.

Un de ces égarés de la politique écrivait des livraisons pour la Librairie Anti-Cléricale. Il avait joué un rôle sous la Commune, et ses opinions violentes avaient eu sans doute pour cause la misère : mais, d'une probité extrême, il ne fut pas de ceux à qui l'insurrection donna la fortune. Il est toujours demeuré pauvre.

A la rue des Ecoles, il venait me voir souvent et me soumettait son manuscrit.

Certain jour, il avait, dans un de ses « romans historiques », mis en scène le prince Napoléon Bonaparte, quelque temps avant le coup d'état. Il représentait le président conspirant contre la République, tout en menant joyeuse vie.

Un passage de sa narration était, à peu près, ainsi conçu :

« ... Et, ce soir-là, le prince-président, pour faire trêve aux soucis de la politique, s'en fut souper chez Céline Montaland. »

— Etes-vous bien sûr de ce que vous avancez? demandai-je à l'auteur.

— Parfaitement.

— Cependant, il me semble qu'en 1851 Céline Montaland était bien jeune pour recevoir Louis-Napoléon à souper chez elle.

Nous ouvrîmes le *Dictionnaire des Contemporains*. Céline Montaland y figurait avec sa date de naissance : août 1843. En 1851, elle avait donc huit ans.

Sans sourciller, mon homme prit une plume, biffa sur son manuscrit le nom de l'actrice et le remplaça incontinent par celui d'une autre, plus âgée de dix ans : Suzanne Lagier.

Quelques jours après, je demandai en plaisantant à l'auteur :

— Eh bien, et Suzanne Lagier ? dîne-t-elle souvent avec le prince Napoléon-Bonaparte, dans votre roman ?

Il me regarda, très étonné.

— Vous me dites cela d'un drôle d'air, fit-il. Est-ce que vous douteriez, par hasard, des rapports intimes qui existaient entre Suzanne Lagier et le prince, à l'époque du coup d'état ? Mais, mon cher monsieur, rien n'est pourtant plus authentique ! C'est le cri public, et, quant à moi, j'en suis absolument sûr.

Je n'insistai pas. Mon homme s'était habitué à sa trouvaille, et, maintenant, il était convaincu.

Toutefois, il est bon de dire que les tempéraments de ce genre sont assez rares.

Mes collaborateurs furent, en grande majorité, de profonds sceptiques.

Cette propagande du mal n'est pas, pour tous ceux qui s'y livrent, une source de bénéfices. Pour ma part, si j'ai combattu la religion, ce fut toujours avec un entier désintéressement.

Les sociétés de libre-pensée savent que je ne prélevais jamais un centime sur la recette de mes conférences, tandis que la plupart de nos orateurs anti-cléricaux font bel et bien argent de leur éloquence. Souvent même, pour aller discourir au profit d'une œuvre laïque, je me suis rendu dans des villes à 500 et 800 kilomètres de Paris, sans me faire rembourser mes frais de voyage.

Cette manière d'agir ne contribua pas peu à me susciter des ennemis parmi les gens en vedette dans le parti libre-penseur. Aussi, répétaient-ils partout que je n'avais aucun mérite à me conduire de la sorte et que, ayant gagné des sommes folles, j'étais à la tête de 25 ou 30,000 francs de rente

Rien n'était plus faux. Je n'ai jamais possédé un sou vaillant. Les bénéfices de la Librairie Anti-Cléricale eux-mêmes, — très considérables, il est vrai, — s'accumulèrent dans les magasins sous forme de marchandises, clichés, etc. L'argent liquide n'a jamais servi qu'à enrichir ceux qui, aujourd'hui, déblatèrent le plus violemment contre moi ; la caisse de cette maison d'édition fut toujours à la disposition des œuvres de propagande, et tels qui m'injurient puisèrent maintes fois dans ma bourse personnelle.

Un journal, par exemple, qui devrait avoir la pudeur de ne pas m'insulter, c'est la *France*. Lorsque son rédacteur en chef, M. Camille Farcy, posa sa candidature radicale dans le Ve arrondissement, la librairie de la rue des Ecoles participa aux frais de l'élection pour 2.000 fr. environ. Le secrétaire de la rédaction profita même de l'occasion pour m'emprunter, à moi personnellement, 400 fr. qu'il me doit encore. On sait cela, à la *France*, et ce journal est un de ceux qui, en toute circonstance, me jettent de la boue.

Et cet exemple n'est pas unique. Ils s'appellent légion, ceux qui, parmi les politiciens du parti républicain, furent nos obligés.

Il me répugne d'entrer dans de pareilles explications; et cependant, il faut bien que ces choses se sachent, non pour moi, qui en suis marri, mais pour faire connaître mes détracteurs.

Du reste, je n'ai pas la prétention d'être seul à avoir fait acte de désintéressement dans la lutte entreprise contre la religion.

Aujourd'hui que mes yeux sont ouverts, j'ai le devoir de dire aux catholiques :

— Si beaucoup vous combattent par intérêt personnel, il en est quelques-uns qui sont anti-cléricaux avec abnégation. Il faut beaucoup prier pour ces égarés que ne meut aucun instinct cupide. Le Christ nous a ordonné d'aimer nos ennemis. Eh bien, voilà les premiers qu'il faut aimer.

Il n'est personne, en France, qui n'ait entendu parler de ce pensionnat de Montreuil-sous-Bois, aux portes de Paris, où l'athéisme est enseigné aux jeunes filles.

Je vais étonner nombre de mes lecteurs, en leur apprenant que la directrice de cet établissement est le dévouement incarné. Je ne connais guère de personnes qui aient aussi bon cœur. C'est par pur aveuglement que cette dame se livre à sa propagande irréligieuse. Si Dieu lui faisait la grâce de l'éclairer, elle marcherait de pair avec nos admirables sœurs de charité.

C'est un véritable malheur que cette personne, si bien douée, emploie ses qualités à une œuvre impie entre toutes. Je la recommande instamment aux prières des âmes ferventes.

Luttons contre le mal, mais en priant avec ardeur pour nos adversaires. C'est à force de prières que nous triompherons de la propagande anti-cléricale ; ce sont nos supplications qui feront jaillir du ciel sur nos ennemis la lumière de la vérité.

X

GARIBALDI

Son amitié. — Le général Canzio. — La commémoration du Cirque d'Hiver. — Hypocrisie de nos sénateurs et députés républicains. — Le Conseil municipal de Paris et l'épée de La Tour d'Auvergne. — Zorilla. — Garibaldi dans la vie privée et dans ses relations avec les hommes de son parti. — La vérité sur le désintéressement de Garibaldi pendant la guerre de 1870-71. — Le mauvais génie du général. — Dossier complet et authentique de Bordone. — Un témoignage écrasant. — La franc-maçonnerie imposant Bordone aux républicains.

J'ai raconté comment Garibaldi, en 1870, venant de Caprera, débarqua à Marseille.

Le vieux patriote italien garda toujours un

souvenir ému de la réception enthousiaste qui lui avait été faite par ma ville natale ; il aimait à se rappeler, notamment, notre jeune Légion Urbaine qui lui avait servi d'escorte depuis le port de la Joliette jusqu'à l'Hôtel de la Préfecture. Et, comme j'avais été, avec le fils d'Esquiros, un des organisateurs de cette Légion, son souvenir se reportait souvent sur moi.

Il avait été frappé de ma jeunesse et de ma précocité. Il s'intéressa à mes luttes de journaliste, à mes souffrances de proscrit. Bref, il me prit en amitié.

Cette amitié, je la lui rendais au centuple. Pour moi, Garibaldi était au-dessus de tous les autres hommes. Je l'aimais comme un fils aime sa mère, comme un croyant aime son dieu. J'étais à lui de tout cœur.

Et voyez combien est grande la puissance de l'affection. Maintenant encore, la mémoire de Garibaldi m'est chère ; son amitié me demeure à jamais précieuse. J'oublie le personnage politique pour ne plus songer qu'à l'homme privé. Je vois en lui deux individus : l'ennemi de la papauté, sur lequel je pleure, ayant partagé ses erreurs ; et le père de famille, au cœur d'or, à l'âme pleine de tendresse, pour lequel mon affection est indestructible.

En effet, Garibaldi se montra à moi sous ces deux aspects : il me confia quelquefois ses projets anti-cléricaux, et d'autres fois encore, il m'initia à ses joies les plus intimes. De mon côté, je le tenais au courant des mille incidents de ma campagne irréligieuse, et il connaissait aussi les petits bonheurs de mon foyer.

Lorsque, quelques années avant sa mort, il épousa Francesca Armosino, il n'envoya à Paris que deux télégrammes, pour annoncer à des amis ce mariage dont il se réjouissait fort et qu'il célébrait sans bruit dans son île déserte. Un pêcheur de Caprera traversa dans une barque le bras de mer qui sépare l'îlot de la Sardaigne et remit les deux dépêches au bureau télégraphique du petit port de la Maddalena. L'une de ces dépêches était adressée à M. Auguste Vacquerie ; j'étais le destinataire de l'autre.

Garibaldi me disait :

« J'épouse aujourd'hui Francesca Armosino. Pensez à nous, et buvez à notre bonheur le bon vin de l'amitié. »

Quand je songe à cette affection que me

témoigna le général libre-penseur, je ne puis m'empêcher de la comparer à celle qui unit, il y a cent ans, Voltaire et La Harpe, et qui survécut à la conversion de ce dernier.

L'histoire de La Harpe est un peu la mienne, avec cette différence que son erreur dura quarante ans ; mais aussi, la secousse qui le rejeta hors de l'abîme fut plus violente que celle éprouvée par moi. Républicain ardent, impie forcené, il fut abreuvé d'outrages par les démocrates irréligieux, ses complices des jours d'égarement. J'ai été, pour ma part, en butte aux plus infâmes attaques des miens, sans avoir bu cependant autant que La Harpe la lie des amertumes. On sait que le disciple préféré de Voltaire retrouva la foi dans la prison du Luxembourg, où il avait été jeté par ses amis révolutionnaires, pendant la Terreur. Il lui fallut la persécution poussée à ses dernières limites pour comprendre que, pendant quarante années, il s'était fourvoyé dans le parti des haines les plus atroces, parmi des hommes pires que les loups ; car les loups, dit le proverbe, ne se dévorent pas entre eux.

Et La Harpe, éclairé, n'en demeura pas moins fidèle à ses vieilles affections. « Il resta constamment l'admirateur du génie et l'ami de la personne de Voltaire, après même que sa conversion, en lui inspirant de nouvelles idées, dut lui faire apprécier à leur juste valeur les ouvrages sortis de la plume féconde de cet homme célèbre et condamner sans pitié le déplorable abus qu'il avait fait de sa facilité contre la religion et les mœurs » (1).

En ces temps horribles où les républicains, ivres de sang, se guillotinaient les uns les autres, et où Voltaire, s'il avait vécu, eût été envoyé à l'échafaud par Robespierre et Fouquier-Tinville, le converti La Harpe fut un des rares amis qui, ne voulant voir que l'homme privé, défendirent la mémoire du philosophe de Ferney.

Quant à moi, bien avant d'ouvrir les yeux à la lumière, j'ai constaté mille fois combien sont peu nombreux les hommes politiques du parti républicain français qui aiment sincèrement Garibaldi. A part quelques exceptions, tous les personnages notables de mon ancien camp ne professaient aucune admiration réelle pour l'hôte de Caprera. Que de farceurs j'ai vus, dont l'unique souci était de

---

(1) Préface du *Psautier*, de La Harpe, édition de Périsse rères, libraires, à Paris.

parader et à qui le nom de Garibaldi servait seulement à attirer la foule !

Un an après la mort du général, Canzio, son gendre, vint, à Paris, remettre, au nom de la famille, au Conseil Municipal, l'épée d'honneur de La Tour d'Auvergne, qui était devenue la propriété du vieux patriote italien. A cette occasion, une solennité commémorative fut organisée, au Cirque d'Hiver, pour célébrer Garibaldi.

Eh bien, — je puis le dire aujourd'hui, — si cette cérémonie obtint un grand succès, ce ne fut pas au concours de nos sénateurs et députés républicains qu'elle le dut. Les organisateurs se heurtèrent de toutes parts à une hostilité sourde, à une mauvaise volonté générale, dont il est impossible de se faire une idée. Je ne connais que MM. Delattre et de Douville-Maillefeu qui aient montré, en cette occasion, que la mémoire de Garibaldi leur était vraiment sympathique.

Bien entendu, on n'eut garde de révéler au public cet assaut d'hypocrites malveillances. Il ne fallait pas démonétiser, aux yeux du peuple, ces élus que le suffrage universel croit sincères.

Le succès de la fête fut l'œuvre de la population parisienne seule. Jamais je n'oublierai la triste figure de ces députés et sénateurs de la gauche, qui allaient et venaient, fiévreux et crispés, cachant dans les écuries du Cirque leur colère et leur dépit; car ils enrageaient littéralement de voir une aussi immense multitude acclamer un nom qui n'était pas le leur; ils étaient furieux de ne pouvoir se dérober, vexés d'être obligés de monter sur l'estrade. Lockroy, les lèvres blêmes et pincées, présentait, avec un terrible ennui, ses compliments « aux frères italiens »; Clémenceau tortillait sa moustache et passait par toutes les couleurs de l'arc-en-ciel. Tous grinçaient des dents à l'unisson.

Là-haut, dans les stalles et les tribunes, le bon peuple, peu au courant des petits mystères des coulisses, s'imaginait que ses représentants débordaient de joie.

Au Conseil Municipal, ce fut une bien autre affaire. Les conseillers délibérèrent en secret pour savoir s'ils ne devaient pas refuser l'épée de La Tour d'Auvergne que le général Canzio-Garibaldi apportait, au nom de sa famille, à la capitale de la France.

Pour lasser le gendre du héros républicain, et comme on pensait qu'il ne pouvait demeurer indéfiniment à Paris, on remettait de jour en jour, sans dire ni oui ni non, la séance où le Conseil devait recevoir le glaive d'honneur.

Et il s'agissait d'une arme légendaire, d'une relique nationale, de l'épée décernée par le gouvernement de la Révolution à celui que nos aïeux de 1792 appelaient « le premier grenadier de la République ».

L'énergie de Canzio, — je n'ai pas le droit d'en dire davantage, — triompha de toutes les perfidies. Nos édiles se décidèrent enfin, sous la pression de quelques journaux d'avant-garde, à recevoir l'épée de La Tour d'Auvergne et de Garibaldi.

Pendant son séjour à Paris, le général Canzio voulut bien demeurer chez moi. Il sait avec quelle affection profonde pour l'homme de Caprera je mis sous pieds toutes les haines républicaines qui m'assaillaient alors, et à quel point, tout en me dévouant à l'œuvre commune, je m'effaçai pour ne fournir aucun prétexte aux ennemis cachés de la commémoration garibaldienne.

Ce fut dans ces circonstances que je fis la connaissance de Ruiz Zorilla, le célèbre agitateur espagnol. Il est peut-être utile que je dise un mot de lui en passant.

Le chef des radicaux ultra-pyrénéens est un homme de haute stature, taillé comme un hercule. Tout en lui respire l'audace, mais aussi une violente ambition.

Il se croit appelé à jouer encore un rôle important dans son pays.

Nous causâmes longuement, un jour qu'il vint rendre visite à Canzio. De notre conversation j'ai gardé la conviction que Zorilla est un républicain d'une espèce toute particulière, et, si mes amis de ce temps-là avaient pu l'entendre s'exprimer comme il le fit avec le sans-gêne du tête-à-tête, je crois que beaucoup auraient cessé de voir en lui un Bayard de la démocratie espagnole.

Comme l'exposé de son plan de campagne m'avait grandement surpris, je ne pus m'empêcher de lui dire, pour clore notre entretien :

— Mais enfin, citoyen Zorilla, quel est le résumé de votre programme particulier en politique?

Zorilla eut une expression de physionomie qui ne peut se dépeindre et me répondit :

— Révolutionnaire devant les conservateurs, et conservateur devant les révolutionnaires!

Je rapporte d'une façon textuelle cette déclaration de principes, et je me borne à la qualifier de bizarre. Si je ne l'avais entendue de mes propres oreilles, je ne croirais pas qu'un homme politique eût jamais pu la formuler.

Mais je reviens à Garibaldi. Ce n'est certes pas lui qui avait de semblables maximes à son service. La papauté a le droit de considérer le chef des Mille comme un ennemi acharné ; mais s'il est un reproche que l'histoire n'adressera jamais au général italien, c'est celui d'avoir été un homme à double face.

De l'anti-clérical, je ne veux rien dire. Il ne m'appartient pas de parler de Garibaldi à ce point de vue, et, du reste, ses actes publics sont connus de tout le monde. Ce livre est un *meâ culpâ* personnel. Je pleure sur moi et sur tous ceux qui ont partagé mon égarement ; mais ce n'est pas à moi à me faire l'accusateur des fautes des autres, et surtout l'accusateur de celui que j'ai le plus vivement affectionné.

N'est-il pas plus naturel, au contraire, que je plaide pour lui les circonstances atténuantes ?

Dans la vie privée, Garibaldi fut le meilleur des hommes : il était sensible à toutes les belles actions; les larmes lui venaient aux yeux, quand on lui racontait une misère d'enfant; son cœur d'époux et de père était un trésor inépuisable de bonté.

Dans ses relations avec ses coreligionnaires, il incarnait la fraternité. Je ne comprends pas comment il a pu vivre et mourir dans un parti où la haine la plus sauvage existe à l'état latent. Cet esprit de fraternité envers les siens, Garibaldi le poussait à l'exagération; aussi, a-t-il été souvent dupé par des indignes. Quand il entendait un républicain dire du mal d'un autre républicain, il prenait immédiatement fait et cause pour le dénigré. La calomnie le laissait tout à fait indifférent. Lorsqu'il était trompé par un misérable, ses meilleurs amis, ses fils même ne pouvaient réussir à lui ouvrir les yeux : le trompeur était un républicain; donc, il était sacré.

Dans la vie politique, Garibaldi fut un exalté. Mais il faut lui rendre cette justice : il personnifia le désintéressement.

A ce propos, j'ai le devoir de faire une révélation qui étonnera sans doute aussi bien les catholiques que les libres-penseurs, mais qui ne sera pas démentie :

Chez les républicains, on est convaincu que Garibaldi, ses fils et son gendre, en 1870, apportèrent à la France leur concours le plus gratuit, et qu'ils se battirent contre l'armée prussienne dans l'Est, sans que le gouvernement de la Défense Nationale ait payé un centime pour leur solde, pendant toute la durée de leur campagne.

Chez les conservateurs, au contraire, on pense que ces chefs des volontaires italiens en ont imposé au peuple, que leur générosité était une feinte et que leur solde était bel et bien payée par l'Etat français.

Qui a raison ? — Personne.

Les uns et les autres se trompent en partie. De ces deux opinions opposées, l'une et l'autre peuvent se soutenir ; il y a du vrai dans chacune, mais aussi chacune contient une erreur.

La vérité, la voici :

Garibaldi, ses fils, son gendre, et même quelques officiers italiens de leur entourage intime, ont fait la campagne de l'Est avec le désintéressement le plus absolu ; ils n'ont pas touché un centime de leur solde. Mais... cette solde n'en a pas moins été payée par l'Etat français et encaissée, au nom de Garibaldi, par quelqu'un qui se l'est attribuée.

Ce quelqu'un, bon démocrate, existe et est rédacteur à la *République Française*.

Garibaldi avait en ce personnage une confiance illimitée. La découverte, très tardive, du pot-aux-roses le désabusa; mais sa trop grande bonté pour les siens l'empêcha d'exécuter le coupable.

Quand il toucha du doigt l'infamie du gredin, il était, au surplus, trop tard.

C'était longtemps après la guerre. L'hôte de Caprera venait d'être élu député de Rome. Une sorte de réconciliation eut lieu entre le fils de Victor-Emmanuel et lui. Garibaldi assista à plusieurs réceptions de la haute société officielle d'Italie.

A l'une de ces soirées, on parla de l'incident fameux de l'assemblée de Bordeaux et du désintéressement du patriote italien mal récompensé par les Français. Un de nos diplomates, présent à la conversation, releva l'accusation d'ingratitude prononcée contre notre pays et eut un mot très vif.

— Je rends justice, dit-il, à Garibaldi; il est venu à nous en ami. Mais il faut en finir avec une partie de la légende; s'il est venu en ami, il a été payé en général.

Garibaldi bondit hors de son fauteuil. On échangea des explications. Et, comme il se refusait à reconnaître que sa solde avait été versée par le gouvernement de la Défense Nationale, on lui certifia, quelques jours après, les pièces justificatives.

Le misérable, qui avait ainsi abusé de sa confiance, qui avait touché et signé pour lui, était un de ses plus intimes amis, un homme pour lequel il s'était à plusieurs reprises brouillé avec ses fils et avec toute sa famille.

C'était... le chef d'état-major Bordone.

Si un homme a eu une influence funeste sur Garibaldi, c'est bien ce Bordone, et c'est à lui que revient la responsabilité de tous les méfaits attribués au général, pendant la campagne.

Quel est Bordone? — Le pauvre peuple l'ignore. Les républicains et les libres-penseurs ne voient en lui qu'un anti-clérical. Je vais les édifier.

Et d'abord, le gouvernement de la Défense Nationale savait à quoi s'en tenir sur l'individu.

Ici, je suis obligé de mettre en cause quelques personnalités qui ont un rang dans la République ; mais, comme la plupart existent, leur silence, — car toute négation est impossible, — sera éloquent.

Bordone était un pharmacien d'Avignon. Je dirai tout à l'heure pourquoi il se lia avec Garibaldi. En 1870, il se fit donner, par la Ligue du Midi, la mission d'aller chercher à Caprera le vieux général italien.

Le gouvernement de Tours nomma Bordone colonel d'état-major. Gambetta, cependant, fut opposé à cette nomination. Le 15 novembre, il confiait les fonctions de chef d'état-major du corps de Garibaldi au colonel Frappoli, un italien.

Voici l'ordre de Gambetta, dont il ne fut pas tenu compte, tant était grande alors la confusion des pouvoirs :

Tours, le 15 novembre 1870.

Le membre du gouvernement de la Défense Nationale, ministre de l'intérieur et de la guerre, confirme itérativement M. le colonel Frappoli dans les fonctions de chef d'état-major du général Garibaldi, qui avaient été déterminées par décision du gouvernement.

C'est à lui seul que je reconnais ce titre et les pouvoirs qu'il comporte.

Il ira donc prendre immédiatement ce poste auprès

du général Garibaldi et procèdera à l'élimination du sieur Bordone dont les antécédents judiciaires et la conduite ne sauraient se concilier avec le caractère de représentant du gouvernement français.

Signé : Léon Gambetta.

M. Frappoli a conservé l'ordre ci-dessus et j'ai pu en avoir une copie authentique.

Quels étaient donc les antécédents judiciaires de Bordone, dont parlait Gambetta ?

Le pharmacien d'Avignon n'ayant pas voulu se laisser éliminer, le gouvernement tint à se renseigner à la source la plus directe. Le ministre de la justice écrivit au procureur de la République d'Avignon, pour lui demander le casier judiciaire de Bordone. Voici la dépêche du procureur au gouvernement :

Avignon, 23 novembre 1870.
(N° 5357, dép. chiffrée.)

Procureur de la République Avignon à Ministre Justice, Tours.

Copie du casier judiciaire de Bordone :

« 2 juillet 1858, tribunal correctionnel de Lachâtre; détournement d'objets saisis; 50 fr. d'amende.

« 24 juillet 1860, cour de Paris; escroquerie; 2 mois de prison 50 fr. d'amende. »

Nous verrons plus loin que le casier judiciaire de Bordone, transmis au Ministère de la Justice par le procureur d'Avignon, était incomplet.

Mais Bordone se moquait bien de sa destitution, si officielle qu'elle pût être.

Il avait des motifs pour rester auprès de Garibaldi, et il resta quand même, malgré le ministre, malgré la famille et les amis du général.

Il créa et entretint le désordre pour discréditer les volontaires italiens et nuire à la défense.

Dépêche à l'appui :

Lyon, 5 décembre 1870.

Préfet du Rhône à Ministre Intérieur et Guerre, Tours.

La conduite de Bordone à Autun est l'objet des plaintes de tous, une cause de découragement, un péril très grave. Elle mérite un conseil de guerre. Vous devez en savoir plus que moi ; mais ce que je sais m'oblige à dire que le maintien d'un tel chef d'état-major est un scandale. Garibaldi est aveugle ; vous ne pouvez pas l'être. N'y a-t-il pas moyen d'éloigner Bordone sans blesser Garibaldi ? En tout cas, tout doit céder à l'intérêt du salut public.

Signé : CHALLEMEL-LACOUR

Autre dépêche concernant Bordone :

Chaumont, 4 décembre 1870.

Préfet Haute-Marne à Directeur Sûreté Générale Tours.

Vous savez que Gambetta m'a chargé d'exprimer au général Garibaldi qu'il le verrait avec plaisir se priver du concours du colonel Bordone. D'un autre côté, vous avez annoncé devant moi que vous aviez la certitude de l'existence d'une condamnation attachant un caractère infamant à la personne du colonel Bordone. Le général Garibaldi, soucieux de déférer au désir de Gambetta, me charge de vous exprimer qu'il a besoin, avant de se priver du concours d'un homme utile, d'avoir la preuve de cette condamnation et l'assurance qu'elle n'a pas été annulée par une décision judiciaire d'un ordre supérieur. Il attend votre réponse pour prendre résolution.

Signé : SPULLER (1).

A Tours, on était à peu près fixé sur la valeur morale de Bordone ; on connaissait, du moins, une partie de son casier judiciaire.

Le gouvernement communiqua-t-il à Garibaldi ses renseignements ? Je l'ignore. Toujours est-il qu'à ce moment un républicain français, nommé Gauckler, improvisé colonel,

---

(1) C'est le frère de M. Eugène Spuller, *l'alter ego* de Gambetta; et c'est à M. Ranc qu'il télégraphie.

intervint en faveur de Bordone, et la Défense Nationale se résigna à subir le pharmacien escroc.

Voici une dépêche de Gambetta à son délégué de Bordeaux, lequel n'est autre que M. de Freycinet :

Lyon, 24 décembre 1870

Ministre Intérieur à Délégué Guerre, Bordeaux.

Depuis quelques jours, je lis un grand nombre de dépêches signées Bordone. Cet homme, vous le savez, est le chef d'état-major de Garibaldi : vous n'ignorez pas ce qu'on en dit, et il y a lieu de ne pas se départir envers lui des règles de la prudence ; c'est lui qui commande, taille, tranche, fait tout auprès de Garibaldi.

Je ferai d'abord remarquer que ses dépêches sont écrites dans une forme souvent inacceptable. Nul ne parle et n'écrit comme lui. On dirait vraiment qu'il est omnipotent. Il donne des ordres aux préfets. Il prescrit des mesures, il ordonne des arrestations. Il n'y a rien enfin qu'il ne fasse partout, chez lui comme hors de chez lui.

Je tiens encore une fois à vous mettre en garde contre ces prétentions démesurées que nous ne pouvons accepter... Arrivez donc à les réduire. Je n'ignore pas les ménagements que la situation comporte ; mais *il y a un moyen* de ramener M. Bordone à son véritable rôle, et je vous prie, avec votre habileté accoutumée, de n'y pas manquer.

Signé : Léon Gambetta.

A cette époque, le préfet des Bouches-du-Rhône était Alphonse Gent, vauclusien comme Bordone. Voici ce que Gambetta télégraphia d'autre part à Gent au sujet de son compatriote avignonnais :

Lyon, 25 décembre 1870.

Ministre Intérieur à Préfet, Marseille.

... Vous savez sans doute que Garibaldi a pour chef d'état-major Bordone qui est, à ce qu'il paraît très difficile à vivre; car il y a de nombreuses démissions dans le corps de Garibaldi, provoquées par ses procédés, ses allures omnipotentes, son insupportable hauteur, sans préjudice d'une foule d'autres causes dont je ne veux rien dire ici.

Si vous pouviez user de votre influence sur lui, ce serait nous rendre un grand service.

Signé : Léon Gambetta.

Il est certain que Bordone travaillait à rendre Garibaldi impossible et désorganisait tout. Son but, aussi, était d'éloigner, au besoin par la calomnie, ceux d'entre les Italiens qui étaient portés de bonne volonté.

Dans cette œuvre de désordre et de diffamation, il était aidé par son acolyte le colonel Gauckler, qui n'eut pas honte d'essayer de salir le brave Canzio, dont la conduite, dans cette campagne, fut d'un héroïsme reconnu de tous.

Gauckler représentait Bordone comme le seul homme capable de sauver la situation.

Dépêche :

Autun, 6 janvier 1871.

Colonel Gauckler à Délégué Guerre, Bordeaux.

Garibaldi ne peut plus marcher; ses facultés semblent affaissées; initiative disparue; il est à la merci de son entourage italien, qui vaut très peu, surtout son gendre, et ce Lobbia, sous-chef d'état-major, connu peu avantageusement.

Quand Bordone est absent, cet entourage commet, au nom de Garibaldi, des inepties et des turpitudes qui désorganisent et démoralisent l'armée.

Il semble qu'il y a parti pris de ne pas agir. Grâce aux blancs-seings et délégations donnés à Lobbia, il se fait des nominations et des tripotages qui scandalisent le public.

Les Français voudraient combattre et sont humiliés d'avoir des chefs italiens, incapables et sans probité. Bordone a grand peine à empêcher démissions en masse et ne sauvera que difficilement le nom de Garibaldi d'une tache qui rejaillira sur la République.

Trop long vous citer les faits. Si désirez, adresserai rapport. Préférerais commission d'enquête.

Le mieux serait que Garibaldi renonçât à une partie que son état le rend incapable de jouer, ou qu'un commissaire, muni de pouvoirs suffisants, vienne nettoyer armée et veiller à ordre.

Signé : COLONEL GAUCKLER.

Que fit M. de Freycinet ?

Il nomma général l'homme que Gambetta méprisait, que Ranc avait déclaré infâme, que tout le monde savait taré.

Voici le texte même de cette nomination inconcevable :

> Bordeaux, 13 janvier 1871.
> (11 h. soir. — N° 7253.)
>
> *Guerre à général Bordone, Dijon.*
>
> Le gouvernement vient de vous nommer général de brigade, chef d'état-major de l'armée des Vosges.
>
> En vous conférant ce grade, nous avons voulu augmenter votre autorité, récompenser vos services militaires et faciliter ceux plus grands encore que la République attend de vous.
>
> *Signé :* C. DE FREYCINET.

C'est à se demander vraiment si l'on ne rêve pas... Pauvre France !

Six jours après, le même M. de Freycinet télégraphiait au nouveau général :

> Bordeaux, 19 janvier 1871
>
> *Guerre à général Bordone, Dijon*
>
> Je ne comprends pas les incessantes questions que vous me posez pour savoir qui commande, non plus que les difficultés qui surgissent toujours au moment

où, dites-vous, vous allez faire quelque chose. Vous êtes le seul qui invoquiez sans cesse des difficultés et des conflits pour justifier sans doute votre inaction.

Je ne vous cache pas que le gouvernement est fort peu satisfait de ce qui vient de se passer.

Vous n'avez donné à l'armée de Bourbaki aucun appui, et votre présence à Dijon a été absolument sans résultat sur la marche de l'ennemi de l'Ouest à l'Est.

En résumé, moins d'explications et plus d'actes, voilà ce qu'on vous demande.

Signé. C. DE FREYCINET.

Et le surlendemain :

Bordeaux, 21 janvier 1871.

Guerre à général Bordone, Dijon.

Si cela doit continuer, je déclinerai, quant à moi, devant le gouvernement, toute responsabilité dans votre coopération, et le gouvernement avisera.

J'avoue que j'attendais autre chose de vous dans cette campagne, et je regrette d'avoir aussi chaudement pris votre parti, dans l'espoir où j'étais que cela vous déciderait à une action patriotique *qui eût fait tout oublier.*

Signé : C. DE FREYCINET.

Comprend-on maintenant que Bordone fut le mauvais génie de Garibaldi, trop bon, et, disons le mot, trop faible ?

Et encore, je n'ai pas fait tout connaître sur

cet infâme coquin dont la conduite est plus que suspecte.

Lors de mon séjour à Genève, en 1876, j'eus souvent l'occasion de voir Cluseret, — un vrai général, celui-ci, — qui avait été délégué à la guerre sous la Commune.

Nous causâmes un jour de Bordone. Cluseret m'édifia complètement.

Il avait dans ses notes un dossier complet sur le personnage, et il m'autorisa à copier un résumé écrit en entier de sa main, pour m'en servir quand bon me semblerait.

Ce résumé, si j'ai bonne souvenance, fait partie des *Mémoires* sur les événements et les hommes de ce temps, que Cluseret rédige dans ses heures de loisir.

En tout cas, voici textuellement cette pièce significative :

J'ai le devoir de dire, avec documents en mains, ce qu'est M. Bordone, l'ex-pharmacien d'Avignon, parce que le rôle qu'il joue depuis quinze ans pour le compte des gouvernements français et italien intéresse tout le monde.

Du 22 mars, date de mon arrivée à Paris, au 3 avril 1871, j'habitais la Préfecture de Police. N'ayant rien à faire, je passais mon temps à compulser et souvent à copier les dossiers secrets.

Parmi ceux dont je pris copie était celui de M. Bordone, et voici ce qu'il contenait :

Trois condamnations, dont deux pour escroquerie.

La première prononcée par le tribunal de Lachâtre ne portait aucune désignation de motif, ni aucune indication de la peine.

(C'est la condamnation à 50 fr. d'amende pour détournement d'objets saisis, qui figure sur le casier judiciaire transmis par le parquet d'Avignon au Ministre de la Justice du gouvernement de Tours.)

La seconde, à deux mois de prison, prononcée par le tribunal de Paris.

Le troisième, à trois ans, par le tribunal de Cherbourg.

Comme on le voit, la politique n'a rien, absolument rien à voir dans l'événement.

On ne condamne pas dans trois villes différentes, devant trois tribunaux différents, le même individu pour le même délit, répété trois fois, à trois époques et en trois lieux différents, uniquement pour faire disparaître de la scène politique un homme qui y tenait aussi peu de place que le pharmacien d'Avignon.

Loin de moi la pensée de m'ériger en défenseur de l'impartialité politique des tribunaux impériaux de France; mais je suis bien forcé de constater que des hommes qui ont joué un rôle autrement important que M. Bordone, déchaîné d'autres colères, soulevé d'autres passions, n'ont jamais eu à fuir devant une accusation d'escroquerie

Ni Gambon, ni Delescluze, ni Vermorel, ni Flourens, ni Varlin, ni, je peux le dire, aucun des hommes qui ont marque dans la démocratie, n'ont eu à se défendre devant un tribunal quelconque du délit d'escroquerie.

Je ne peux donc accepter et personne n'acceptera comme excuse du délit reproché par la justice française à M. Bordone, la crainte qu'il inspirait au gouvernement français.

Mais ceci n'est pas le plus grave, et, si je n'avais affaire qu'à un escroc, je ne me donnerais pas la peine de le démasquer, cela ne regardant que la police ou les personnes qui peuvent avoir des rapports d'intérêts avec lui.

L'escroc s'est transformé en espion international pour échapper au châtiment qui l'attendait, et, depuis quinze ans, est préposé par les gouvernements de France et d'Italie à la surveillance de Garibaldi.

Voilà ce qui est grave, voilà ce qui intéresse tout le monde, et voilà pourquoi j'écris ces lignes.

Le dossier Bordone se composait de deux parties.

La première contenait tout ce qui avait trait à la procédure.

La seconde contenait la correspondance échangée entre le chevalier Nigra, ministre d'Italie, et le ministre des affaires étrangères de France, au sujet de l'envoi du dossier à Victor-Emmanuel.

Dans la première partie, on suivait pas à pas

les poursuites des différents parquets pour mettre la main sur le contumax Bordone.

Dans la seconde, on trouvait la filière suivie par le dossier de Paris à la cour de Victor-Emmanuel, puis d'Italie au ministère des affaires étrangères de France, qui l'avait restitué au parquet, avec cette annotation en travers : *Par ordre supérieur, suspendre les poursuites.*

A partir de ce moment, l'espion international Bordone était libre d'aller et venir en France comme en Italie. Il lui serait fait comme il ferait.

De ce dossier, je fis trois copies. J'en envoyai une à M. Paul Meurice, du *Rappel*, et une à un journal républicain de Lyon. Ni l'un ni l'autre n'insérèrent.

Plus tard, m'étant enquis de la cause du refus d'insertion, il me fut répondu : « Cela aurait trop fait plaisir aux prêtres ! »

J'avoue ne pas comprendre.

Ce que je ne comprends surtout pas, c'est que le devoir, le devoir primordial pour tout honnête homme d'éclairer ses semblables sur le danger qu'ils courent, ne prime pas la politique. On est homme avant d'être politicien.

La troisième copie est à ***, avec d'autres papiers. Mais celle-ci vînt-elle à disparaître, que le dossier Bordone n'en serait pas plus difficile à reconstituer avec les archives des parquets de Lachâtre, Paris et Cherbourg, d'une part, et celles des affaires étrangères, d'autre part.

En 1861, Bordone et moi étions à Naples, tous deux à l'armée méridionale. Comme il courait des bruits très fâcheux sur sa probité, les Français se réunirent et me déléguèrent, en compagnie d'un autre officier, pour prendre des informations à Paris.

Autant que mes souvenirs peuvent me servir, ce fut à M. Planat de la Faye, et, je crois, à Henri Martin, que nous nous adressâmes pour avoir les renseignements désirés. Ils furent mauvais, mais non catégoriques. On ne voulait, on ne pouvait communiquer aucun document précis.

L'affaire en resta là.

Par quels moyens Bordone a-t-il su se rendre indispensable au général Garibaldi? C'est ce qu'il ne me convient pas de rechercher. Toujours est-il que, sourd aux avis de ses plus anciens et de ses plus dévoués amis, il soutient aux yeux du monde un homme complètement taré.

Peut-être pense-t-il qu'un agent connu de lui est plus utile que dangereux.

Quant aux services rendus par Bordone en échange de sa liberté, il serait trop long de les énumérer tous.

Je me bornerai à parler de la dernière campagne.

Ses services se résument en deux mots : il a isolé et compromis Garibaldi.

Isolé! en empêchant le colonel Frappoli d'occuper le poste de chef d'état-major qui lui avait été assigné ; en dégoûtant et en décourageant nombre de républicains dévoués qui eussent volontiers servi sous les ordres de Garibaldi.

Compromis! en donnant aux populations scandalisées le spectacle de la débauche poussée jusqu'à l'orgie, alors que la France agonisait et que l'état-major italien de Garibaldi, comme son chef, donnait au monde l'exemple des vertus et de l'austérité républicaines.

Isolé ! par la scission profonde créée par de semblables mœurs et de pareils exemples entre les vieux compagnons de Garibaldi et le jeune entourage de Bordone.

Compromis ! par sa profonde incapacité militaire poussée jusqu'à la trahison.

Je n'en veux citer qu'un exemple, celui d'Autun.

L'armée des Vosges, poursuivie par les Prussiens, après son attaque infructueuse sur Dijon, était parvenue à gagner Autun. Bordone et son état-major festoyaient, quand on vint l'avertir que les Prussiens n'étaient plus qu'à quelques kilomètres.

M. Theuriet, patriote éprouvé, maire de Saint-Denis, village situé à moins de quatre kilomètres d'Autun, en rapports journaliers avec Bordone, vint le prévenir que les Prussiens occupaient déjà son propre jardin.

— Ma police vaut mieux que celle d'aucun général, répondit-il en ricanant ; on ne m'apprendra pas où est l'ennemi. Allons, trinquons !

En vain, les paysans accouraient effarés, criant que les Prussiens étaient à leurs trousses.

— La peur grossit les objets, répondait Bordone.

Et, se moquant, il continuait à boire.

Un obus éclate dans la cour de la sous-préfecture où Bordone faisait bombance. Il s'emporte contre le maladroit qui cause cette alarme intempestive.

— C'est un obus prussien, lui répond-on.

Bordone hausse les épaules.

Enfin, un second projectile éclate dans la chambre contiguë à la salle à manger.

Cette fois, Bordone se leva de table.

Mais le tour était joué. Les Prussiens avaient eu le temps d'établir leurs batteries à mi-côte de Saint-Denis. La panique ne tardait pas à se mettre dans l'armée des Vosges, et, sans la manœuvre opportune de Cremer et l'énergie de la garde nationale d'Autun, dirigée par le sous-préfet Marais, Garibaldi, surpris dans Autun, *grâce à Bordone*, pouvait y laisser sa liberté et peut-être sa vie.

Était-ce la mission imposée au républicain Bordone ?

J'ai montré Bordone, cela me suffit. Mort à l'honneur, cet homme ne doit plus exister pour les honnêtes gens.

Général G. Cluseret.

Voilà un document précis et un témoignage que les démocrates les plus intransigeants eux-mêmes ne pourront récuser.

L'année dernière, j'étais encore en relations avec Cluseret. Il demeurait alors à Constantinople. Il avait su, par mon journal, que, dégoûté, je me retirais de la libre-pensée et que je brisais ma plume anti-cléricale. Pourtant, à ce moment (mai 1885), je n'avais pas pris toutes mes résolutions.

Toutefois, je prévoyais que je pourrais avoir un jour à m'occuper du vil personnage qui exerça une si néfaste influence sur Garibaldi, et je demandai à son propos encore quelques renseignements à Cluseret.

Il me répondit, à la date du 27 juin.

Garibaldi ne mourut pas sans avoir reçu la communication du dossier de Bordone. Ce fut Pantaleo qui lui en remit une copie.

« Garibaldi, m'écrivit Cluseret, prit mal la chose; et, comme vous ne le connaissez pas aussi bien que nous, vous ne pouvez pas comprendre certaines faiblesses connues de nous, sa famille militaire. Ses fils le mirent en demeure de se prononcer entre Bordone et eux, auxquels s'étaient joints ses plus vieux compagnons d'armes du Brésil et de 1849. Il les mit tous à la porte. De là, mon refroidissement sur Garibaldi vers la fin.

« Bordone est un escroc doublé d'un mouchard, avec l'aplomb des deux réunis.

« Et je signe :
   « Cluseret. »

Le général Cluseret, rentré en France depuis mars 1886, et retiré de la vie militaire, demeure dans les environs de Toulon. Je lui demande pardon de n'avoir pas usé plus tôt de ses renseignements concernant Bordone; mais je suis bien sûr, le connaissant homme d'honneur avant tout, qu'il les confirmera à quiconque voudra prendre la peine de s'adresser à lui.

Il fallut donc, à Garibaldi, pour qu'il ouvrît enfin les yeux, la stupéfiante révélation relative à sa solde de campagne, qu'il avait généreusement abandonnée à la France, et que Bordone avait touchée en son nom.

L'espion international empocha de même la solde des fils, du gendre et de plusieurs officiers italiens de Garibaldi, — notamment celle du major Gattorno, qui m'a confirmé le fait de vive voix.

Et la plupart de ces infamies, on ne les ignorait pas à la *République Française*, au moment où l'on confia à Bordone les fonctions de chroniqueur parlementaire !

Voilà l'individu qui représente au Palais-Bourbon le moniteur officiel de l'opportunisme.

Veut-on maintenant savoir comment Bordone rentra en grâce auprès de Gambetta, Challemel-Lacour, Ranc et Spuller ?

Ce fut à l'époque de la fusion tentée en 1873

pour amener la restauration de la monarchie en France.

Pendant que la majorité conservatrice de l'Assemblée Nationale préparait les voies légales au retour du roi, les Loges maçonniques organisaient dans l'ombre une insurrection.

Bordone, qui est tenu en haute estime dans la Franc-Maçonnerie, fut choisi comme général en chef de l'armée des conspirateurs par les députés républicains du Midi.

Les Loges ourdirent admirablement le complot. L'armée insurrectionnelle était nombreuse. Outre les hommes valides affiliés au Comité Central (en permanence à Lyon), qui avaient pour consigne de rejoindre, à la première injonction, tel point de leur quartier pour reconstituer les anciennes compagnies de la garde nationale, la Franc-Maçonnerie disposait de toute une armée territoriale prête à se grouper dans chaque ville, et aussi d'une grande partie de l'armée active en stationnement dans les diverses garnisons du bassin du Rhône.

On avait rallié, notamment, beaucoup d'officiers d'infanterie du 11e, du 15e, du 16e et du 17e corps d'armée, dont les sièges sont à Lyon, Nîmes, Marseille et Montpellier; par contre, on n'avait pas pu réussir auprès de la cavalerie ni auprès du génie.

Les fusils, en outre, ne manquaient pas. Un financier, ami de Gambetta, avait avancé des fonds considérables pour l'acquisition des armes et des munitions, qui furent passées clandestinement par la frontière des Vosges : c'est pour récompenser ce banquier républicain que fut faite plus tard l'expédition de Tunisie ; personne n'ignore que cette campagne a eu surtout pour but une spéculation financière sur la dette tunisienne mise à la charge de la France par suite du protectorat.

Bref, la conspiration de 1873 était gigantesque, et, si elle n'éclata pas, ce fut parce que le comte de Chambord préféra renoncer au trône plutôt que d'accorder certaines concessions.

Ce fut donc la Franc-Maçonnerie qui, à l'occasion de ce complot, réconcilia Bordone et les opportunistes.

Depuis lors, l'escroc, l'espion international, le mouchard glissé auprès de Garibaldi, le traître qui s'est approprié la solde abandonnée par le vieux patriote et sa famille, en un mot,

Bordone, est reçu à bras ouverts dans les salons parlementaires de la gauche. Les députés et sénateurs républicains ont passé l'éponge sur ses antécédents judiciaires et autres.

On le fête, on le choye, aussi bien chez les modérés que chez les radicaux; car la Franc-Maçonnerie l'impose à tous. Lockroy l'embrasse, Spuller lui serre la main, et Clémenceau l'appelle « son cher ami ».

Moi-même, tant que j'ai été dans le parti, j'ai fait comme les autres; j'ai subi Bordone. Imitant Paul Meurice, du *Rappel*, je n'ai pas publié le dossier fourni par Cluseret.

Je me disais aussi : « Cela ferait trop plaisir aux prêtres ! »

Comme le joug républicain est lourd ! Par politique, on accepte, dans ce monde d'aveugles, le dernier des scélérats.

Je n'oublierai jamais combien je souffris, lors de la commémoration garibaldienne du Cirque d'Hiver, d'être obligé de me trouver en contact avec ce misérable que je savais être un espion et un voleur.

Et Canzio, lui, si loyal et si brave !... Il était à la torture, il rougissait de colère et de honte. Il aimait tant Garibaldi que, pour ne pas troubler cette fête à la mémoire du général, il endura le suprême affront d'avoir l'infâme Bordone pour commensal, en deux banquets offerts aux délégués italiens.

Un seul, le major Gattorno, représentant des sociétés démocratiques de Gênes, ne put contenir son indignation ; et, après la séance où le conseil municipal de Paris reçut l'épée de La Tour d'Auvergne, il traita, au buffet dressé dans le pavillon de Flore, Bordone comme il le méritait. Mais les personnes qui assistèrent à l'altercation n'y comprirent rien, Bordone ayant été appelé « voleur » en italien (*ladro*).

Peu s'en fallut pourtant que Bordone fût traité par moi comme par Gattorno. C'était à un dîner que M. Mayer, directeur de la *Lanterne*, offrit chez lui à Ganzio et à ses amis italiens, au comte Pianciani, député de Rome, à M. Bosdari, député d'Ancône, et aux organisateurs de la fête. J'étais du nombre.

A table, le maître de la maison plaça Bordone entre M. Delattre, député de la Seine, et moi.

On comprend si j'étais navré de ce voisinage. Bordone payait d'audace. Il avait été un de ces meneurs dont les efforts tendirent constamment à détruire l'œuvre du comité franco-italien, et il osait élever la voix.

Je ne pus m'empêcher de le remettre à sa place.

Quelques mots aigres furent échangés. A la fin, je dis à Bordone :

— Allons, en voilà assez ! Pour l'honneur du parti républicain, ne me faites rien dire.

Bordone, qui me savait au courant de ses antécédents, se tut.

Cette courte dispute passa inaperçue, dans la gaîté du repas. A ce moment, à l'autre bout de la table, Aurélien Scholl, Yves Guyot et le comte de Douville-Maillefeu attiraient l'attention des convives par leurs joyeuses reparties.

Seul, M. Delattre prit garde à l'incident, et je suis convaincu qu'il ne l'a pas oublié. S'il lit ce livre, il se rendra compte maintenant des motifs du dégoût que m'inspirait Bordone, et il se dira peut-être que, dans toutes ces circonstances des fêtes garibaldiennes, j'ai montré une bien grande abnégation, tandis qu'à mon égard la malveillance des frères et amis n'eut pas de limites. Il est vrai que Bordone était le protégé des Loges, et que, par contre, je me trouvais, moi, en hostilité déclarée avec les chefs du Grand Orient de France.

Je termine. Il est acquis, pour quiconque a connu quelque peu Garibaldi, que sa bonté de cœur était de la faiblesse.

On doit faire la part de cette disposition morale. Le vieux général italien ne saurait être rendu responsable de tous ses actes. Son mauvais génie, je l'ai dit et je l'ai bien prouvé, ce fut Bordone.

Enfin, Garibaldi était d'une étonnante simplicité. Ce n'est pas lui qui eût supporté jamais, — comme le toléra volontiers Victor Hugo, ce fou d'orgueil, — qu'un homme s'agenouillât à ses pieds dans l'attitude de l'adoration.

XI

LA LIBRE-PENSÉE
MILITANTE

FRANC-MAÇONNERIE ET LIBRE-PENSÉE. — LA LIGUE ANTI-CLÉRICALE. — SA FONDATION. — SES PRINCIPES. — SON ORGANISATION. — SON FONCTIONNEMENT. — LES TESTAMENTS POUR ENTERREMENTS CIVILS. — LES GROUPES FRANÇAIS DE LA LIGUE. — LES SOCIÉTÉS AFFILIÉES.

On confond, quelquefois, dans le monde des catholiques, les sociétés de libres-penseurs avec celles de francs-maçons.

Il y a, cependant, entre les **unes** et les autres, une différence notable.

Chez les francs-maçons, c'est tout au plus

si la dixième partie des adeptes connaît le véritable but secret de la secte ; au contraire, dans les sociétés de libre-pensée, tous les adhérents savent à quoi s'en tenir, au moment de l'affiliation et même avant.

En outre, le résultat final que la Franc-Maçonnerie se propose d'atteindre est tout autre que celui auquel tend la Libre-Pensée moderne. Toutes deux sont d'accord, il est vrai, pour détruire le catholisme ; mais là s'arrête cette uniformité de tendances. La Libre-Pensée moderne veut supprimer, avec le catholicisme, toutes les autres religions et ne rien mettre du tout à leur place. La Franc-Maçonnerie, elle, accepte le concours du judaïsme et du protestantisme pour lutter contre la religion catholique romaine ; enfin elle a un dogme, une croyance, des rites ; en un mot, elle est une véritable religion secrète avec un culte mystérieux.

Selon le dogme maçonnique, dont la révélation progressive est donnée aux initiés à partir du grade de Maître, il existe un Dieu, organisateur (et non créateur) des mondes, lequel mérite les hommages de l'humanité ; mais ce Dieu n'est pas celui qu'adorent les chrétiens. Dans ses Chapitres et Aréopages, ou Loges des hauts-grades, la Franc-Maçonnerie enseigne que la Bible a interverti les rôles des puissances surnaturelles, et c'est pourquoi la secte prétend rétablir la vérité. A l'en croire le Dieu des catholiques n'est qu'un mauvais principe, un génie malfaisant, jaloux, barbare, un tyran immatériel, ennemi acharné du bonheur des hommes ; par contre, Lucifer, son antagoniste, est le génie du bien, le principe vertueux et sage, l'esprit de liberté, l'ami de la race humaine, et c'est lui le vrai Dieu. Aussi, dans les Arrière-Loges, Lucifer, censément père de Caïn, de Chanaan et d'un certain Hiram, est adoré par les francs-maçons sous les divers titres d'Etre Suprême, Dieu-Nature, et Grand Architecte de l'Univers.

En résumé, la Libre-Pensée moderne est athée, acceptant au besoin les sceptiques qui, s'ils ne nient pas Dieu, du moins ne s'en préoccupent nullement ; quant à la Franc-Maçonnerie, elle est essentiellement démonolâtre.

Pour cacher leur jeu, les francs-maçons déclarent parfois que les titres, adoptés par eux, d'Etre Suprême, Dieu-Nature et Grand Architecte, sont simplement des formules générales imaginées dans un but de tolérance pour permettre à l'association de grouper chez elle les hommes de religions diverses. La vérité est que la secte accueille, pour la première initiation, les incroyants et les croyants de n'importe quel culte : mais, d'autre part, elle laisse dans les Loges des degrés inférieurs les sceptiques et les chrétiens qui ne paraissent pas disposés à accepter son dogme travesti ; en ce qui concerne les athées, si quelqu'un d'entre eux se permet, même en dehors des Loges, d'attaquer le Grand Architecte, il est immédiatement exclu de l'association.

Il ne faudrait pas, toutefois, conclure de ce qui précède que la Franc-Maçonnerie est indifférente à l'action des sociétés de libres-penseurs. Non certes ! Elle les considère comme des auxiliaires dans sa lutte contre le catholicisme ; mais voilà tout.

Elle est assez habile pour glisser quelques-uns de ses adeptes dans les sociétés de cette espèce ; cela lui permet d'utiliser leur zèle anti-clérical et même de le diriger, à l'insu de tous, principalement dans les circonstances où elle a besoin d'agir sans se compromettre. Seulement, elle veille, avec un soin particulier, à ce que ces sociétés de libre-pensée demeurent isolées les unes des autres : à ses yeux, toute fédération de groupes matérialistes est une puissance rivale, et elle emploie, dans l'ombre, ses plus persistants efforts à la désagréger. Que de révélations je ferais à ce sujet si elles n'étaient pas d'un intérêt très secondaire !

Maintenant que le lecteur s'est rendu un compte exact de la différence existant entre la Franc-Maçonnerie et ce que l'on appelle de nos jours la Libre-Pensée, je vais parler de la vaste association d'athées et de sceptiques qui est connue sous le nom de Ligue Anti-Cléricale.

En 1881, le 13 juillet, — on ne l'a pas oublié, sans doute, — une émeute se produisit à Rome, à propos de la translation des restes de Pie IX. Les Loges romaines avaient excité quelques ouvriers des faubourgs, qui, se soulevant à leur instigation, tentèrent de jeter au Tibre le cercueil du souverain pontife. La force armée, à raison de la loi des garanties, ne put se dispenser d'intervenir, et la tentative sacrilège des émeutiers n'aboutit pas.

Mais, en constatant quelle avait été l'ardeur

des malheureux égarés de la classe ouvrière, la Franc-Maçonnerie italienne se dit que le concours des fanatiques violents pourrait être utilisé en d'autres occasions. On décida donc que des groupes militants seraient constitués sous le nom de Cercles Anti-Cléricaux; ces groupes se composeraient surtout des libres-penseurs que la secte, à raison de leur position sociale inférieure, n'admet pas dans ses Loges, et quelques initiés, servant d'inspirateurs secrets, seraient glissés parmi eux.

Ce projet fut exécuté.

En quelques jours, dix cercles furent créés à Rome, et l'organisation s'étendit au reste de l'Italie.

Avisé par Garibaldi de la formation de ces groupes, sans que toutefois le caractère maçonnique des organisateurs me fût d'abord révélé, je résolus à mon tour de provoquer, en France, la création de sociétés militantes semblables.

Mon initiative fut approuvée par les chefs du parti anti-clérical italien, avec qui j'étais en correspondance. Je me mis à l'œuvre, à l'époque du Congrès parisien de la Libre-Pensée, dont j'ai parlé dans un des chapitres précédents.

Mais je m'aperçus bientôt que j'avais mal compris le sens des instructions reçues. En effet, tandis qu'en Italie on organisait les groupes anti-cléricaux sous la direction secrète du Grand Orient et en les tenant isolés les uns des autres, l'organisation française, dont j'étais le promoteur, se faisait en dehors de toute ingérence de la Franc-Maçonnerie et sous forme de fédération indépendante.

Garibaldi, qui était alors Grand Maître de la Franc-Maçonnerie italienne, approuva néanmoins la Ligue française. Par contre, le Grand Orient de France la vit de mauvais œil, et je fus en butte à ses vexations ; en octobre, je me séparai de la secte maçonnique.

On s'étonnera peut-être de ce que, dans ces conditions, Garibaldi ait continué à correspondre avec moi. Je dois donc, pour éclaircir ce point, expliquer que le général était en quelque sorte un franc-maçon honoraire, dont le nom servait de drapeau à ses collègues du Grand Orient d'Italie ; le véritable chef était M. Adriano Lemmi, qui est aujourd'hui Grand Maître en titre et président du Comité Central Anti-Clérical de Rome. Celui-ci se refroidit à mon égard, dès mes démêlés avec le Grand Orient de France.

N'importe, rebelle à toute domination occulte, je travaillais avec plus d'ardeur que jamais à créer des groupes, je mettais tous mes soins à les placer dans une indépendance absolue, je réussissais enfin à les fédérer en dehors de toute action maçonnique.

Au bout de sept mois, vingt-trois groupes français étaient constitués. En février 1883, ils étaient au nombre de cent-deux. Enfin, à l'époque de ma conversion, la fédération française se composait de cent-trente-huit sociétés unies directement les unes aux autres, sans compter cent-quarante-trois groupes adhérents et en correspondance; les sociétés directement liguées et formant « l'Union de France » représentaient au total dix-sept mille adhérents environ. La Commission Centrale siégeait à Paris.

Le 15 août 1882, une ligue espagnole se créa sur le modèle de la fédération française, avec siège central à Barcelone.

En ces derniers temps, une quatrième ligue se fonda dans l'Amérique du Sud, avec siège central à Guatemala.

Toutes ces ligues, — Union d'Italie, Union de France, Union d'Espagne et Union du Sud-Amérique, — correspondent entre elles, malgré leur diversité d'organisation. Elles ont un mot secret, changé chaque année, auquel les ligueurs des différents pays se reconnaissent, quand le hasard ou leurs relations les mettent en présence; ce mot de reconnaissance est le seul mystère de l'association.

A l'inverse de la Franc-Maçonnerie, les groupes de la libre-pensée militante opèrent au grand jour; chez ceux-ci, au lieu de dissimuler, on fait œuvre d'audace. La lutte des ligueurs contre la religion est évidemment abominable; mais elle n'est pas hypocrite. Les ligueurs sont les enfants perdus de l'anticléricalisme; dévorés par une rage aveugle, ils s'élancent, à front découvert, à l'assaut de l'Eglise, ne comptant pas les coups qu'ils donnent, ni ceux qu'ils reçoivent, extravagants à force d'aveuglement, fanatiques d'impiété.

On jugera la Ligue Anti-Cléricale par les huit premiers articles de sa Constitution.

PRINCIPES FONDAMENTAUX
DE LA
LIGUE ANTI-CLÉRICALE
(Union de France.)

ARTICLE PREMIER.

La Ligue Anti-Cléricale, institution essentiellement socialiste, proclame la nécessité urgente d'améliorer le sort des classes laborieuses, à tous les points de vue.

Elle reconnaît qu'une force puissante, le cléricalisme, a réussi jusqu'à présent à grouper les divers intérêts opposés aux intérêts des travailleurs, et que cette force est ainsi le principal obstacle à tout progrès social.

En conséquence, la Ligue Anti-Cléricale est constituée dans le but de combattre, sans relâche, et avec toute l'énergie possible, les idées superstitieuses, de quelque nature qu'elles soient, et leurs propagateurs.

Art. 2.

La Ligue Anti-Cléricale n'admet aucun dogme, ni aucun culte, ni aucun rite. Elle repousse toute croyance à une divinité quelconque, et proscrit toute désignation d'un être surnaturel.

Art. 3.

La Ligue Anti-Cléricale reçoit dans son sein tous les démocrates socialistes, sans distinction d'écoles ou de systèmes; il lui suffit que ses adhérents travaillent à l'émancipation du peuple.

C'est pourquoi la Ligue Anti-Cléricale ne se prononce en faveur d'aucune école ni d'aucun système socialistes.

Art. 4.

Peuvent adhérer à la Ligue Anti-Cléricale les membres des sociétés de libre-pensée, et en général les membres de toutes associations repoussant la croyance à un Dieu créateur ou régulateur de l'univers.

Art. 5.

La devise de la Ligue Anti-Cléricale est : *Agis comme tu penses*

En conséquence, la Ligue Anti-Cléricale exige que chacun de ses adhérents ait le courage de son opinion; car nul ne peut se dire honnête homme s'il ne met sa vie en accord avec ses principes, et, mépriser ses actes, c'est se mépriser soi-même.

Art. 6.

La Ligue Anti-Cléricale considère, en outre, que le bien ne saurait être indépendant du vrai, lequel est seulement donné par la science; que la morale progressive et scientifique doit être définitivement séparée de dogmes surannés que la raison condamne; que les doctrines religieuses sont d'essence malhonnête, vu que, pour diriger l'homme, elles mettent en œuvre les plus indignes mobiles : la cupidité et la peur; que la communion d'idées entre l'homme et la femme peut seule fonder la famille; que donner à l'enfant une science et une foi négatives l'une de l'autre, c'est opposer le cœur à la raison, fausser le jugement, troubler la conscience, anéantir la volonté; que le triomphe des sociétés nouvelles est assuré à la condition expresse que les défenseurs de l'avenir ne livreront plus aux défenseurs du passé leurs femmes, leurs enfants et leurs propres personnes; que plusieurs citoyens proclament ces vérités, mais que, faute de s'assurer fermement dans leurs convictions et d'en faire la règle inviolable de leur conduite, ils donnent sans cesse par leurs actes un démenti à leurs paroles; que cette faiblesse a pour conséquence l'abaissement des caractères et l'obscurcissement des consciences; que, de concessions en concessions, on en vient à perdre toute notion de justice, à transformer sa vie en un perpétuel mensonge, et à tomber dans une indifférence honteuse, prête à toutes les apostasies et à toutes les bassesses; que la communauté d'action, donnant à tous exemple, soutien et force, peut seule rendre facile la lutte d'une vie rationnelle contre le préjugé, l'habitude et l'égoïsme.

Pour ces motifs, la Ligue Anti-Cléricale impose à tous ses adhérents le devoir de rompre en fait avec toutes les doctrines qu'ils rejettent en principe et l'engagement de ne jamais recevoir aucun sacrement d'aucune secte ni d'aucune religion : pas d'initiation religieuse à la naissance, pas de cérémonie religieuse au mariage, pas de prêtre à la mort.

La Ligue Anti-Cléricale constitue donc un groupement de forces libres-penseuses et socialistes ayant pour loi la science, pour condition la solidarité et pour objectif la justice.

Art. 7.

La Ligue Anti-Cléricale s'occupe de protéger la jeunesse contre les superstitions et leurs adeptes.

Les membres de la Ligue doivent, par tous les moyens en leur pouvoir, aider au placement et à l'instruction des enfants de familles ouvrières.

Art. 8.

La Ligue Anti-Cléricale, ne reconnaissant aucune prééminence de classe, recommande à ses adhérents l'union la plus étroite contre le cléricalisme et contre toute puissance politique ou sociale opprimant le peuple.

C'est bien là le programme de la libre-pensée nettement militante.

Quant à l'organisation de la Ligue, elle n'est pas compliquée.

La Ligue se compose d'adhérents des deux sexes; leur nombre est illimité.

Les adhérents se répartissent en groupes distincts. Plusieurs groupes peuvent exister dans une même ville.

Chaque groupe s'administre lui-même. Son autonomie est complète et absolue.

L'ensemble des groupes fonctionnant en France et en Algérie constitue l'Union de France. Le siège central de l'Union de France est à Paris.

L'Union de France est administrée par une Commission Centrale de dix membres, à l'élection de laquelle participent tous les groupes français et algériens.

Cette Commission Centrale est entièrement renouvelable chaque année; ses pouvoirs expirent le 29 juillet; ses membres peuvent toujours être réélus. C'est ainsi que j'ai été constamment élu membre et secrétaire général de la Commission Centrale de la Ligue depuis le début jusqu'à ma conversion.

C'est cette Commission Centrale qui organise les groupes nouveaux, qui correspond avec les Unions des autres pays, qui veille à ce que les procès-verbaux des sociétés fédérées reçoivent une publicité régulière et suffisante, et qui, enfin, emploie tous ses efforts à assurer la bonne harmonie entre les groupes, — ce qui n'est pas toujours une tâche des plus commodes.

Pour être reçu membre de la Ligue Anti-Cléricale, il faut :

1° Être âgé de vingt-un ans accomplis, ou mineur autorisé par son père ou son tuteur ;

2° Résider dans le département où est situé le groupe auquel on désire appartenir ou dans un rayon de cent kilomètres ;

3° Avoir de bonnes mœurs et vivre du produit de son travail ;

4° Être agréé par le groupe auquel on se présente et par la Commission Centrale Administrative.

« Avoir de bonnes mœurs », dans le langage de la libre-pensée, n'implique pas l'obligation d'être muni d'un contrat de mariage. L'*union libre* est considérée comme parfaitement morale, du moment qu'elle dure depuis un certain nombre d'années. Toutefois, il faut rendre à la Ligue cette justice ; c'est qu'elle ne va pas, comme la Franc-Maçonnerie, jusqu'à admettre des proxénètes dans son sein.

Quant à « vivre du produit de son travail », cela ne suppose pas l'obligation d'une existence soutenue par un travail quotidien. Le rentier est fort bien reçu ligueur ; mais il faut qu'il ait acquis lui-même par son travail le capital dont la rente pourvoit à ses besoins.

Chaque groupe de la Ligue a un nom distinctif et un règlement particulier. Le groupe parisien dont je faisais partie s'appelait le *Groupe Garibaldi*. Au 17 novembre 1884, il se composait de : 10 membres d'honneur; 1 membre donateur; 165 membres actifs habitant Paris; et 558 membres correspondants; soit, 734 membres.

Les formalités d'admission varient suivant les règlements particuliers des divers groupes, mais elles sont toujours des plus simples. En général, quand un libre-penseur désire s'affilier à la Ligue, il vient d'abord assister à une ou deux séances d'un groupe, pour voir si la société lui convient; après quoi, il se fait présenter par un ligueur ; il subit un interrogatoire, fournit son casier judiciaire, déclare les actes qui sont à son actif de libre-penseur (tels que : ne pas avoir fait baptiser ses enfants, avoir décidé sa femme à ne plus aller à l'église, avoir organisé des enterrements civils ou des conférences anti-cléricales dans sa commune, etc.); enfin, après qu'une commission d'enquête a vérifié l'exactitude de ses déclarations, le groupe vote sur l'admission du candidat, lequel n'est pas présenté avec les yeux bandés, comme dans la Franc-Maçonnerie, et n'est pas non plus soumis à des épreuves. A ma connaissance, il y a deux groupes, cependant, l'un dans le Calvados, l'autre dans le Nord, qui imposent une épreuve à leurs récipiendaires (obligation de fouler aux pieds un crucifix); mais c'est là, dans la Ligue, un fait isolé.

En tout cas, nulle part les ligueurs ne font mystère de leur impiété; partout ils admettent à leurs séances les étrangers qui désirent y assister.

Les groupes communiquent entre eux d'une manière très fréquente, soit par correspondance, soit par invitation réciproque à l'occasion des fêtes. Leurs membres se visitent dans leurs voyages.

En outre, dans la Ligue, on se vient mutuellement en aide, en cas d'indigence. L'article 41 du Règlement Général est ainsi conçu : « Quand un groupe est impuissant à soulager l'infortune d'un des siens, le secrétaire doit en informer tous les autres groupes sans exception. Chaque groupe, alors, a le devoir de donner suivant ses moyens. Si peu qu'un groupe donne, c'est beaucoup, du moment que chaque fraction de la Ligue témoigne sa solidarité envers le frère malheureux. » J'ai vu, ainsi, des ménages d'ouvriers, brusquement assaillis par la misère, recevoir, en moins d'un mois, de cent-cinquante à deux cents francs de secours. J'ai dit les exagérations des ligueurs ; je dois faire connaître leurs bonnes qualités. Si, dans la libre-pensée, on a plus de violence que chez les sectaires des Loges, du moins, on n'est pas rongé par cet égoïsme sec qui est le signe caractéristique du franc-maçon.

Par exemple, le grand souci de la Ligue Anti-Cléricale, c'est la multiplicité des enterrements civils.

Chaque adhérent est tenu, le jour de son admission, de signer un testament dont voici le texte exact :

Je soussigné, membre actif de la *Ligue Anti-Cléricale*, étant en parfaite santé et jouissant de la plénitude de mes facultés, déclare, sans aucune réserve, que les principes anti-cléricaux de la Ligue sont absolument les miens. En conséquence, vivant en libre-penseur, je désire être enterré de même, c'est-à-dire sans le concours d'aucun ministre d'aucun culte. Ma volonté à ce sujet est expresse ; les testaments, que je pourrais faire postérieurement à celui-ci et qui ne contiendront que les clauses relatives à la disposition de mon avoir, n'annuleront pas le présent.

Pour le cas où quelqu'un de ma famille s'opposerait à l'exécution de mes volontés anti-cléricales, je le déclare, d'ores et déjà, déchu, pour ce seul fait, de tous droits sur mon héritage, sans que néanmoins son opposition puisse aboutir.

Je prie mes amis et collègues de la Ligue et notamment les citoyens *(ici les noms de trois ou quatre citoyens du groupe auquel on appartient)*, de vouloir bien veiller à l'exécution du présent acte, et je les nomme mes exécuteurs testamentaires, avec la mission spéciale de le faire exécuter très fidèlement par tous les moyens de droit.

Enfin, considérant que le caractère purement civil de mes obsèques fera réaliser une économie que j'évalue à *(indication de la somme économisée par la suppression des frais de l'église)*, je désire que cette somme profite à la caisse de *(indication soit d'une œuvre laïque de bienfaisance, soit d'une société républicaine anti-cléricale)*, à qui je la lègue sans aucun frais.

Cette dernière clause a été introduite dans les testaments de la Ligue pour leur donner une valeur légale, attendu qu'un testament ne contenant aucune disposition pécuniaire quelconque peut être tenu pour acte sans importance par les tribunaux civils.

Au moment où j'ouvris enfin les yeux à la lumière, après dix-sept années d'aveuglement, les groupes de la Ligue Anti-Cléricale étaient les suivants (je ne nommerai aucun de leurs membres, cet ouvrage laissant de côté les personnalités) ·

Sociétés directement liguées :

Alger, Algérie. — La Libre-Pensée d'Alger.
Amboise, Indre-et-Loire. — La Solidarité, union fraternelle du canton d'Amboise.
Albi, Tarn. — L'Ère Nouvelle.
Amiens, Somme. — La Démocratie Anti-Cléricale.
Arles, Bouches-du-Rhône. — Groupe Hétérodoxe.
Albertville, Savoie. — La Libre-Pensée d'Albertville.
Ambérieu, Ain. — Groupe Jules Pellaudin
Aïn-Touta, Algérie. — La Libre-Pensée d'Aïn-Touta.
Annecy, Haute-Savoie. — La Libre-Pensée d'Annecy.
Angers, Maine-et-Loire. — La Décentralisation.
Aïn-el-Hadjar, Algérie. — L'Avenir.
Batna, Algérie. — L'Avenir du Peuple.
Bordeaux, Gironde. — La Libre-Pensée de Bordeaux.
Bordeaux, Gironde. — Justice et Solidarité.
Bourg, Ain. — Groupe Edgar Quinet.
Beaurepaire, Isère. — Les Ennemis de l'Imposture.
Belfort, Haut-Rhin. — Les Défenseurs de la Liberté.
Boudes, Puy-de-Dôme. — Le Paysan Anti-Clérical.
Brouvelieures, Vosges. — Les Assidus au Travail.
Besançon, Doubs. — La Libre-Pensée de Besançon.
Beauvais, Oise. — Les Athées de Beauvais.
Bonny, Loiret. — La Libre-Pensée de Bonny-sur-Loire.
Béziers, Hérault. — Les Irréconciliables.

Béziers, Hérault. — La Libre-Pensée de Béziers.

Chambéry, Savoie. — La Conscience Affranchie.

Carouge, Suisse française (canton de Genève). — La Libre-Pensée de Carouge.

Cherbourg, Manche. — L'Emancipation Cherbourgeoise.

Constantine, Algérie. — Groupe Démosthène.

Constantine, Algérie. — Le Progrès de la Jeunesse.

Claudon, Vosges. — Groupe Chaumette.

Djidjelli, Algérie. — L'Instruction Laïque.

Digne, Basses-Alpes. — La Fédération Progressiste.

Druillat, Ain. — L'Union des Cultivateurs.

Denain, Nord. — La Libre-Pensée Denaisienne.

Etampes, Seine-et-Oise. — La Libre-Pensée d'Etampes et des Environs.

Flesselles, Somme. — La Libre-Pensée Militante.

Garéoult, Var. — Les Redoutables.

Gommecourt, Seine-et-Oise. — Les Riverains de l'Epte et de la Seine.

Gien, Loiret. — La Libre-Pensée de Gien.

Hautmont, Nord. — Groupe Marat.

Homps, Aude. — Groupe Barbès-Egalité.

Hellemmes, Nord. — La Philosophie Hellemoise.

Joyeuse, Ardèche. — La Libre-Pensée de Joyeuse.

Kouba, Algérie. — Groupe Denfert-Rochereau.

Lyon, Rhône. — Ni Dieu ni Prêtres, groupe rationaliste de la Morale Positive.

Lyon, Rhône. — La Vérité Matérialiste.

Lyon, Rhône. — L'Avenir Socialiste.

La Seyne, Var. — La Libre-Pensée de la Seyne.

La Ferté-sous-Jouarre, Seine-et-Marne. — La Libre-Pensée de la Ferté-sous-Jouarre.

Liancourt, Oise. — Les Fils de Quatre-Vingt-Treize.

La Grand'Combe, Gard. — L'Avenir des Prolétaires.

Lille, Nord. — La Philosophie Lilloise.

Lille, Nord. — Les Solidaires.

La Couture-Boussey, Eure. — Groupe Industriel.

La Tour-du-Pin, Isère. — Groupe Baudin.

Lisieux, Calvados. — Groupe Voltaire.

Lempire, Aisne. — Groupe Gambetta.

L'Escale, Hautes-Alpes. — Le Réveil des Alpes.

Lunel, Hérault. — L'Avant-Garde Républicaine.

Lodève, Hérault. — Groupe Barra.

La Bourine, Bouches-du-Rhône. — La Vengeance.

L'Isle-sur-Sorgue, Vaucluse. — Ni Dieu ni Maître

Les Lilas, Seine. — La Libre-Pensée des Lilas.

Les Issers, Algérie. — La Libre-Pensée des Issers.

La Ferté-Loupière, Yonne. — L'Union Anti-Cléricale de la Ferté-Loupière.

La Nouvelle, Aude. — La Libre-Pensée de la Nouvelle.

Lésignan, Aude. — Groupe Camille Desmoulins.

Langres, Haute-Marne. — La Libre-Pensée Langroise.

Lagnes, Vaucluse. — Groupe Raspail.

Laigle, Orne. — Les Eclaireurs de la Liberté.

Le Mans, Sarthe. — La Libre-Pensée du Mans.

Marseille, Bouches-du-Rhône. — La Pensée-Libre.

Mirabeau-Tarelle, Basses-Alpes. — Groupe Ça Ira!

Malvillers, Haute-Saône. — Les Admirateurs de Voltaire.

Moux, Aude. — Groupe Victor Hugo.

Meung-sur-Loire, Loiret. — Groupe des Communes.

Mostaganem, Algérie. — Les Vrais Penseurs.

Mesnil, Marne. — Le Soutien du Vrai.

Mouy, Oise. — La Pensée-Libre de Mouy.

Monceau-les-Leups, Aisne. — Groupe Rouget de l'Isle.

Maurs, Cantal. — La Libre-Pensée de Maurs.

Mougins, Alpes-Maritimes. — Groupe d'Alembert.

Montpellier, Hérault. — Groupe Saint-Just.

Mezériat, Ain. — Les Vengeurs de Baudin.

Montataire, Oise. — La Pensée-Libre de Montataire.

Mirepoix, Ariège. — La Libre-Pensée de Mirepoix.

Méru, Oise. — Groupe Jean Meslier.

Nantes, Loire-Inférieure. — Groupe Guépin.

Nantes, Loire-Inférieure. — La Sentinelle de l'Avenir.

Nîmes, Gard. — L'Etendard Révolutionnaire.

Nogent, Haute-Marne. — Les Emules de Diderot.

Neuville-sur-Ain, Ain. — Ni Dieu ni Diable.

Oran, Algérie. — La Jeune France.

Oran, Algérie. — La Libre-Pensée Oranaise.

Orléansville, Algérie. — Groupe Marceau.

Paris, Seine. — Groupe Garibaldi.

Paris, Seine. — Groupe Diderot.

Paris, Seine. — L'Union des Travailleurs.

Paris, Seine. — Groupe des Athées.

Panissière, Loire. — Toujours Libres!

Philippeville, Algérie. — La Libre-Pensée de Philippeville (anciennement : Groupe Robespierre).

Poitiers, Vienne. — Groupe Galilée.

Palaiseau, Seine-et-Oise. — La Libre-Pensée de Palaiseau.

Pantin, Seine. — La Libre-Pensée de Pantin.

Persan, Seine-et-Oise. — Groupe Delescluze.

Rouen, Seine-Inférieure. — Guerre à la Superstition!

Reims, Marne. — Groupe Matérialiste.

Rivesaltes, Pyrénées-Orientales. — La Libre-Pensée de Rivesaltes.

Roquevaire, Bouches-du-Rhône. — La Vengeance Radicale.

Romilly-sur-Seine, Aube. — La Libre-Pensée de Romilly.

Roanne, Loire. — La Libre-Pensée de Roanne.

Souk-Arrhas, Algérie. — La Vraie Justice.

Sauzé-Vaussais, Deux-Sèvres. — Fais ce que dois !

Samois, Seine-et-Marne. — L'Union des Peuples.

Sucy-en-Brie, Seine-et-Oise. — L'Union Fraternelle.

Sépeaux, Yonne. — Que la Lumière soit !

Songeons, Oise. — Les Francs Picards.

Souillac, Lot. — La Libre-Pensée de Souillac.

Saint-Désir-de-Lisieux, Calvados. — Les Enfants de la Liberté.

Saint-Martin-de-Sénozan, Saône-et-Loire. — Les Peuples Libres.

Saint-Étienne, Loire. — La Libre-Pensée de Saint-Étienne.

Saint-Nazaire, Aude. — Groupe Michelet.

Saint-Quentin, Aisne. — La Libre-Pensée de Saint-Quentin.

Saint-Leu-Taverny, Seine-et-Oise. — Groupe La Barre.

Toulon, Var. — L'Union Anti-Cléricale de Toulon.

Toulon, Var. — Groupe Blanqui.

Thouars, Deux-Sèvres. — Les Défenseurs de la Jeunesse.

Toulouse, Haute-Garonne. — Groupe Louis Blanc.

Trévoux, Ain. — La Libre-Pensée de Trévoux.

Torcieu, Ain. — Groupe Roselli-Mollet.

Uriménil, Vosges. — L'Avenir des Vosges.

Villeneuve-sur-Yonne, Yonne. — La Solidarité.

Villefranche-sur-Saône, Rhône. — Morale et Solidarité.

Venteuil, Marne. — Les Amis du Progrès.

Villeneuve-lès-Béziers, Hérault. — Groupe Molière.

Varambon, Ain. — Les Destructeurs des Préjugés.

Valenciennes, Nord. — Les Enfants de Voltaire.

Valence, Drôme. — La Libre-Pensée de Valence.

Versailles, Seine-et-Oise. — La Libre-Pensée de Versailles.

Wacquemoulin, Oise. — Groupe Arnauld de Brescia.

Sociétés simplement affiliées.

Les sociétés simplement affiliées portent, en général, le titre de « Libre-Pensée » de la commune où est situé le siège central ; il est rare qu'elles aient un autre nom distinctif.

Je me bornerai donc à indiquer les communes où résident les sociétés de ce genre, sauf à signaler entre parenthèses celles qui ont un titre particulier :

Asnières, Seine. — *Arzew*, Algérie. — *Argenteuil*, Seine-et-Oise. — *Auxerre*, Yonne. — *Aubervilliers*, Seine. — *Arles*, Bouches-du-Rhône. — *Avignon*, Vaucluse. — *Angoulême*, Charente. — *Aix*, Bouches-du-Rhône. — *Appoigny*, Yonne. — *Arbois*, Jura.

Bône, Algérie. — *Bordeaux*, Gironde (Ligue Girondine de Propagande Anti-Cléricale). — *Briare*, Loiret. — *Bonneville*, Haute-Savoie. — *Beauvais*, Oise. — *Brienon*, Yonne. — *Boulogne*, Seine. — *Brie-Comte-Robert*, Seine-et-Marne. — *Boufarik*, Algérie. — *Blidah*, Algérie. — *Ben-N'Choud*, Algérie.

Cette, Hérault. — *Cette*, Hérault (L'Indépendante).
— *Clermont-Ferrand*, Puy-de-Dôme. — *Charbuy*,
Yonne. — *Châlon-sur-Saône*, Saône-et-Loire. — *Château-Thierry*, Aisne. — *Courbevoie*, Seine (L'Anti-
Religieuse). — *Carcès*, Var (L'Union Républicaine).
— *Cannes*, Alpes-Maritimes. — *Creil*, Oise. —
Cazouls-lès-Béziers, Hérault. — *Corbeil*, Seine-et-
Oise. — *Condé*, Nord. — *Chateauneuf*, Charente. —
Crau d'Hyères, Var. — *Cognac*, Charente. — *Chablis*,
Yonne. — *Charleville*, Ardennes. — *Castiglione*,
Algérie. — *Charleville*, Ardennes (La Propagande
Anti-Cléricale). — *Chéragas*, Algérie. — *Cheny*,
Yonne. — *Châlons-sur-Marne*, Marne.

Dunkerque, Nord. — *Draguignan*, Var.

Ecouen, Seine-et-Oise. — *Ervy*, Aube. — *Etourvy*,
Aube. — *Elve*, Pyrénées-Orientales. — *Epernay*,
Marne.

Fère-en-Tardenois, Aisne. — *Fuveau*, Bouches-du-
Rhône (Le Progrès). — *Fleury*, Yonne.

Guerchy, Yonne. — *Gaillon*, Eure. — *Guise*, Aisne.
— *Gaillac*, Tarn. — *Graulhet*, Tarn. — *Garancières*,
Eure. — *Guyotville-Staouëli*, Algérie (La Solidarité). —
Gassin, Var (Les Libres-Penseurs du Golfe).

Hénin-Liétard, Pas-de-Calais.

Ivry, Seine.

Le Hâvre, Seine-Inférieure. — *Loches*, Indre-et-
Loire. — *Lézignan*, Aude. — *La Madeleine-lès-Lille*,
Nord. — *Lille*, Nord (L'Egalité). — *Lille*, Nord (Les
Penseurs Libres). — *Le Creuzot*, Saône-et-Loire. —
La Seyne, Var (Les Montagnards). — *Levallois-Perret*,
Seine. — *Lagny*, Seine-et-Marne. — *Limoges*,
Haute-Vienne (L'Union Démocratique des Travail-
leurs). — *Limoges*, Haute-Vienne (L'Union fédérative
ouvrière). — *La Chapelle-Vieille-Forêt*, Yonne.

Marseille, Bouches-du-Rhône. — *Mâcon*, Saône-et-

Loire. — *Mantes*, Seine-et-Oise. — *Montargis*, Loiret.
— *Mirefleurs*, Puy-de-Dôme. — *Morey*, Loir-et-Cher.
— *Maisons-Laffitte*, Seine-et-Oise (l'Union Démocratique des Libres-Penseurs). — *Mallemort*, Bouches-du-Rhône. — *Mèze*, Hérault. — *Meaux*, Seine-et-Marne. — *Montrieux*, Loir-et-Cher. — *Mer*, Loir-et-Cher. — *Montrésor*, Indre-et-Loire. — *Montchanin-les-Mines*, Saône-et-Loire.

Nantes, Loire-Inférieure — *Neuilly-sur-Seine*, Seine. — *Nice*, Alpes-Maritimes. — *Nîmes*, Gard (Cercle de la Bourse). — *Nolay*, Côte-d'Or. — *Nouzon*, Ardennes. — *Nogent-le-Rotrou*, Eure-et-Loir.

Orléans, Loiret.

Paris, Seine (L'Egalité). — *Pâlis*, Aube (L'Union des Libres-Penseurs). — *Puteaux*, Seine. — *Parc-Saint-Maur*, Seine. — *Paulhan*, Hérault. — *Port-Marly*, Seine-et-Oise. — *Poligny*, Jura. — *Pontoise*, Seine-et-Oise. — *Poissy*, Seine-et-Oise.

Quillan, Aude.

Reims, Marne. — *Rouen*, Seine-Inférieure. — *Roubaix*, Nord. — *Rive-de-Gier*, Loire (L'Union Démocratique). — *Rueil*, Seine-et-Oise.

Saumur, Maine-et-Loire. — *Sèvres*, Seine-et-Oise. — *Saint-Aubin-sur-Gaillon*, Eure. — *Saint-Junien*, Haute-Vienne. — *Saint-Denis*, Seine (L'Union Démocratique Italienne). — *Saint-Denis*, Seine (Les Amis du Progrès). — *Saint-Ouen*, Seine. — *Sens*, Yonne. — *Saint-Germain-en-Laye*, Seine-et-Oise (L'Anti-Religieuse). — *Saint-Pierre-lès-Calais*, Pas-de-Calais. — *Saint-Amand*, Cher. — *Saint-Julien*, Haute-Savoie. — *Sedan*, Ardennes. — *Saint-Florentin*, Yonne. — *Saintes*, Charente-Inférieure. — *Saint-Amant-de-Boixe*, Charente. — *Saint-Vallier*, Drôme.

Toulouse, Haute-Garonne. — *Tulle*, Corrèze. — *Toulon*, Var (Les Travailleurs). — *Toulouges*, Pyrénées-Orientales (Cercle Victor Hugo). — *Tours*, Indre-et-Loire. — *Taingy*, Yonne. — *Trets*, Bouches-du-Rhône. — *Toucy*, Yonne.

Urzy, Nièvre.

Villefranche-sur-Saône, Rhône. — *Vincennes*, Seine. — *Valence*, Drôme (L'Union Fraternelle Laïque). — *Vernon*, Indre-et-Loire. — *Villecien*, Yonne. — *Vanves*, Seine. — *Vendôme*, Loir-et-Cher.

J'ignore absolument si, depuis ma retraite, le contingent de la Ligue Anti-Cléricale s'est augmenté ou diminué. J'avoue que la situation de cette vaste société m'a laissé et me laisse tout à fait indifférent.

Néanmoins, je dois faire ici une simple remarque :

Selon les usages, la Ligue avait chaque année un congrès général obligatoire. En 1884, il s'était tenu à Lyon; en 1885, à Rome; et, en 1886, il devait avoir lieu à Barcelone. Or, cette année 1886 s'est écoulée sans que j'aie entendu parler de ce congrès; et, comme les réunions de ce genre ne se font pas à huis-clos, mais au contraire à grand renfort de publicité, j'en conclus que mes anciens collègues français ne se sont rendus ni en Espagne, comme cela avait été projeté, ni ailleurs.

Si ma conversion est pour quelque chose

dans ce désarroi, j'en remercie Dieu. Ce serait le signe que l'irréligieuse organisation, dont je suis l'un des plus coupables fondateurs, s'est en partie écroulée avec mon impiété.

XII

MA CONVERSION

UN SACRIFICE. — PROJET D'UN LIVRE SUR JEANNE D'ARC. — MON OUVRAGE ET LE DOSSIER DU PROCÈS DE ROUEN. — LES AFFICHES CONTRE PIE IX. — MA DERNIÈRE CONDAMNATION. — LE BAL DU VENDREDI-SAINT. — LE 23 AVRIL 1885. — LUMIÈRE DE LA FOI. — UNE NUIT DE PRIÈRES. — MA PREMIÈRE LETTRE DE CONVERTI. — LE VICAIRE DE SAINT-MERRI. — MA DÉMISSION DE MEMBRE DE LA LIGUE ET DE RÉDACTEUR EN CHEF DE LA *RÉPUBLIQUE ANTI-CLÉRICALE*. — JE ME DÉCIDE A RÉTRACTER PUREMENT ET SIMPLEMENT MES ANCIENS ÉCRITS ET A DEMEURER NEUTRE ENSUITE. — LIQUIDATION DU CONGRÈS DE ROME. — ATTAQUES VIOLENTES DE LA PRESSE RÉPUBLICAINE. — CONVERSION COMPLÈTE. — MON

EXPULSION DE LA LIGUE. — VISITE AU NONCE DU SAINT-SIÈGE. — RETRAITE : JE ME CONFESSE. — JE RENOUVELLE MA PREMIÈRE COMMUNION. — CONCLUSION.

Cependant, tandis que je multipliais mes scandales et que je mettais tous mes efforts à arracher des âmes à l'Eglise, une femme priait.

Joséphine Jogand, sœur de mon père, m'avait tenu sur les fonts baptismaux. Elle m'aimait comme si elle eût été ma mère. Elle avait eu pour moi, pendant mon enfance, toutes les tendresses; elle me combla des soins les plus affectueux.

Lorsque je fus enfermé à Mettray, à la suite des incartades que j'ai racontées, elle eut le cœur déchiré. Ah! certes, elle ne se crut pas le droit de juger ceux qui avaient conseillé mon père; mais, au fond de son âme, elle déplorait la mesure qui avait été prise à mon encontre. Elle se disait que les enfants prodigues ne reviennent que par la grâce de Dieu, et que cette grâce, c'est la prière qui l'obtient.

Elle pleura donc et pria.

Quand je revins, surexcité par la haine,

quand je me lançai à corps perdu dans cette guerre insensée dont les assauts étaient dirigés contre Dieu lui-même, elle fut navrée et pria encore.

Sa pensée ne me quittait pas. Elle me suivit au milieu de mes luttes folles, à travers mes dangers, ne se rebutant pas de mes blasphèmes. Il était écrit que mon impiété n'épouvanterait pas sa foi, ne lasserait pas son espérance, n'éteindrait pas sa charité. Elle pria, pria toujours.

Un jour, pourtant, la mesure fut comble.

Je venais d'entreprendre la campagne calomniatrice contre la mémoire vénérée de Pie IX. Non content de mentir moi-même, je faisais mentir les autres. Ivre d'une rage extravagante, je recrutais des complices et les lançais contre la papauté.

Ma marraine prit une résolution héroïque.

— Puisque mes prières ne suffisent pas, dit-elle, je me sacrifierai tout entière.

Seule, dans ma famille, elle possédait une certaine fortune, fruit de son travail et de ses économies.

Souvent, elle avait secouru bien des misères. Cette fois, elle se dépouilla de tout. Elle distribua ses biens aux pauvres, avec le stoïcisme d'une chrétienne qui se dévoue pour forcer la miséricorde divine.

Son sacrifice fut tel, que je ne puis l'exposer dans toute sa splendeur, elle vivante. J'ai à compter avec l'humilité de cette sainte fille, qui éprouverait du chagrin si je divulguais aujourd'hui les délicatesses de son abnégation.

Bref, elle abandonna le monde, ne se réservant pas un centime, et entra en religion. Ses amis durent se cotiser pour lui fournir un trousseau.

Elle se voua à la prière jusqu'à la dernière minute de son existence. Le couvent dans lequel elle se cloîtra, est celui de Notre-Dame de la Réparation, à Lyon. Le nom qu'elle adopta, en prenant le voile, est celui-ci : sœur Marie des Sept-Douleurs.

Ah ! soyez mille fois bénie, vous qui vous êtes offerte en holocauste au Seigneur pour l'expiation de mes crimes !

Dieu, que je bravais, ne devait pas demeurer sourd à un aussi sublime appel.

Ce sacrifice, je l'ignorais. Depuis longtemps je n'avais plus aucune relation avec ma famille. Jamais ma chère marraine ne m'avait adressé le moindre reproche. Elle priait pour moi, dans le silence, sans me faire savoir qu'elle priait.

Je n'ai appris et constaté ces admirables choses qu'au lendemain de ma conversion.

Donc, rien ne pouvait me laisser supposer qu'un pieux héroïsme s'était jeté dans la balance de la justice céleste pour servir de contrepoids à mes infamies et m'obtenir grâce et lumière.

Je poursuivais ma triste carrière, semant partout l'ivraie, soufflant à tous les vents la haine du Christ, portant chaque jour des défis à la patience de Dieu.

En août 1884, je formai le projet d'écrire l'histoire de Jeanne d'Arc, en me plaçant exclusivement au point de vue irréligieux. Le procès de la glorieuse Pucelle ayant été dirigé par l'évêque Cauchon, je me dis qu'il serait facile de tirer parti de cette situation pour incriminer toute l'Eglise.

L'idée m'avait été suggérée par M. Pierre Vésinier, qui fut un des secrétaires d'Eugène Sue.

— Eugène Sue, me dit un jour M. Vésinier, a traité d'une façon incomplète l'histoire de la libératrice d'Orléans. Il a passé sous silence certains détails qui figurent dans diverses dépositions faites au cours de l'enquête sur la captivité de Jeanne d'Arc à Rouen. Le dossier de cette enquête existe. Trouvez-le, et vous pourrez vous en faire une arme terrible contre le clergé.

Le conseil me parut bon.

Je mandai un homme compétent, expert dans les recherches de ce genre, habitué des bibliothèques de Paris, fouilleur de vieilles archives, un de ces spécialistes, en un mot, pour qui les parchemins les plus antiques n'ont pas de secrets.

— Savez-vous, lui demandai-je, si le dossier du procès de Jeanne d'Arc par l'évêque Cauchon existe encore et où il se trouve ?

— Parfaitement, me répondit-il. Cauchon fit faire cinq copies de ce dossier. L'une était destinée au roi d'Angleterre et se trouve à la bibliothèque du Palais-Bourbon. La seconde, envoyée au pape, doit être dans les archives du Vatican. La troisième copie, conservée à l'Officialité de Rouen, est celle qui a été déchirée par sentence, lors de la réhabilitation de Jeanne d'Arc. Les deux dernières copies, que Cauchon avait fait transcrire, l'une pour lui, l'autre pour un de ses complices, nommé Jean Lemaistre, ont été retrouvées et sont déposées toutes deux à la Bibliothèque Nationale..... Au surplus, Jules Quicherat, l'ancien directeur de l'Ecole des Chartes, a déchiffré ces manuscrits latins et les a publiés tels quels dans la collection de la *Société de l'Histoire de France*, collection qui est à la Bibliothèque Nationale.

— Fort bien. Vous allez parcourir ces documents et vous aurez soin de m'en extraire tout ce qui pourra être exploité contre le clergé. Vous ne vous préoccuperez nullement des laïques qui ont été mêlés au procès de Jeanne d'Arc ; vous ne me recopierez que ce qui concerne les ecclésiastiques. Est-ce compris ?

— C'est compris.

L'homme, à qui je parlais ainsi, ne se livrait pas pour la première fois à des recherches de ce genre en mon nom. Il savait fort bien qu'il n'aurait plus à compter sur moi, s'il m'apportait un travail impartial.

Je lui dis encore :

— Duruy, dans son *Histoire Populaire de France*, raconte que Jeanne d'Arc, au fond de son cachot de Rouen, fut en butte aux outrages de ses geôliers et eut même à repousser un lord anglais. Y aurait-il moyen de démontrer que les bourreaux de la vierge lorraine, non seulement l'ont brûlée vive, mais encore l'ont livrée au bûcher après l'avoir déshonorée ?... Vous comprenez, sans doute, l'importance que j'attache à ce fait. Je veux faire retomber la responsabilité de l'assassinat de Jeanne d'Arc sur le clergé en général, sur l'Eglise elle-même. Par conséquent, j'ai à cœur de présenter ce crime au public comme ayant été accompli dans les conditions les plus atroces possibles.

— Je chercherai, me répondit M. R***; mais, sur ce point, il sera bien difficile de faire la lumière. Vous ne pourrez guère vous livrer qu'à des suppositions. Le Saint-Siège vous ne l'ignorez pas, a fait réviser, en 1456, le procès de la Pucelle et prononcer la réhabilitation de la victime de Cauchon. Or, il n'est pas probable que les témoins du procès de révision aient déposé sur la question spéciale qui vous intéresse. Enfin, je chercherai.

Quelques jours après, je reçus la visite de M. R***. Il n'avait rien trouvé qui établît que Jeanne d'Arc avait été déshonorée ; mais trois témoins du procès de révision, Isambart de la Pierre, Martin Ladvenu et Guillaume Manchon, avaient déposé que la captive dut, le

27 mai 1431, reprendre le costume masculin qu'elle avait quitté et qu'elle le reprit « pour se défendre contre les outrages de ses geôliers ».

Ces trois témoignages n'affirmaient rien de plus. N'importe, je m'en contentai. En les présentant habilement, en les commentant, je pouvais leur donner la signification qu'ils n'avaient pas.

M. R*** me remit aussi quelques extraits du procès dirigé par Cauchon et diverses études médicales sur les cas d'hallucination.

Muni de ce bagage, je partis pour la campagne, afin d'écrire, en toute tranquillité, mon livre projeté sur *Jeanne d'Arc, victime des prêtres*.

Ayant complètement perdu la foi, je ne voyais en Jeanne qu'une héroïne française, que l'ardeur de son patriotisme avait rendue hallucinée. Je l'admirais comme patriote, je la plaignais comme victime de Cauchon et des Anglais; mais je n'apercevais, dans son cas, aucune mission surnaturelle.

J'écrivis donc mon livre, en demeurant terre à terre.

Pour moi, la vierge lorraine, surexcitée par les horreurs de l'invasion, *avait cru entendre* ce qu'elle appelait ses voix, — je ne mettais pas sa bonne foi en doute, — et avait pris ses désirs pour la réalité. C'était, à mon avis, une hallucination pure et simple.

Elle s'était vaillamment battue, et, à ce point de vue, mon admiration pour la Pucelle était sans bornes.

Trahie, elle avait été livrée aux Anglais. Son procès avait été instruit par des ecclésiastiques vendus à l'ennemi envahisseur. En ne pas parlant du vrai clergé de France, qui, lui, ne trempa pas dans l'abominable crime, en représentant la réhabilitation ordonnée par le Saint-Siège comme un acte de diplomatie, je jetais à la face de l'Eglise entière l'infamie personnelle de Cauchon et de ses complices.

En outre, je rendais les bourreaux de Jeanne plus odieux encore qu'ils ne sont, en transformant leurs outrages de soldats grossiers en violences immorales ayant abouti.

Sur ce thème, j'écrivis douze chapitres; mon manuscrit donnait la matière d'un petit volume in-18, de 200 à 250 pages. Mon but était de répandre, parmi le peuple, un livre de propagande facile, qui devait, grâce à la sympathie attachée à mon héroïne, attiser les haines contre le clergé.

Des circonstances indépendantes de ma volonté m'empêchèrent de mettre ce premier projet à exécution. La Librairie Anti-Cléricale avait obtenu d'assez grands succès avec divers ouvrages en livraisons illustrées. Ma femme me conseilla d'adopter pour *Jeanne d'Arc* ce mode important de publication.

Je lui fis observer que le sujet ne comportait aucun développement; mon manuscrit ne pouvait fournir que 16 ou 17 livraisons. Ce n'était vraiment pas la peine de se mettre en frais pour si peu.

Elle insista. Les clients de la librairie demandaient alors qu'on publiât quelque grand ouvrage illustré.

Après avoir bien réfléchi, je dis un jour à ma femme :

— Voici ce qui est possible, relativement à mon ouvrage sur Jeanne d'Arc à mettre en livraisons : on publierait mon manuscrit tel qu'il est, et on le ferait suivre du compte-rendu *in-extenso* du procès de Rouen ; je n'aurais pour cela qu'à traduire le dossier latin, qui est à la Bibliothèque Nationale. Le procès donnerait environ de 30 à 35 livraisons. On aurait ainsi un grand ouvrage que l'on remplirait d'illustrations.

Tel fut le projet définitif de la publication.

Les premières livraisons furent donc composées avec les douze chapitres destinés d'abord à former un petit volume de propagande populaire, c'est-à-dire avec les chapitres rédigés d'après mes notes personnelles et les quelques pages d'extraits que M. R*** m'avait fournis. Puis, lorsque le manuscrit fut épuisé, je me mis à traduire le dossier latin déchiffré par Quicherat; c'était là le procès complet et authentique de Jeanne d'Arc.

Il ne me fallut pas longtemps pour constater que j'avais souvent commis des erreurs en basant mes appréciations sur des passages tronqués. L'*in-extenso* contredisait parfois ma dissertation partiale à l'excès. En publiant, après mes chapitres, la traduction fidèle et complète des documents latins, j'allais passer pour un imbécile aux yeux du lecteur. Aussi, sans vergogne, je m'empressai de retrancher tout ce qui me gênait.

Néanmoins, j'étais ennuyé d'agir ainsi, et, si la publication n'avait pas été commencée, je n'eus pas peut-être mutilé ainsi le dossier. Mais, mes chapitres avaient paru, le public attendait la suite, je ne pouvais reculer. Traduire tout avec exactitude, c'eût été avouer le parti-pris de ma rédaction personnelle et le faire constater. Je livrai donc aux lecteurs une œuvre de mauvaise foi.

A ce même moment, la Librairie Anti-Cléricale avait, d'autre part, publié de nouveau, à grand renfort d'affiches illustrées, le roman absurde sur les prétendues débauches de Pie IX. Ces affiches avaient causé grand émoi, et la presse catholique éclatait en articles indignés.

Que représentaient ces affiches ? Une série de médaillons, la tête de Pie IX et de nombreuses têtes de femmes.

Le dessin n'avait par lui-même rien d'indécent, du moins pour les libres-penseurs aux yeux de qui le pape est un homme comme un autre ; mais les chrétiens, par contre, avaient le droit de trouver ces placards nettement immoraux, puisqu'ils outrageaient le souverain pontife dans sa vertu de célibataire en quelque sorte sacré.

Enfin, par ces affiches, la Librairie Anti-Cléricale attaquait le Saint-Siège, qui a un nonce à Paris et auprès duquel la France a un ambassadeur.

Le gouvernement, mis en demeure d'agir,

fit déchirer les placards. Le conseil des ministres délibéra à ce sujet, et il fut décidé, au dire du *Temps,* que je serais déféré aux tribunaux.

Alors ce qui se passa dans la presse républicaine fut inouï. Chaque journal déclara que les affiches étaient absolument inoffensives et que le ministre de l'intérieur, en les faisant arracher, commettait un acte d'arbitraire. Seulement, les écrivains du parti, sauf de rares exceptions, ajoutaient, comme s'ils eussent obéi à un mot d'ordre, qu'ils étaient désolés d'avoir à plaider, en cette occasion, la cause d'un infâme personnage, etc., etc. Toutes les vieilles calomnies furent rééditées dans cette circonstance; ce fut un déchaînement général.

J'avoue que je ne m'attendais pas à ce coup-là. La Franc-Maçonnerie, qui ne me pardonnait pas mon indépendance, avait bien manœuvré.

Un désespoir profond m'envahit.

Je trouvais toute naturelle l'explosion de colère des catholiques : c'étaient des adversaires ; de leur part, toute récrimination était légitime. Mais, être en butte aux attaques des miens, et cela pour la millième fois, oh! cela m'écœurait ; j'étais découragé, anéanti.

Pourtant, je luttai encore contre le dégoût dont j'étais abreuvé. Le jeudi 23 avril, j'écrivis, pour mon journal, un article en réponse aux diverses calomnies des confrères républicains. J'y disais que la poursuite, dont j'étais menacé et qui avait été rendue possible par les diffamations incessantes de la bohême littéraire, ne me lasserait pas.

Je concluais en ces termes :

« Allons, qu'on la commette, cette monstruosité! Je n'ai jamais reculé d'un pas dans la lutte que j'ai entreprise. Je le jure bien, la condamnation, tant désirée par mes ennemis, redoublera mes forces. »

Cette journée du 23 avril ayant décidé de mon avenir, il importe, pour que le lecteur comprenne toutes mes émotions, que je fasse ici un court retour en arrière.

J'étais fatigué depuis longtemps de la haine que je sentais peser sur moi dans mon propre parti. Quelques mois auparavant, j'avais eu à comparaître devant le Tribunal correctionnel au sujet de dessins dont je n'étais pas l'auteur, mais dont le parquet me rendait responsable, attendu qu'ils étaient intercalés dans un de mes livres. Le Tribunal, présidé par un conseiller général radical de la Seine, m'avait condamné, sans vouloir m'entendre, à quinze jours de prison et deux mille francs d'amende. En appel, j'avais trouvé, au contraire, des juges impartiaux, désireux de s'éclairer; ils m'écoutèrent; le président, d'abord très mal disposé pour moi, me laissa donner toutes les explications que je voulus; il prit la peine de lire l'ouvrage dont les dessins incriminés étaient l'accompagnement. Bref il reconnut que le livre, par lui-même, n'avait rien de délictueux, et la Cour, réduisant la mesure de ma responsabilité dans la publication des gravures, m'enleva la peine de la prison, diminua l'amende de moitié et supprima les considérants du jugement de première instance, qui furent reconnus « manifestement exagérés ». La Cour se composait de magistrats conservateurs. Cette différence de conduite à mon égard m'avait beaucoup frappé. J'avais toujours été traité au vinaigre; je fus tout surpris de me voir appliquer, pour la première fois, le régime du miel.

D'autre part, ma situation de secrétaire général de la Ligue Anti-Cléricale me permettait d'assister à de nombreuses défections. Je le voyais, bon nombre de nos libres-penseurs allaient à l'église dans les grandes circonstances de la vie; leur anti-cléricalisme n'était qu'extérieur. J'étais pris pour confident par mes collègues. On m'apprenait qu'à raison de ceci ou de cela on était obligé soit de se marier religieusement, soit de faire baptiser son enfant, soit de lui faire faire la première communion, et l'on me suppliait de n'en rien dire. Je n'étais pas capable de trahir ces braves gens qui me confiaient leur secret et que je plaignais de tout mon cœur; mais ces aveux multipliés me donnaient fort à réfléchir. C'était souvent des chefs des groupes qui se rendaient ainsi à l'église en cachette; il y eut même un mariage religieux au sein de la Commission Centrale de la Ligue, mariage que je fus seul à connaître et dont je fus très contrarié.

— Ah! ça, me disais-je, elle est donc plus forte que tout, cette vieille croyance, pour que ceux que je pensais les plus fermes y sacrifient malgré nos statuts, dans les moments solennels !

Et, afin de m'étourdir, je poussai mon impiété à l'extrême.

C'est ainsi que j'avais organisé, avec mes amis du *Groupe Garibaldi*, un bal anticlérical pour le 3 avril, jour du Vendredi-Saint. Pour tourner en dérision les croyances catholiques, je m'étais travesti en « saint

Nicolas », portant une auréole sur la tête, et, au côté, le saloir légendaire où paraissent les trois petits enfants ressuscités. Ce fut mon dernier sacrilège.

Tel était donc mon état mental, à l'époque où je devais recevoir le coup de grâce : affliction ressentie par suite de ce que je nommais les « défaillances » de mes collègues libres-penseurs ; exaltation d'esprit irréligieux poussée à son paroxysme ; violent chagrin causé par l'incessante constatation des basses rivalités et des haines lâches qui déchiraient mon parti ; et, par dessus tout, profond dégoût des républicains et de moi-même.

Ne croyant plus à rien, je n'avais dès lors qu'une chose à faire, en ma qualité de sceptique incrédule, pour en finir avec tous ces écœurements : me suicider. C'eût été me conformer à la logique libre-penseuse.

Dans quelle crise suprême la foi allait-elle me revenir ?

Chaque semaine, je consacrais deux journées à la traduction du procès de Jeanne d'Arc. Ce travail m'était très pénible : il mettait sans cesse sous mes yeux ma partialité, qui, s'aggravant par la suppression des passages qui me gênaient, devenait de plus en plus de la mauvaise foi.

Je ne pouvais me résoudre à donner au public les documents tels quels; leur reproduction fidèle et complète eût été, je l'ai expliqué, la condamnation de ce que j'avais d'abord écrit, alors que je n'étais pas en possession du dossier *in-extenso*. Mais, en accomplissant cette besogne déloyale, je me disais, seul à seul avec ma conscience :

— Ce que je fais là n'est pas honnête.

Et puis, il faut bien le déclarer, je me sentais d'autant plus honteux que j'admirais le caractère sublime de Jeanne d'Arc.

Les passages que je retranchais du procès étaient ceux qui avaient trait à ses visions. Je maintenais intact, au contraire, tout ce qui faisait resplendir le patriotisme de la vierge lorraine; en supprimant le surnaturel auquel je ne croyais pas, je transformais la Pucelle en « héroïne laïque ».

Je n'avais parlé des « voix » de Jeanne que lorsqu'il s'était agi de représenter la vaillante fille à Domremy. C'était à ce propos que j'avais formulé ma théorie sur les hallucinations.

Mais la suite de cette merveilleuse histoire m'embarrassait.

Jeanne d'Arc, en effet, n'a pas affirmé ses « voix » seulement avant d'entrer en campagne. Elle persista toujours à dire qu'elle les entendait sans cesse : pendant la guerre, à Orléans, lors du sacre de Charles VII, dans la période de ses dernières expéditions, à Compiègne, à Beaurevoir, enfin, à Rouen, durant le procès, et même à la veille de sa mort.

Or, la manière admirable dont la Pucelle conduisit la campagne contre les Anglais prouve nettement qu'elle n'était point une hallucinée; le moindre de ses plans de bataille ferait honneur à nos meilleurs capitaines. Son attitude, devant les juges, démontre aussi qu'elle était en possession de tout son bon sens ; il est évident même, pour quiconque prend la peine de lire le dossier, que Jeanne, au cours de ces débats extraordinaires, fut d'une supériorité hors ligne, et que, elle qui n'avait jamais appris à lire, confondit les théologiens les plus experts et les juristes les plus habiles.

Tout en elle tient du prodige, et le prodige, je ne l'admettais pas.

Mais j'avais beau couper les alinéas qui contrariaient mon incrédulité, je ne les en avais pas moins devant les yeux. Ils me poursuivaient au milieu de mes loisirs. Je les revoyais, comme s'ils eussent été écrits dans l'air en lettres de feu.

Et je ne pouvais mettre en doute l'authenticité des documents, puisque la grosse du procès, rédigée par Cauchon et son complice Thomas de Courcelles, ne comportait pas des appréciations favorables à Jeanne.

D'un bout à l'autre, le dossier s'exprime ainsi : « Jeanne prétend ceci et cela ; donc, elle est coupable d'imposture ».

Le tout était de savoir si réellement Jeanne mentait dans ses affirmations.

— Mentir ? me disais-je ; elle, la loyauté incarnée ! elle, la bravoure personnifiée ! elle, qui serait morte de honte, si elle eût été contrainte à une minute de dissimulation !

Mais, alors, si elle ne mentait pas ?...

Étant donnée la teneur du dossier, je me trouvais, moi, incrédule, réduit à revenir à cette conclusion :

— Non, Jeanne est sincère ; l'admirable héroïne française est incapable d'un mensonge. Donc, elle est hallucinée.

Mais, aussitôt, la direction imprimée par son génie à la guerre contre l'Anglais, ses étonnants plans de bataille, sa magnifique défense si pleine d'intelligence, si éclatante de raison, devant le tribunal de Rouen, tout cela se dressait en face de mes objections.

Le 23 avril, j'avais écrit l'article dont j'ai parlé tout à l'heure, article où je jurais que rien ne me ferait renoncer à la lutte contre la religion.

Après avoir envoyé les feuillets à l'imprimerie, je me remis, pour terminer la journée, à ma traduction du procès de Jeanne d'Arc.

Je fus assailli, plus violemment que jamais, par les raisonnements qui se heurtaient et se contredisaient dans mon esprit éperdu.

Tout à coup, j'éprouvai comme une secousse formidable dans tout mon être. Il me sembla qu'une voix intérieure me criait :

— Fou que tu es! halluciné toi-même! tu ne comprends donc pas que Jeanne est une sainte, et que, du moment qu'elle était incapable d'un mensonge, elle a réellement eu les visions qu'elle a affirmées? tu ne comprends donc pas, malheureux, qu'elle accomplissait une mission surnaturelle? tu ne comprends donc pas que le surnaturel existe, malgré ton scepticisme impie, malgré ton incrédulité?

Je ne sais ce qui eut lieu alors.

En quelques secondes, je vis revivre tout

mon passé : ma première bonne communion et ma première communion sacrilège; Mongré, Saint-Louis et Mettray; mon père, ma mère, ma sainte marraine; les jours heureux de mon enfance et les amertumes de ma vie anti-cléricale; les amitiés sincères de ceux dont je m'étais séparé et les implacables haines des sectaires auxquels je m'étais lié; la bonté des uns et la méchanceté des autres; mes mensonges, mes injustices, mes folies.

Et j'éclatai en sanglots.

— Pardon, mon Dieu! murmurais-je à travers mes larmes; pardon pour mes blasphèmes! pardon pour tout le mal dont je me suis rendu coupable!

Je me renfermai avec soin dans mon bureau, pour ne pas être dérangé; je me jetai à genoux, et, pour la première fois depuis dix-sept ans, je priai.

Le soir venu, je ne dis rien à ma femme du changement qui s'était opéré en moi. Je ne pus dîner et ne donnai aucune raison de mon manque d'appétit.

Je ne pus dormir, non plus. Ma femme ne s'en étonna nullement; car il m'arrivait assez souvent d'avoir l'esprit préoccupé par un projet de travail et d'employer une nuit d'insomnie à écrire.

Je me retirai encore dans mon bureau. Je passai cette nuit en prières. Je me promis d'aller, dès le lendemain, me faire absoudre de mes crimes.

Aux premières lueurs du jour, je résolus de faire part de ma conversion à un catholique qui n'avait jamais désespéré de moi et qui m'avait toujours témoigné de l'amitié. Cet ami était M. Mercier, dont je fis la connaissance à Marseille en 1872.

Voici la lettre que je lui écrivis :

Paris, 24 avril 1885.

Cher Monsieur Mercier,

Cette lettre va vous apporter une surprise bien agréable. Depuis hier, je ne suis plus le même homme; je suis transformé du tout au tout.

Votre cœur de catholique et d'ami a dû bien souffrir pendant ces dernières années, chaque fois que vous avez appris un de mes scandales anti-chrétiens; mais, sans doute, vous avez prié pour moi, — car vous me portiez, je le sais, une réelle affection, — et vos prières ont été exaucées.

C'est hier, vers trois heures de l'après-midi, que j'ai entendu en moi-même comme une voix me reprochant toutes mes fautes. Cela a été plus fort que moi, j'ai pleuré. Mes impiétés m'ont fait horreur. Je me suis demandé si je pourrais jamais obtenir le pardon de mon Dieu que j'ai tant outragé.

Puis, j'ai considéré combien sa miséricorde est infinie, et j'ai pris espoir.

— Oui, me suis-je dit, que Dieu est bon d'avoir toléré des blasphèmes pareils à ceux que j'ai publiés, des sacrilèges pareils à ceux que j'ai commis!... Il aurait pu me foudroyer, et, avec justice, me plonger dans l'éternel abîme de la damnation. Il ne l'a point voulu; au contraire, il a attendu que je me fusse enfoncé au plus profond de l'antre obscur de l'incrédulité, pour me donner tout à coup la lumière de sa grâce.

Je crois! je crois!

Je vais, ce matin même, me confesser, moi qui ai tant dénigré la confession.

C'en est fait, l'esprit des ténèbres est à jamais chassé de mon âme. Je mettrai désormais tous mes efforts à réparer, s'il est possible, tout le mal que j'ai accompli.

Mon excellent père n'avait jamais désespéré de ma conversion; lui aussi, il a beaucoup prié pour moi. Je me souviens qu'il me l'a dit souvent, et il ajoutait qu'il adressait à ce sujet des prières particulières à sainte Monique, qu'il la suppliait d'obtenir de Dieu ma conversion ainsi qu'elle avait obtenue celle de son propre enfant. Or, voici que, comme le fils de cette bienheureuse mère, comme saint Augustin, je me convertis dans ma trente-deuxième année.

Je vous prie de faire dire une messe d'actions de grâces, pour remercier Dieu de sa miséricorde à mon égard. Faites-la dire à Notre-Dame de la Garde, où j'irai avec vous à mon premier voyage à Marseille.

Je ne saurais vous exprimer à quel point je suis heureux depuis hier. Je n'ai jamais ressenti une

impression intérieure aussi douce. Je suis soulagé
d'un poids qui m'écrasait.

Que Dieu est grand ! et que ses desseins sont vraiment impénétrables ! Je suis confondu d'éprouver un pareil bonheur, d'être l'objet d'une faveur dont je suis l'être au monde le plus indigne.

Je vous embrasse de tout mon cœur.

Gabriel Jogand-Pagès,
dit Léo Taxil,
35, rue des Écoles.

à Monsieur Mercier,
   administrateur à l'Œuvre de l'Hospitalité de Nuit,
      Asile de la rue Marengo,
         à Marseille.

Quant à mon père, je n'osai pas lui faire connaître mon changement. La joie qu'il en devait ressentir eût pu lui porter un coup fatal ; telle était du moins ma crainte. Je pensai donc qu'il y avait nécessité à le préparer, et je me contentai de lui envoyer de mes nouvelles ; ce qui ne manqua pas de le surprendre agréablement, — il y avait si longtemps que je ne lui avais plus écrit !

Ce 24 avril donc, à huit heures du matin, je me rendis à une église. — Un jour, au retour d'un mariage civil, obligé de me garer de la pluie, j'étais entré dans une église de la rue Saint-Martin, et là un tableau représentant un sacrilège avait vivement attiré mon attention et m'avait même impressionné. C'était la paroisse de Saint-Merri. — Le souvenir de ce tableau me fit choisir cette église.

Je demandai un prêtre, n'importe lequel. On m'envoya le vicaire qui était, ce jour-là, de service.

Je m'agenouillai et voulus entamer une confession, sans me nommer, bien entendu. Mais bientôt le prêtre, comprenant qu'il n'était pas en présence d'un pénitent ordinaire, m'interrompit et me pria de revenir un autre jour, attendu que je me trouvais dans ce qu'on appelle un « cas réservé ».

Ce fut donc bien malgré moi que ma confession n'eut pas lieu ce jour-là.

Toutefois, pour alléger ma conscience, je me fis ensuite connaître du vicaire, et nous causâmes longuement, non comme confesseur et pénitent, mais comme deux amis.

Je n'ai pas besoin de dire la surprise du bon prêtre, quand il sut qui j'étais.

Trois jours après, à la réunion de la Commission Centrale de la Ligue Anti-Cléricale, je donnai ma démission.

Le *Bulletin de la Ligue* la relata en ces termes:

« Lundi 27 avril, réunion ordinaire mensuelle, etc. — *Démission du Secrétaire*. Le citoyen Léo Taxil expose qu'en présence des attaques incessantes auxquelles il est en butte de la part, non seulement des cléricaux qui le traitent avec raison en adversaire, mais aussi de la plus grande partie des républicains tant modérés que radicaux, il donne sa démission et de la Commission Centrale et de la Ligue. Il dit qu'il est, cette fois, arrivé à l'écœurement le plus absolu, en face de la mauvaise foi et du parti-pris manifestés sans cesse contre lui par ceux qui auraient dû au contraire le soutenir. Le citoyen M*** fait observer que toute la Ligue sait à quel point le citoyen Taxil s'est toujours sacrifié à la cause anti-cléricale. Le citoyen Taxil réplique que, s'étant sacrifié en effet et étant constamment représenté comme un homme indigne exploitant les libres-penseurs, il ne peut que se retirer, et il le fait de façon la plus complète. Toutefois, il s'offre à expédier, comme par la suite, les affaires courantes, jusqu'à son remplacement. »

A ce moment, mon intention était seulement de m'effacer et de disparaître. Le Congrès de Rome, dont j'avais été le principal organisateur, allait se tenir; je me trouvais dans un grand embarras.

Divulguer mes résolutions ultérieures, c'était faire échouer le Congrès. Je tenais à m'en désintéresser désormais; mais je ne voulais pas que l'on pût m'accuser, dans les groupes de la Ligue, de l'avoir empêché; ces hommes, les seuls chez qui j'avais rencontré des sympathies, auraient eu le droit, pensais-je, de dire que j'avais agi avec déloyauté.

Lorsque, à l'âge de quatorze ans, je vins à la libre-pensée, j'étais zélateur de la Petite Œuvre de Notre-Dame du Sacré-Cœur. Or, on l'a vu, je tins à liquider d'abord cette situation.

De même, en 1885, je considérais comme loyal de ne faire ma rétractation publique de mes mauvais écrits que lorsque la Ligue Anti-Cléricale aurait pourvu à mon remplacement.

Je sais que beaucoup de personnes, tant parmi les catholiques que parmi les libres-penseurs, ne comprendront pas ces scrupules ; mais, dans un ouvrage comme celui-ci, je ne dois rien cacher des phases par lesquelles j'ai passé avant d'arriver à une complète conversion. Tant pis pour moi si je suis jugé sous un jour défavorable ! Du reste, ces aveux délicats et difficiles seront les meilleurs garants de ma sincérité.

Au surplus, je le reconnais, j'étais et je suis encore plus qu'imparfait. J'avais retrouvé la foi, ce qui fut pour moi, dès le premier instant, un bien inappréciable ; mais j'avais encore grandement besoin de m'affermir dans mes bonnes résolutions. Sans la grâce divine qui me poursuivit et m'accabla, qui sait si je ne serais pas retombé dans l'abîme ? qui sait si ma tentative de retour au bien, demeurée sans résultat, ne serait pas restée un secret entre Dieu et l'humble prêtre de Saint-Merri ?

Organisateur du Congrès de Rome, je fus nommé délégué. Je prévins mes collègues que mon rôle se bornerait à un service purement matériel ; sous cette réserve expresse, j'acceptai la délégation. Mes collègues, qui ne pouvaient se passer de moi (pas un d'entre eux n'avait des relations en Italie), souscrivirent à cette condition. En somme, nul d'eux n'a le droit de prétendre que je n'ai pas été en tout strictement correct.

Et, maintenant qu'on peut juger l'état de mon âme, on comprendra que ce voyage à Rome, effectué dans ces conditions, fut pour moi la plus douloureuse des corvées.

Quand j'y songe, je me dis parfois que je n'aurais pas dû l'accomplir. Si j'avais, par impossible, trouvé là-bas un peu de fraternité, je serais peut-être retourné à mes erreurs, trompé par ce mirage. Heureusement pour mon salut, j'eus, en Italie, le spectacle des mêmes haines entre libres-penseurs, et, une fois dégagé de cette atmosphère de mal, je revis, plus lumineux que jamais, le phare qui m'avait éclairé dans la journée du 23 avril.

Ainsi, Dieu me voulait malgré moi-même.

J'avais, dès le premier instant, donné ma démission de rédacteur en chef de la *République Anti-Cléricale*.

Ma retraite de la Ligue provoqua quelques adresses de groupes. Plusieurs, pour me faire revenir sur ma détermination, m'élurent président d'honneur.

Je refusai cette distinction, cela va sans dire, et j'écrivis un dernier article qui aurait dû faire comprendre à mes lecteurs et amis la nature de mes résolutions.

Voici, entre autres choses, ce que j'écrivais, pour conclure, à la date du 16 mai (n° 316 du journal) :

... Je le déclare en toute franchise, je n'en veux nullement à ceux qui, pour faire œuvre d'adversaires à mon égard, ont ramassé dans la presse soit opportuniste, soit intransigeante, soit révolutionnaire, des mensonges qu'ils pouvaient croire être l'expression de la vérité. Je n'en veux qu'aux hommes de mauvaise foi qui ont inventé ces mensonges et qui les ont accrédités. Et encore, est-il bien exact de dire que je leur en veux ? Non, je ne ressens plus aucune haine, je n'ai qu'écœurement et dégoût.

Il devait venir, le moment de la lassitude ; il es

venu. Mes yeux devaient enfin s'ouvrir; ils sont ouverts. Et je vois qu'à part de rares exceptions, qui ne font que confirmer la règle, la fraternité républicaine est une fiction. Jamais elle n'entrera dans le domaine de la réalité; elle ne le peut pas. 1793 en a donné le sinistre exemple; les républicains sont condamnés à se dévorer les uns les autres.

Ceux qui me connaissent pour m'avoir fréquenté, ceux qui savent ce que j'ai souffert, ne me blâmeront pas. Quant à ceux qui se croient des rocs inébranlables pour avoir supporté quelques contrariétés sans conséquence, ceux-là me jetteront la pierre; je leur pardonne dès à présent.

Au moins, la situation fausse, dans laquelle je me suis trouvé jusqu'à ce jour, cessera. Mais je ne prétends engager personne. La Ligue Anti-Cléricale, dans laquelle j'ai trouvé de sérieuses amitiés, n'est pas responsable de mon départ; mes collaborateurs eux-mêmes ne sont pas solidaires de moi, et je leur laisse le champ libre. Mais, puisse mon exemple leur servir!

Tout ce que je demande aux groupes de la Ligue et aux amis dont je cesse d'être le collaborateur, ce n'est pas de me voter des présidences honoraires auxquelles je n'ai aucun droit et que je refuse; ce n'est pas non plus de me plaindre, car c'est précisément aujourd'hui que je ne suis plus à plaindre. Ce que je leur demande, c'est de dire et répéter, chaque fois que l'occasion s'en présentera, ce qu'ils savent, c'est-à-dire que j'ai été, de la part de la grande majorité des républicains, l'objet des plus injustes attaques; que, lorsqu'on a allégué que j'ai exploité les libres-penseurs, on a menti, puisque j'ai au contraire sacrifié à la propagande tout ce que j'ai gagné; que, lorsqu'on a affirmé dans des réunions publiques que j'ai réalisé un capital me donnant vingt-cinq mille francs de rentes, on a menti, puisque je n'ai jamais possédé un placement d'un centime ; que, lorsqu'on m'a appelé écrivain pornographe, on a menti, puisqu'on ne saurait citer un seul alinéa de n'importe lequel de mes ouvrages qui soit contraire aux bonnes mœurs ; que, lorsqu'on m'a traité de faussaire, de plagiaire, de repris de justice, on m'a lâchement calomnié, puisque, après avoir porté ces accusations, on a refusé de reproduire les lettres que l'on avait niées, de citer la conclusion du procès Roussel, de Méry (conclusion à mon honneur devant la Cour de Cassation), de publier ma carte d'électeur ou mon casier judiciaire.

En me retirant, en cessant d'appartenir à la Ligue et à la libre-pensée, j'obéis à ma conscience. Je ne suis certes pas un homme indispensable ; il n'en existe, du reste, pas.

Au surplus, en ce qui me concerne, j'use d'un droit suprême, celui que tout opprimé possède, de conquérir sa liberté. J'étais enchaîné par mille considérations qui paralysaient toutes mes forces et dont aujourd'hui je me débarrasse. Je courbais la tête sous un joug honteux qui m'écrasait ; ce joug, je le brise. J'étais claquemuré dans un cachot infect et ténébreux, les mains rivées par la discipline du mal ; je renais au jour, je me délivre.

A la suite de ma double démission de ligueur et de journaliste anti-clérical, le président de la Libre-Pensée d'Orléans, M. François Bonnardot, membre d'une Loge maçonnique et rédacteur en chef du *Démocrate du Loiret*, m'écrivit la lettre suivante :

Orléans, 17 mai 1885.

Cher citoyen Taxil,

Votre détermination de cesser le combat contre le cléricalisme est un événement qui ne saurait passer inaperçu.

Vous étiez incontestablement le plus hardi des ennemis des sectes religieuses.

Nul parmi les contemporains n'a autant fait que vous pour abolir les superstitions, parce que vous attaquiez les cultes dans leur principe même, qui est la divinité.

Aussi, nul n'a abouti autant que vous !

J'apprécie les motifs qui vous ont dicté votre résolution ; je comprends que vous soyez dégoûté après toutes les calomnies, tous les outrages et tous les actes de mauvaise foi que vous avez subis de la part de certains républicains.

Mais vous aviez pour vous le gros de l'armée anticléricale ; l'approbation de presque tous les libres-penseurs vous était acquise.

Votre retraite jette le désarroi dans la libre-pensée.

Il est impossible que vous renonciez d'une manière définitive à une tâche si bien commencée.

Vous me pardonnerez de vous tenir ce langage, quand je vous aurai appris que je me suis constitué votre défenseur toutes les fois que j'en ai eu l'occasion : les polémiques du *Démocrate* avec des journaux locaux en font foi.

Je conserve l'espoir que votre décision n'est pas irrévocable, et que la libre-pensée vous retrouvera bientôt en tête de ses militants.

Agréez, cher citoyen Taxil, l'assurance de mon dévouement.

François BONNARDOT.

P.-S. — Je vous prie de m'autoriser à publier votre réponse avec ma lettre.

Je répondis immédiatement :

Paris, 18 mai 1885

Cher citoyen Bonnardot,

L'expression exacte de ma pensée se trouve dans mon article du n° 316 de la *République Anti-Cléricale* (16 mai), article contenant mes adieux aux quelques libres-penseurs que la calomnie de la grande majorité des journalistes républicains de Paris n'a pas encore détachés de moi.

J'en ai assez.

Abreuvé d'outrages par les intransigeants et les opportunistes, par les révolutionnaires et les modérés, criblé de traits perfides que des lâches me décochaient par derrière, tandis que, soldat indépendant, je me battais à l'avant-garde; lassé, découragé, écœuré, je ne puis résister au dégoût qui m'envahit et je brise pour toujours ma plume anti-cléricale.

Puisque la fraternité républicaine n'est qu'un mensonge, qu'ils se dévorent donc tous les uns les autres! Qu'Hébert envoie Vergniaud à la guillotine! Que Danton y envoie Hébert! Que Robespierre à son tour y envoie Danton! et que Tallien termine la série en y envoyant Robespierre!

Et, quand un tirailleur se donnera de tout cœur à la libre-pensée et se battra sans vouloir accepter le mot d'ordre d'aucune coterie, que la Franc-Maçonnerie, dans l'ombre, le perce de ses flèches empoisonnées!...

Vous me demandez l'autorisation de publier ensemble et votre lettre et ma réponse. Je vous donne cette autorisation bien volontiers. J'ai toujours été pour le grand jour. Dussè-je voir se tourner contre moi demain les rares amis qui m'étaient restés, j'estime que la détermination irrévocable que j'ai prise ne doit pas demeurer secrète.

Ayant, plus que personne, contribué à l'organisation du congrès anti-clérical qui va se tenir à Rome à la fin de ce mois, j'irai dans la capitale de l'Italie, mais simplement comme le serviteur des autres délégués, comme un employé qui fait son service et ne joue qu'un rôle absolument passif. Et sitôt le congrès fini, je reprendrai ma liberté, et, dégagé des faux scrupules qui m'ont lié les mains jusqu'à ce jour, je travaillerai, d'accord avec ma conscience, à confondre les misérables intrigants qui trompent, volent et corrompent le peuple sous le masque républicain.

Ce jour-là, sans doute, vous vous joindrez à mes ennemis. Je vous le pardonne d'avance, à raison de la sympathie cordiale que vous m'avez témoignée, quoique franc maçon.

Personnellement je serai toujours votre dévoué.

LÉO TAXIL.

A la suite de cette lettre qu'il publia avec la sienne dans le *Démocrate du Loiret*, M. François Bonnardot imprimait ces lignes :

C'est navrant ! Et pourtant que de choses vraies dans cette lettre !

Le devoir des libres-penseurs et des francs-maçons libres est de venger Léo Taxil, victime d'intrigues de certaines coteries républicaines qui semblent avoir pour mission d'entraver le progrès dans la République.

Léo Taxil n'a pas trente-deux ans et il s'est fait un

nom ; il est des gens qui ne lui pardonnent pas de les avoir devancés !

Nous nous engageons, nous, à faire notre devoir envers ce calomnié.

En attendant, les cléricaux vont illuminer.

F. B.

Deux mois après, le même M. Bonnardot, dans le même *Démocrate du Loiret*, écrivait ceci :

Selon nous, les cléricaux font une triste recrue.
Folie des grandeurs ! telle est peut-être l'explication du retour de Léo Taxil.
Quoi qu'il en soit, le fait n'a rien qui puisse alarmer la libre-pensée ; c'est un ambitieux de moins, voilà tout.

J'ai dit qu'au Congrès de Rome ma conduite fut strictement correcte. Je tins ma promesse : je fus, en quelque sorte, le serviteur des autres délégués.

Quand, plus tard, mes collègues de la Ligue finirent par comprendre que, lors du voyage en Italie, j'avais cessé de penser comme eux, ils incriminèrent *ma pensée*. Et ce sont les anti-cléricaux qui parlent d'inquisition !

Mais, avant ces récriminations, un incident se produisit.

Une note du *Salut Public*, de Lyon, à mon

sujet, me valut une bordée générale d'injures de la part de la presse républicaine tout entière.

Je m'étais promis de faire une rétractation pure et simple de mes anciens écrits et de disparaître ensuite, après avoir rétabli la vérité sur quelques hommes de la démocratie et sur quelques faits présentés au public libre-penseur sous un faux-jour. Mais je ne comptais pas exécuter une véritable rentrée dans l'arène politique.

Il semble vraiment que mes anciens coreligionnaires, au lieu de me laisser la paix, tenaient à m'aiguillonner.

Ils défigurèrent à un tel point mes actes que je finis par où j'aurais dû commencer. Le dégoût fit place à un repentir sans réserve. Dieu aidant, je compris enfin que je devais, non une rétractation banale sans lendemain, mais bel et bien une réparation absolue, complète, ne pouvant cesser qu'avec mon existence.

Je n'avais plus demandé à me confesser. Je me dis dès lors : « Ce que j'avais le devoir de faire se fera ; je solliciterai la levée des censures ecclésiastiques prononcées contre moi ; je ne laisserai pas se perdre dans une lâche indifférence les fruits de la grâce que Dieu, le 23 avril, daigna m'accorder. »

Et, le 23 juillet, je me rendis dans les bureaux de l'*Univers*; je demandai à parler à M. Auguste Roussel, avec qui j'avais été si souvent en polémique, et je lui remis la déclaration que voici :

Paris, le 23 juillet 1885.

Monsieur le rédacteur de l'*Univers*,

Le journal le *Salut Public*, de Lyon, ayant annoncé ma démission de membre de la Ligue Anti-Cléricale et y ayant ajouté un commentaire, — erroné sur quelques points de détail, mais empreint d'une grande bienveillance à mon égard et rempli en tout cas d'excellentes intentions, — un grand nombre de journaux républicains de Paris et de la province en ont tiré prétexte pour déverser sur moi, avec plus de violence que jamais, les outrages de leur répertoire habituel.

Amplifiant ce qu'ils ne prenaient même pas la peine de contrôler, inventant à plaisir, et interprétant ensuite injurieusement contre moi leurs propres inventions, ces journaux, depuis quinze jours, mentant à qui mieux mieux, me salissent de toute leur boue, l'un disant que, si j'ai donné ma démission, c'est une manière de trahir après fortune faite, l'autre donnant à entendre que je me suis vendu.

Ici, l'on me représente allant au Congrès anti-clérical de Rome en « sleeping-car » et me jetant aux pieds de tous les prêtres que je rencontre; là, on raconte qu'à mon retour, passant à Marseille, je suis allé déposer une abjuration solennelle de mes écrits entre les mains d'un révérend père, mon ancien professeur ; ailleurs, on dit même qu'à Rome j'ai fait des démarches auprès du Vatican.

Ces compléments divers de ma démission du 27 avril sont aussi faux les uns que les autres :

1º Loin d'aller au Congrès de Rome en « sleeping-car », j'ai modestement voyagé en seconde classe avec mes collègues de délégation, et ni à l'aller ni au retour je n'ai rencontré un prêtre quelconque.

2º A mon passage à Marseille, non seulement je n'ai vu aucun révérend père ou abbé ou ancien professeur, mais je ne suis même pas allé rendre visite à ma famille.

3º Quant à mon séjour à Rome, je n'ai pas quitté d'un pas les autres délégués des sociétés françaises de libre-pensée, et, si je suis allé au Vatican, cela a été avec eux, dans les salles ouvertes au public, non pour faire des démarches, mais pour admirer les chefs-d'œuvre de Michel-Ange et de Raphaël (tous mes collègues du Congrès peuvent le certifier).

Seulement, ce qui n'était pas hier sera à partir d'aujourd'hui.

Dans le numéro du 14 juillet de l'*Univers* vous disiez, avec infiniment de bon sens, que ma lettre de démission n'indiquait qu'une pure et simple retraite, et que le dégoût qui y éclatait n'était pas le repentir.

Eh bien, monsieur, je vous prie de le croire, le repentir est aujourd'hui complet. J'étais découragé, écœuré ; mais je ne croyais pas encore que de la presse républicaine il pût sortir tant d'injustice, tant de parti-pris, tant de mauvaise foi.

Je ne suis absolument pour rien dans le bruit qui s'est élevé autour de ma retraite ; j'ai refusé de répondre aux reporters qu'on m'a envoyés ; et l'on écrit que c'est moi qui me suis organisé une réclame!

Je n'ai fait aucune démarche auprès d'aucun journal du parti que j'avais combattu jusqu'à ce jour, et l'on écrit que tous les bureaux de rédaction d'organes catholiques m'ont fermé leurs portes !

On entasse mensonges sur mensonges.

Et j'ai cru, pendant dix-sept ans, que c'était dans le parti républicain que se trouvait la vérité ! Et j'avais sacrifié à ce parti toutes mes amitiés d'enfance! Et j'en étais presque venu à oublier mon père, mon bien-aimé père, sur qui l'un de ces journaux bave aujourd'hui sa dérision !

Dans quel aveuglement impardonnable ai-je donc été ?

Aussi, cette abjuration solennelle, que je n'avais pas faite, de mes erreurs, je la fais.

Et cette démission pure et simple, que j'avais donnée, ne suffit plus à ma conscience. Je demande à la Ligue Anti-Cléricale mon exclusion. Car, il ne s'agit plus, à présent, d'un acheminement vers le repentir, selon votre expression, mais du repentir lui-même, sincère et absolu ; car, à l'écœurement que m'ont fait éprouver telles et telles iniquités, a succédé la honte de mes fautes ; car, si je pleure aujourd'hui, c'est non de colère et de dépit, mais sur le scandale que j'ai donné, que je regrette de tout mon cœur et que tous mes efforts tendront désormais à réparer.

Veuillez agréer, je vous prie, monsieur le rédacteur, mes salutations empressées.

Léo Taxil.
(Gabriel Jogand-Pagès.)

En présence de cette manifestation publique

de mes nouveaux sentiments, le *Groupe Garibaldi*, de la Ligue Anti-Cléricale, convoqua d'urgence ses membres, pour une réunion solennelle, dont l'ordre du jour était :

« Expulsion du citoyen Léo Taxil. »

Le secrétaire du groupe m'envoya une des lettres de convocation.

Les personnes, à qui je la montrai, me dirent :

— N'allez pas à cette réunion. Vos anciens collègues doivent être furieux. Vous risquez de recevoir un mauvais coup.

— Je suis convoqué, j'irai. Du reste, je connais mes anciens camarades. Ce sont, pour la plupart, de braves ouvriers, égarés comme je l'ai été, mais honnêtes. Je n'ai pas peur. Ils ne sont pas capables d'abuser de leur nombre contre un homme seul ; ce ne sont pas des lâches.

— Mais des francs-maçons s'introduiront dans la réunion. Il y aura foule compacte. Il ne faut qu'une étincelle pour mettre le feu aux passions d'une multitude déjà irritée. Au moins, permettez que quelques amis vous accompagnent.

— Non, j'irai seul. Je suis à peu près sûr que des francs-maçons se glisseront à la séance.

Si j'étais accompagné, ils ne manqueraient pas de crier aux ligueurs que je viens les braver, et alors une collision pourrait se produire. Seul, je serai bien plus fort.

Je me rendis donc, le lundi 27 juillet, à la réunion de la Ligue. A tout hasard, je m'étais armé d'un révolver, pour me défendre, au cas où, contrairement à mes prévisions, ma vie viendrait à se trouver en danger.

La séance se tenait dans un vaste local situé au sous-sol du café de France, à l'intersection de la rue Turbigo et de la rue du Temple. La salle était comble, et, dès mon entrée, je remarquais plusieurs francs-maçons, étrangers à la Ligue, qui s'étaient mêlés à l'assistance.

On était en pleine séance, au moment de mon arrivée. Le bureau avait pour président M. M***, ancien administrateur de la *République Radicale*, assisté du trésorier central de la Ligue et du secrétaire du *Groupe Diderot*.

Le président faisait un discours.

Il paraît que l'opinion générale était que je ne viendrai pas ; car mon entrée produisit une véritable stupeur.

— Comment ! il ose se présenter ici ! criait-on de toutes parts. Quelle audace !

— Il est fou! ripostaient quelques-uns.

Ce fut un tumulte indescriptible.

Le président, vexé d'être ainsi interrompu au milieu d'une de ses plus éloquentes périodes, agitait sa sonnette. Enfin, le silence se rétablit tant bien que mal.

M. M***, alors, de m'apostropher avec la dernière violence :

— Eh quoi! vous avez l'infamie de venir braver en face ceux qui s'apprêtent à vous expulser? Il faut vraiment que vous n'ayez rien dans le ventre (*textuel*). Vous n'êtes pas fou, cependant!... Vous n'avez pas cru à la religion, une seule minute de votre vie, et vous n'y croirez jamais.... Vous êtes un comédien et un lâche!... Quoi! après avoir formé dix-sept mille adhérents, après avoir créé le grand mouvement anti-clérical, vous reniez tout cela!... Vous n'en avez pas le droit. C'est un crime! Vous êtes un traître!... Il vaudrait mieux que vous eussiez tué tous ces hommes qui sont ici plutôt que de les trahir de la sorte!... A votre tour, vous aviez charge d'âmes.... Ah! nous ne sommes pas dupes de votre abjuration! La vérité, c'est que le Vatican vous a payé cher, ou, s'il ne vous a pas encore remis le prix de votre trahison.

vous allez le toucher bientôt... Je vous mets au défi de prouver que vous ne vous êtes pas vendu !...

Je veux répondre. Le bureau se refuse à me laisser parler.

— Nous n'avons plus rien de commun avec vous, clame le président ; vous êtes un lâche, d'être venu ici !

— Eh ! répliqué-je, si vous ne vouliez pas me voir, il ne fallait pas me convoquer.

— Non, non, nous ne vous écouterons pas.

Tapage.

Les uns sont d'avis que je dois me retirer ; les autres, qu'il est utile qu'on m'entende.

Un vote de l'assemblée me donne la parole.

— Je ne viens pas, dis-je, présenter les moindres excuses. Cette expulsion, que vous allez prononcer, c'est moi-même qui l'ai demandée. Si j'ai déféré à votre convocation, c'est parce que je tiens bien à vous déclarer que je ne vous abandonne pas par trahison, comme votre président, qui ne connaît pas mon cas, le déclare. Un général qui trahit, c'est celui qui livre son armée à l'ennemi ; un traître, c'est encore l'agent secret qui espionne ses compatriotes et se fait payer son espionnage. Eh bien, il faut que vous le sachiez, je n'ai jamais été chez vous un espion et je ne vous livre nullement à vos adversaires. Si j'ai été longtemps avec vous, c'est parce que j'ai cru longtemps que la vérité se trouvait dans la cause anti-cléricale. Je reconnais que je me suis trompé ; j'ai bien ce droit, il me semble ! mais je ne vous compromets en aucune façon en vous quittant. Personne d'entre vous n'éprouvera jamais la moindre mésaventure à raison de mon retour parmi mes amis d'enfance. Voilà ce que je suis venu vous déclarer. Dites que je renie le drapeau de la libre-pensée, oui ! mais que je vous trahis, non !...

J'allais ajouter quelques considérations sur l'amitié inaltérable que je garde, quand même, aux personnes des ligueurs, — car la divergence des opinions n'exclue pas l'affection qui s'attache à l'individu, — lorsque le président, hors de lui, m'interrompt.

— C'en est trop ! s'écrie-t-il. L'impudence de ce misérable n'a pas de limites ! L'assemblée se déshonore en l'écoutant !...

Et là-dessus, il annonce qu'il ne me laissera pas continuer, ou qu'il y perdra son nom.

Un ligueur dit que c'est de l'intolérance.

— Qu'il parle! fait-il; qu'il dise tout ce qu'il voudra! Nous verrons ensuite comment nous apprécierons ses explications.

Le bureau proteste.

— M. Léo Taxil se moque de vous et de nous! crie le président. Tant pis pour ceux qui acceptent ses défis à notre bon sens! Mais je lui retire la parole et il n'ouvrira plus la bouche dans cette enceinte. Qu'il se taise donc et nous débarrasse au plus tôt de sa présence!

Vacarme.

— Il parlera!

— Il ne parlera pas!

Quelques poings se lèvent, me menaçant.

— Allez à Lourdes! glapit une voix.

— Il n'est pas question de Lourdes, réponds-je, mais de la liberté que vous violez en refusant de m'entendre.

— Qu'on le mène à Charenton! hurle un autre.

— Non, je ne suis pas fou! m'écrié-je à mon tour. Vous le verrez bien, un jour, je l'espère, si vous ne me comprenez pas à cette heure.

Et, dans le tumulte, ces cris dominaient :

— Il parlera!

— Il ne parlera pas !

Le président et ses assesseurs donnent leur démission de membres du bureau. L'assemblée les remplace par trois ligueurs qui sont d'avis que je dois parler.

J'étais très ému. Beaucoup de ceux qui m'injuriaient étaient encore mes amis quelques jours auparavant. J'avais le cœur brisé; car il m'en coûtait de rompre désormais avec les ligueurs qui, pour la plupart, sont de braves gens, bons pères de famille. Je me maudissais de les avoir tant trompés; je souffrais de me sentir, pour une grande part, la cause de leur aveuglement.

Ce fut, avec les yeux pleins de larmes, que je leur exprimai la reconnaissance éternelle que je leur garde de n'avoir jamais cru aux calomnies maçonniques concernant ma probité.

— Alors, pourquoi nous reniez-vous? répliquaient-ils.

— Je ne vous renie pas comme amis; mais je ne puis plus faire cause commune avec vous comme ligueurs, puisque je suis convaincu que j'ai, trop longtemps, hélas! marché dans une fausse voie.... Quant à vous, s'il est vrai que ma rétractation publique vous oblige à m'exclure de votre société, l'expérience vous prouvera, d'autre part, que vous avez affaire à un homme incapable de jamais vous nuire, et j'espère bien qu'un jour beaucoup de ceux qui sont ici me serreront la main en amis, sinon en partisans des mêmes idées.

— Non! non! allez-vous-en!

Un des membres de la Commission Centrale donne alors lecture de ma lettre à l'*Univers*, et ajoute :

— Plutôt que d'écrire cette lettre, citoyen Taxil, vous auriez dû vous brûler la cervelle!

Suit une explication échangée entre un de mes collaborateurs et quelques assistants. On reproche à mon collaborateur de ne pas avoir averti la Ligue dès qu'il avait compris quelles étaient mes idées nouvelles. Celui-ci répond que, n'étant pas ligueur, il n'avait pas à se mêler d'autre chose que du journal, et que, depuis ma démission de rédacteur en chef, la *République Anti-Cléricale* est aussi fidèle qu'avant à son programme.

— Taxil était lié à moi, dit-il, par les liens d'une vieille affection. Il ne m'appartenait pas de venir vous faire lire entre les lignes de son dernier article; c'était à vous de comprendre le sens de sa retraite. Mais, sachez-le, sa femme et moi, nous ne lui avons pas ménagé notre façon de penser, et tout ce que vous pouvez lui dire ici n'est rien auprès de ce que nous lui disons depuis deux mois.

Cela est vrai, en effet. Ma femme et mes collaborateurs, du jour où ils surent que j'étais décidé à me rétracter publiquement, m'accablèrent sans cesse de reproches, et j'eus à soutenir chez moi de véritables assauts. Je fus en butte aux récriminations de ma chère femme, affolée; je ne sais comment j'ai pu résister à ses supplications.

Cette confidence, relative aux orages de mon intérieur, ne calma pas les ligueurs, furieux contre moi, et incapables d'éprouver un sentiment de justice même à l'égard de celle qui était de cœur avec eux.

— Sa femme, répondirent-ils après que mon collaborateur eût parlé, elle est d'accord avec lui; elle joue la comédie encore plus habilement que son mari!

Et voilà comment elle fut récompensée de son obstination à demeurer anti-cléricale.

La séance touchait à sa fin.

Il y eut un débordement confus de tous les

cancans auxquels ma conversion avait donné lieu. On était sûr, disait-on, que je me confessais régulièrement; la femme d'un ligueur avait affirmé, à la librairie de la rue des Écoles, que l'on m'avait vu communier le dimanche précédent; pour quelques-uns, même, je n'avais jamais cessé de pratiquer, et la libre-pensée avait été trompée par moi pendant dix-sept ans. Bref, j'avais servi d'instrument aux jésuites; c'était un coup monté depuis longtemps; mon anti-cléricalisme n'avait pas eu d'autre but que ma conversion.

On pense si je laissai dire !

Enfin, le président mit aux voix l'ordre du jour suivant, qui fut voté à l'unanimité :

Considérant que le nommé Gabriel Jogand-Pagès, dit Léo Taxil, l'un des fondateurs de la Ligue Anti-Cléricale, a renié tous les principes qu'il avait défendus, a trahi la libre-pensée et tous ses co-antireligionnaires;

Les ligueurs présents à la réunion du 27 juillet 1885, sans s'arrêter aux mobiles qui ont dicté au nommé Léo Taxil son infâme conduite, l'expulsent de la Ligue Anti-Cléricale comme traître et renégat.

— Je renie la libre-pensée, dis-je; mais je n'ai jamais trahi et ne trahirai jamais personne !

Et je m'en allai, tranquillement comme

j'étais venu, au milieu des vociférations, du tumulte et de quelques menaces.

A la suite de mon expulsion, je reçus un certain nombre de lettres de ligueurs. Beaucoup disaient me plaindre. Trois ou quatre m'injuriaient. Une dame libre-penseuse, non-affiliée à la Ligue, mais s'étant toujours intéressée à ma lutte contre la religion, écrivait à ma femme pour lui indiquer un traitement à me faire suivre; car, dans sa pensée, j'étais évidemment fou : elle mettait même sa campagne à ma disposition, afin que j'eusse un repos absolu.

D'autre part, je reçus une lettre de félicitations du secrétaire de l'*Union Anti-Cléricale*, groupe de la libre-pensée de Toulon. Il avait ouvert les yeux, lui, quelque temps avant moi.

C'était un homme très tolérant. Sa femme, ayant été dangereusement malade, avait demandé à recevoir les derniers sacrements, et, respectueux de cette volonté suprême, il avait fait venir un prêtre. La chère morte fut ensuite enterrée avec les cérémonies de l'Église.

Cette conduite si correcte lui valut d'amers reproches de la part des ligueurs toulonnais, qui eussent voulu que le mari libre-penseur empêchât sa femme de mourir dans sa religion.

Le secrétaire de l'*Union Anti-Cléricale*, à la suite de ces faits, avait donné sa démission du groupe; l'intolérance de ses collègues l'avait éclairé. C'est aujourd'hui un converti sincère, un catholique plein de zèle; son retour à Dieu a été des plus ardents.

Au lendemain de la fameuse séance où je dus tenir tête à mes anciens camarades d'impiété, je reçus la visite d'un des principaux rédacteurs du *Catholic Times*, de Londres, qui, après avoir longuement causé avec moi, me proposa de me présenter à Mgr di Rende, nonce du Saint-Siège à Paris.

J'acceptai de grand cœur, trop honoré d'être reçu, moi, indigne, par le représentant du Souverain Pontife.

Mgr di Rende fut plein de bonté. Avec une douceur exquise, il m'interrogea sur mon enfance; ce qui l'intéressait le plus vivement, c'était de savoir dans quelles conditions je m'étais séparé de l'Église; il tenait à se rendre compte de la cause déterminante de mon irréligion. Je ne lui cachai rien. Quand je lui racontai ma réclusion à Mettray, il ne put s'empêcher de dire :

— Pauvre enfant ! pauvre enfant !... Ah ! il ne vous fallait pas, je le comprends, un régime de rigueur... Au moins, mettez à profit votre expérience ; et puisque votre conversion irrite les personnes qui vous touchent de plus près, soyez pour elles meilleur que jamais.

J'exposai à Mgr di Rende mes projets.

— Que comptez-vous faire ? m'avait-il demandé.

— Mon foyer, lui répondis-je, est devenu le séjour de la discorde la plus violente ; je suis absolument désespéré. Nous nous séparerons, ma femme et moi, à l'amiable. En ce qui me concerne, je tiens à disparaître. J'irai finir ma triste vie dans quelque couvent pour prier et faire pénitence jusqu'à ma mort. Un de mes amis de Lyon s'occupe en ce moment de me procurer une retraite chez les Chartreux.

Le nonce me dissuada de ce projet.

— Ne vous laissez pas entraîner, me dit-il, par un mouvement irréfléchi que peut-être vous regretteriez plus tard. Je crois qu'une retraite vous est en ce moment utile, mais une retraite courte, de quatre ou cinq jours au plus, le temps nécessaire pour vous rendre la paix de l'âme. Il serait fâcheux que, dans l'état d'esprit où vous vous trouvez, vous prissiez une résolution définitive. D'ailleurs, vous n'avez pas le droit de vous séparer de votre petite famille; c'est vous qui avez apporté l'irréligion à votre foyer; en subissant l'impiété aujourd'hui, vous ferez une réelle pénitence... Et pourquoi Dieu, qui a été si miséricordieux pour vous, n'ouvrirait-il pas un jour les yeux de ceux qui vous sont chers, comme il vous les a ouverts à vous-même?... Priez, priez; soyez bon, charitable, patient; aimez votre famille de tout votre cœur; votre femme et vos enfants finiront bien par comprendre que l'Eglise ne leur a pas ravi une parcelle de votre affection, et, la grâce de Dieu aidant, cette épreuve, qui en somme est juste et méritée, ne durera pas toujours.

Je remerciai vivement Mgr di Rende pour ces consolantes paroles, et je tombai à ses pieds.

— Monseigneur, lui dis-je, que le Saint-Siège reçoive, en votre personne, l'expression de mon sincère repentir, pour le passé, et l'hommage de ma soumission respectueuse et sans réserve, pour le présent et l'avenir!

Son Excellence me bénit et me releva aussitôt.

— Maintenant, mon ami, fit-il, embrassons-nous, comme entre père et fils.

Je me jetai dans ses bras.

C'est ainsi que je fus relevé des censures ecclésiastiques prononcées contre moi.

Le 31 août, j'entrai, pour quatre jours, dans une maison de retraite religieuse, située aux environs de Paris. Il me tardait d'être admis au tribunal de la pénitence; car, le 24 avril, je n'avais pu me confesser, me trouvant dans un « cas réservé ».

Il est vrai que mes anciens collègues de la Ligue prétendaient savoir que je me confessais et que je communiais depuis quelques mois déjà. Malheureusement pour moi, il n'en était pas ainsi, et les libres-penseurs avaient, une fois de plus, parlé de ce qu'ils ignoraient absolument.

Je fus admis à la confession, le 1er septembre seulement. Je passai trois jours dans la méditation et la prière, et, le 4 septembre, le Révérend Père C***, muni de pleins pouvoirs, me donna l'absolution.

Cependant, ma chère femme, de plus en plus irritée, avait tenu à se séparer de moi.

Je lui faisais horreur, disait-elle, et elle parlait comme elle pensait.

Je me résignai donc à cette cruelle séparation, qui, par bonheur, ne devait pas être longue.

On ne rompt pas, pour une divergence d'opinions, une union de dix ans.

Le 12 novembre, ma femme, après plusieurs entrevues, consentit à reprendre notre existence en commun, et il fut convenu que nous vivrions dans une tolérance réciproque.

Mais il me restait à accomplir un pieux pèlerinage.

Je désirais revoir ma bonne et sainte marraine, dont le sacrifice et les prières sont certainement une des causes de ma conversion.

Je me rendis donc à Lyon, où je me rencontrai avec mon bien-aimé père, venu de Marseille à cette occasion, malgré son grand âge. Et, le 15 novembre, j'eus la joie ineffable de renouveler enfin ma première communion, dans la petite chapelle du couvent de Notre-Dame de la Réparation, au quartier de Saint-Irénée, tout auprès de Fourvières.

Le lendemain, je revoyais Mongré, séjour béni du plus heureux temps de mon enfance, et, par une faveur toute providentielle, j'y trouvais, lui aussi de passage, l'excellent Père Samuel, celui-là même qui, vingt ans auparavant, m'avait préparé à recevoir pour la première fois mon Créateur.

Le 18, mon retour au foyer conjugal était un fait accompli.

Quant à la librairie de la rue des Ecoles, ma femme, par la force des choses, avait dû la quitter, malgré les espérances dont elle s'était un moment bercée.

Au commencement de l'année 1885, la situation de cette maison d'édition anti-cléricale était la suivante :

L'actif (matériel, marchandises, fonds en caisse et propriétés littéraires) s'élevait à 600,000 fr. Le passif (comptes des fournisseurs et dettes courantes) s'élevait à 75,000 fr. Le chiffre d'affaires variait entre 25,000 à 30,000 fr. par mois.

J'ai tenu à donner ces chiffres pour répondre à une calomnie républicaine. En effet, certains journalistes libres-penseurs, ne pouvant comprendre ma conversion et obligés de constater que je n'étais nullement fou, ont écrit, à l'époque de ma rétractation publique, que « j'étais retourné à l'Eglise parce que l'anti-cléricalisme ne me rapportait plus. »

Or, comme la librairie de la rue des Ecoles a été dans l'obligation de se fermer en décembre 1885, ses clichés mis à la fonte et ses marchandises vendues au vieux papier pour le pilon, il importait d'établir que ma conversion a, non pas suivi, mais bien au contraire précédé de huit mois cette liquidation.

Ma démission (27 avril) de membre de la libre-pensée et de rédacteur en chef de la *République Anti-Cléricale,* et mon refus d'écrire désormais le moindre volume contre la religion, porta un coup mortel à la maison d'édition dont il s'agit ; ma rétractation publique (23 juillet) l'acheva.

On a donc menti, en disant que c'est la ruine de la Librairie Anti-Cléricale qui m'a fait redevenir chrétien. Au 23 avril 1885, cette maison avait un très bel avenir commercial.

Quant à ceux qui, par contre, ont insinué « qu'en me convertissant je me retirais, après fortune faite », ils ont menti également.

La vérité est que j'ai quitté la rue des Écoles sans posséder autre chose que quelques livres de travail et mes vêtements, et que ma femme, victime d'une situation à laquelle elle était étrangère et dont elle s'irritait, a dû, à son tour, abandonner jusqu'à son dernier sou aux liquidateurs de sa librairie.

Enfin, quelques personnes se sont étonnées que cette maison d'édition se soit effondrée ainsi, sans trouver d'acquéreur.

En voici la raison :

Ce ne sont pas les acquéreurs qui ont manqué ; mais ceux qui se présentaient me demandaient l'autorisation de rééditer mes œuvres anti-cléricales qui formaient la partie la plus importante du fonds de commerce.

Voyons, en conscience, pouvais-je accorder cette autorisation ? et ne devais-je pas, comme je l'ai fait, m'opposer au contraire à toute réimpression de mes ouvrages maudits et rétractés, quelles que pussent être les conséquences de mon refus ?

Laissons-là ces explications. Que les républicains et les libres-penseurs s'imaginent que, d'une manière ou d'une autre, c'est le vil intérêt qui m'a guidé ; peu m'importe. Comment, eux, incrédules, eux qui ne voient en tout que la matière, comment pourraient-ils envisager une conversion autrement qu'en se plaçant à un point de vue matériel ?

Plaignons ces aveugles. Il leur est impossible de comprendre les joies suaves d'une conscience qui a enfin trouvé la paix.

Et que les catholiques, dont la foi sait apprécier les splendeurs de la miséricorde céleste, unissent leurs prières aux miennes pour demander à Dieu pour moi la grâce de la persévérance.

Qu'ils prient pour ceux qui me sont chers. Qu'ils prient pour tous les malheureux que mes mauvais écrits ont trompés et détournés de la religion.

Paris, le 25 décembre 1886. *à 32 ans*

CONCLUSION

Un homme a été assez malheureux pour blasphémer, pendant une longue suite d'années, la religion sainte que Dieu est venu lui-même apporter aux hommes. Ce même Dieu, par un miracle de sa grâce, le touche en un moment ; Dieu éclaire son esprit et parle à son cœur, le voile tombe, et, devenu chrétien, et chrétien pénitent, il reconnaît que sa vie a été une suite des égarements les plus honteux et les plus coupables, même devant les hommes. Il lève les yeux au ciel, et compare un long endurcissement à la bonté du Dieu qui l'en a retiré, et qui lui promet encore grâce, si sa conversion est sincère et durable. Ce contraste effraie sa raison : il ne peut comprendre comment il est possible qu'il obtienne un pardon dont il sent qu'il est indigne. En songeant à la justice de Dieu, il est prêt à douter de sa miséricorde ; mais l'Évangile lui répond par la voix d'un de ses apôtres : « Dieu a tant aimé les hommes, qu'il leur a envoyé son Fils et l'a livré à la mort pour eux. » C'est alors que le pécheur pénitent comprend cet ineffable mystère : sa raison orgueilleuse et aveugle l'avait rejeté son amour contrit et humilié le sent profondément. Il croit parce qu'il aime ; il croit parce qu'il est reconnaissant ; il croit parce qu'il voit toute la bonté du Créateur, proportionnée aux misères de la creature. O mon Dieu ! tous vos mystères sont des mystères d'amour, et c'est pour cela qu'ils sont divins. L'homme n'inventerait pas ainsi ; cela est trop au-dessus de lui : un Dieu seul a pu nous le dire, parce qu'un Dieu seul a pu le faire. Si l'homme refuse de croire, c'est qu'il est ingrat ; et il est ingrat, parce qu'il est aveugle. O Dieu ! qui avez tant aimé les hommes, donnez la lumière aux aveugles, et touchez les ingrats....

O mon Dieu ! je sais bien que ces vérités que j'écris sont la condamnation de ma vie entière. C'est vous qui me les avez apprises, et je les avais oubliées si longtemps, et je me croyais éclairé ! Tel est donc l'aveuglement des passions, que je ne comprenais même pas ce qui me paraît aujourd'hui si simple et si clair. Vous avez daigné m'ouvrir les yeux en un moment. Achevez, ô mon Dieu ! après m'avoir fait connaître mes fautes, apprenez-moi à les réparer autant qu'il est en moi : donnez-m'en le temps et les moyens, si tel est l'ordre de vos miséricordes, et que l'aveu que je fais ici puisse être utile à mes frères, dont aucun n'a été un aussi grand pécheur que moi. Et qu'ils disent avec moi : « Cognovi, Domine, quia æquitas judicia tua ; mon Dieu, j'ai reconnu que vos jugements sont l'équité même. »

(LA HARPE.)

TABLE DES MATIÈRES

	Pages.
Avant-Propos	5
I. Mon Enfance. — Ma famille. — Le petit pensionnat du Sacré-Cœur. — Mongré. — Une bonne première communion	7
II. La Déchéance. — Saint-Louis. — La Petite Œuvre. — Un louveteau. — Dernières prières. — Un sacrilège. — Mon premier journal. — Perspicacité d'un professeur	27
III. La Révolte. — Le prestige d'un pamphlétaire. — Deux athées. — Un juif. — Projet insensé. — Les 25 francs de Notre-Dame du Sacré-Cœur. — Fuite de la maison paternelle. — Mettray. — Existence en partie double. — Lettre de mon père à Pie IX. — Réponse du Souverain Pontife.	43
IV. Dévoyé. — Lycéen et ancien détenu politique. — Une émeute scolaire. — Au jour le jour. — En simple police. — Le culte de Marat. — Gambetta et Esquiros. — Le plébiscite. — Conspirations. — Un échappé du séminaire. — La guerre franco-allemande. — Zouave par fraude. — Dures étapes. — Engagement cassé. — La Jeune Légion Urbaine. — Garibaldi. — La Garde Civique. — Trois préfets pour une préfecture. — La comédie des cours martiales. — Gent et la balle introuvable. — Les clubs. — Je deviens Léo Taxil	85

V. **La Commune.** — Le règne des journalistes. — Gent et les élections générales. — Une fausse joie de Spuller. — Programme officiel exécuté au rebours. — Les malheurs d'Henri Fouquier. — Un gouvernement improvisé. — Tout Marseille sautera. — Le gâchis insurrectionnel. — Le 4 avril. — Fin de la Commune Révolutionnaire... 139

VI. **De Marseille à Paris.** — La *Marotte* et l'*Egalité*. — A dix-huit ans en cour d'assises. — La *Jeune République*. — La lutte contre l'état de siège. — Le *Furet* et la *Fronde*. — Trois duels. — Avalanche de procès. — Exil à Genève. — L'amnistie des délits de presse. — Montpellier et le *Frondeur*. — Fraternité républicaine. — L'exposition de Paris............................ 161

VII. **Guerre à Dieu !** — Plan de campagne. — Origine de mes brochures impies. — L'*Anti-Clérical* et l'*Avant-Garde*. — *A bas la calotte !* — M. Paul de Cassagnac. — Seconde comparution en cour d'assises. — Les finesses de Le Royer. — A propos de Mgr Guibert. — La Librairie Anti-Cléricale. — Nouveau procès. — Les bons confrères. — Candidature à Narbonne. — La Franc-Maçonnerie. — Premier Congrès Parisien de la Libre-Pensée......................... 185

VIII. **Les Mensonges.** — Le principe voltairien. — La légende du curé Meslier. — Comment et pourquoi fut calomniée la mémoire de Pie IX. — Les discours sur l'Inquisition. Une relique de la libre-pensée. — Vieux contes rajeunis. — Traductions faites de mauvaise foi. — Un document apocryphe. — Une mystification. — Entente systématique des écrivains anti-catholiques pour la diffusion des calomnies................. 223

Pages

IX. **La Propagande du Mal.** — Organisation de la propagande. — La *Lanterne.* — La *Petite République Française.* — Deux bourreaux d'enfants. — Les ouvriers du mal. — Les défroqués. — Les mystificateurs. — Les exaltés. — Désintéressement. — Le pensionnat anti-clérical de Montreuil-sous-Bois.................................... 257

X. **Garibaldi.** — Son amitié. — Le général Canzio. — La commémoration du Cirque d'Hiver. — Hypocrisie de nos sénateurs et députés républicains. — Le conseil municipal de Paris et l'épée de La Tour d'Auvergne. — Zorilla. — Garibaldi dans la vie privée et dans ses relations avec les hommes de son parti. — La vérité sur le désintéressement de Garibaldi pendant la guerre de 1870-71. — Le mauvais génie du général. — Dossier complet et authentique de Bordone. — Un témoignage écrasant. — La Franc-Maçonnerie imposant Bordone aux républicains 277

XI. **La Libre-Pensée Militante.** — Franc-Maçonnerie et Libre-Pensée. — La Ligue Anti-Cléricale. — Sa fondation — Ses principes. — Son organisation. — Son fonctionnement. — Les testaments pour enterrements civils. — Les groupes français de la Ligue. — Les sociétés affiliées.. 315

XII. **Ma Conversion.** — Un sacrifice. — Projet d'un livre sur Jeanne d'Arc. — Mon ouvrage et le dossier du procès de Rouen. — Les affiches contre Pie IX. — Ma dernière condamnation. — Le bal du Vendredi-Saint. — Le 23 avril 1885. — Lumière de la foi. — Une nuit de prières. — Ma première lettre de converti. — Le vicaire de Saint-Merri. — Ma démission de membre de la Ligue et de rédacteur en chef de la

	Pages

République Anti-Cléricale. — Je me décide à rétracter purement et simplement mes anciens écrits et à demeurer neutre ensuite. — Liquidation du Congrès de Rome. — Attaques violentes de la presse républicaine. — Conversion complète. — Mon expulsion de la Ligue. — Visite au Nonce du Saint-Siège. — Retraite : je me confesse. — Je renouvelle ma première communion 343

CONCLUSION 405

GRANDE ÉDITION ILLUSTRÉE

DES

RÉVÉLATIONS MAÇONNIQUES DE LÉO TAXIL

LES MYSTÈRES

DE LA

FRANC-MAÇONNERIE

paraissant en livraisons à **10** *centimes*
depuis le 27 novembre 1886.

DEUX LIVRAISONS ILLUSTRÉES CHAQUE SEMAINE
UNE SÉRIE DE CINQ LIVRAISONS TOUS LES QUINZE JOURS

DIVISION DE L'OUVRAGE :

AVANT-PROPOS

La Maçonnerie jalouse de ses secrets.

PREMIÈRE PARTIE

Les Loges ou la Maçonnerie Bleue.

CHAP. I*er*. *La Loge des Apprentis.* — 1. L'enrôlement. — 2. Initiation de l'Apprenti (1*er* degré). — 3. Catéchisme de l'Apprenti. — 4. Les séances ordinaires.

CHAP. II. *La Loge des Compagnons.* — 1. Initiation du Compagnon (2*e* degré). — 2. Catéchisme du Compagnon. — 3. Les séances ordinaires.

CHAP. III. *La Chambre du Milieu ou Loge des Maîtres.* — 1. Initiation du Maître (3*e* degré). — 2. Catéchisme du Maître. — 3. Impressions de l'initié Maître. — 4. Les séances ordinaires.

CHAP. IV. *Banquets des Loges.*

CHAP. V. *Ensemble des secrets de la Maçonnerie Bleue.*

DEUXIÈME PARTIE

Les Chapitres ou la Maçonnerie Rouge.

Chap. Ier. *La Sélection*.

Chap. II. *Le Chapitre des Maîtres Parfaits*. — 1. Le Maître Secret (4e degré). — 2. Le Maître Parfait (5e degré). — 3. Le Secrétaire Intime (6e degré). — 4. Le Prévôt et Juge (7e degré). — 5. L'Intendant des Bâtiments (8e degré).

Chap. III. *Le Conseil des Élus ou Grand Chapitre*. — 1. Le Maître Élu des Neuf (9e degré). — 2. L'Illustre Élu des Quinze (10e degré). — 3. Le Sublime Chevalier Élu (11e degré).

Chap. IV. *La Voûte de Perfection*. — 1. Le Grand Maître Architecte (12e degré). — 2. Le Royale-Arche (13e degré). — 3. Le Grand Écossais de la Voûte Sacrée (14e degré).

Chap. V. *Le Grand Conseil*. — 1. Le Chevalier d'Orient ou de l'Epée (15e degré). — 2. Le Prince de Jérusalem (16e degré). — 3. Le Chevalier d'Orient et d'Occident (17e degré).

Chap. VI. *Le Souverain Chapitre*. — 1. Le Rose-Croix (18e degré). — 2. La Cène. — 3. Catéchisme du Rose-Croix. — 4. Les séances ordinaires.

Chap. VII. *Banquets des Chapitres*. — 1. Banquets des Élus. — 2. Banquets des Écossais. — 3. Agapes des Rose-Croix.

Chap. VIII. *Ensemble des secrets de la Maçonnerie Rouge.*

TROISIÈME PARTIE

Les Aréopages ou la Maçonnerie Noire.

Chap. Ier. *Le Collège ou Conseil du Liban*. — 1. Le Grand Pontife de la Jérusalem céleste (19e degré). — 2. Le Grand Patriarche Vénérable Maître ad Vitam (20e degré). — 3. Le Chevalier Prussien Noachite (21e degré). — 4. Le Prince du Liban, Royale-Hache (22e degré).

Chap. II. *La Cour*. — 1. Le Chef du Tabernacle (23e degré). — 2. Le Prince du Tabernacle (24e degré). — 3. Le Chevalier du Serpent d'Airain (25e degré). — 4. Le Prince de Merci (26e degré). — 5. Le Souverain Commandeur du Temple (27e degré).

Chap. III. *La Grande Loge*. — 1. Le Chevalier du Soleil, Prince Adepte (28e degré). — 2. Le Grand Écossais de Saint-André d'Écosse (29e degré).

Chap. IV. *L'Aréopage ou Conseil*. — 1. Le Kadosch, ou Grand Élu Chevalier Kadosch, Parfait Initié (30e degré). — 2. Catéchisme du Kadosch. — 3. Les séances ordinaires.

Chap. V. *Banquets des Aréopages.*

Chap. VI. *Ensemble des secrets de la Maçonnerie Noire.*

QUATRIÈME PARTIE

La Direction Suprême ou la Maçonnerie Blanche.

Chap. Ier. *Le Noviciat.* — 1. Les Juges Philosophes Grands Commandeurs Inconnus. — 2. Secrets des Juges Philosophes. — 3. Règlement du régime.

Chap. II. *Le Souverain Tribunal.* — 1. L'Inquisiteur Inspecteur Commandeur (31e degré). — 2. La Suprématie Judiciaire.

Chap. III. *Le Consistoire ou Grand Campement.* — 1. Le Prince de Royal-Secret (32e degré). — 2. La Suprématie Exécutive.

Chap. IV. *Le Suprême Conseil.* — 1. Le Souverain Grand Inspecteur Général (33e degré). — 3. La Suprématie Gouvernementale.

Chap. V. *L'autorité fictive.*

Chap. VI. *Ensemble des secrets de la Maçonnerie Blanche.*

CINQUIÈME PARTIE

La Maçonnerie Forestière ou le Carbonarisme.

Chap. Ier. *Hiérarchie des Ventes.*

Chap. II. *Les Grades Forestiers.* — 1. L'Apprenti Bon Cousin (1er degré). — 2. Le Maître Bon Cousin (2e degré). — 3. Le Grand Elu Bon Cousin (3e degré). — 4. Le Grand Maître Bon Cousin (4e degré). — 5. Banquets des Ventes.

Chap. III. *Les Carbonari à l'œuvre.*

Chap. IV. *Ensemble des secrets de la Maçonnerie Forestière.*

SIXIÈME PARTIE

Les Sœurs Maçonnes.

Chap. 1er. *Idée-mère de la Maçonnerie des Dames.*

Chap. II. *La Maçonnerie d'Adoption.* — 1. L'Apprentie (1er degré). — 2. La Compagnonne (2e degré). — 3. La Maîtresse (3e degré). — 4. La Maîtresse Parfaite (4e degré). — 5. La Sublime Ecossaise (5e degré).

Chap. III. *La Maçonnerie Palladique.* — 1. L'Ordre des Sept Sages. — 2. L'Ordre du Palladium : l'Adelphe, le Compagnon d'Ulysse et la Compagne de Pénélope.

Chap. IV. *Banquets Androgynes.*

Chap. V. *Les Amusements Mystérieux.*

Chap. VI. *Ensemble des secrets de la Maçonnerie des Dames.*

SEPTIÈME PARTIE
La Franc-Maçonnerie dans la société.

Chap. Ier. *La Philanthropie Maçonnique.*
Chap. II. *La Surveillance Fraternelle.*
Chap. III. *Les Francs-Maçons et la Politique.*
Chap. IV. *Les Francs-Maçons et la Patrie.*
Chap. V. *Les Exécutions Maçonniques.*

HUITIÈME PARTIE
Cérémonies Diverses.

Chap. Ier. *Les Solennités d'Atelier.* — 1. Consécration d'un Temple. — 2. Inauguration d'une Loge. — 3. Installation d'un Vénérable.
Chap. II. — *Les Tenues Blanches.* — 1. Baptême de Louveteaux. — 2. Reconnaissance Conjugale. — 3. Pompes Funèbres maçonniques.
Chap. III. *Cantiques Maçonniques.*

NEUVIÈME PARTIE
Rites Maçonniques Divers.

Chap. Ier. *Maçonnerie Masculine.* — 1. Rite d'York ou de Royale-Arche. — 2. Rite d'Hérodom. — 3. Rite Écossais Ancien Réformé. — 4. Rite Écossais Philosophique. — 5. Rite de Zinnendorf. — 6. Rite Eclectique. — 7. Rite de Swedenborg. — 8. Rite de Misraïm.
Chap. II. *Maçonnerie Androgyne.* — 1. Rite des Écossaises de Perfection. — 2. Rite Égyptien dit de Cagliostro. — 3. Rite du Mont-Thabor. — 4. Rite des Mopses. — 5. Rite des Feuillantes ou Dames Philéides. — 6. Rite de la Félicité. — 7. Rites des Fendeuses du Devoir. — 8. Rite de la Persévérance. — 9. Rite des Chevaliers et Nymphes de la Rose. — 10. Rite des Philochoréïtes ou Amants du Plaisir.

DIXIÈME PARTIE
Histoire Générale de la Franc-Maçonnerie.

SUPPLÉMENT

I. — *Effectif de la Franc-Maçonnerie.*
§ Ier. La Maçonnerie Universelle
§ II. La Maçonnerie Française.

II. — *Les Convents Universels.*
III. — *L'Argot Maçonnique* (vocabulaire alphabétique).
IV. — *Constitutions, statuts, règlements généraux.*
V. — *Discours divers.*
VI. — *La Paperasse Sacrée* (pièces et documents), etc.

Conclusion.

Cet ouvrage, d'une importance capitale, est certainement, à la fois, le plus complet et le plus clair de tous ceux qui ont été publiés sur la Franc-Maçonnerie. Il n'est pas une révélation de l'auteur qui ne soit accompagnée d'un document à l'appui. Dès ses premières divulgations, en 1885, M. Léo Taxil a montré qu'il était armé de toutes pièces, et il l'a si bien établi que pas un Franc-Maçon n'a osé contester l'existence des rituels reproduits dans *les Frères Trois-Points, le Culte du Grand Architecte* et *les Sœurs Maçonnes*, ni l'exactitude des récits impartiaux de l'auteur. Quelques journaux, inféodés à la Franc-Maçonnerie, ont crié à la trahison ; mais aucun n'a songé un instant à nier : ils savaient bien qu'en présence d'une lumière aussi éclatante, le moindre démenti ne pouvait être opposé à une publication étayée par les documents les plus authentiques. Aujourd'hui, M. Léo Taxil donne à son œuvre une nouvelle forme c'est un ouvrage vraiment encyclopédique qu'il écrit au sujet de la Franc-Maçonnerie. Tout est passé en revue, tout est exposé avec une netteté et une précision dont personne n'a approché jusqu'à ce jour. Enfin, ce qui rend cet ouvrage parfait, c'est l'accompagnement du texte par des dessins explicatifs, rendant, d'une manière irréprochable, la physionomie de tous les incidents mystérieux les plus saillants des Loges et Arrière-Loges.

PUBLICATION PAR LIVRAISONS. — Pour faciliter aux petites bourses l'acquisition de cet important ouvrage, les éditeurs ont adopté le mode, aujourd'hui si répandu, de publication par *livraisons à 10 centimes*. La 1re livraison est *gratuite* ; la 2e livraison paraît le lendemain de la distribution de la 1re. Paraissent ensuite régulièrement : 2 livraisons par semaine, mises en vente dans toute la France, l'Algérie, la Suisse et la Belgique, le jeudi et le dimanche, chez les principaux libraires. A la fin de la publication, les frontispices, titres, feuilles d'entête et couvertures de volume sont donnés *gratuitement* à tout acheteur.

PUBLICATION PAR SÉRIES. — Chaque fois que cinq livraisons sont parues, elles sont réunies, non brochées, sous une jolie couverture illustrée. L'ensemble forme une *série à 50 centimes*. Il paraît ainsi 5 séries par trimestre, soit approximativement une série tous les quinze jours. Les personnes qui n'ont pas, près de eur domicile, un libraire tenant en dépôt nos livraisons, peuvent donc néanmoins se procurer très facilement ce magnifique ouvrage. Pour cela, il suffit d'envoyer un mandat-poste de *deux francs cinquante* par trimestre, et l'on reçoit *franco* chaque série au fur et à mesure de la publication. Les mandats doivent être expédiés soit au dépositaire central de la région où l'on demeure, soit aux éditeurs de l'ouvrage, *MM. Letouzey et Ané, libraires-éditeurs, 17, rue du Vieux-Colombier, à Paris.* — Par exception et pour se rendre un compte exact de l'ouvrage, on peut envoyer aux éditeurs *trente centimes en timbres-poste*, et l'on recevra *franco* la série des 5 premières livraisons à titre d'essai.

ÉDITION DE LUXE. — Dans le but de satisfaire les amateurs désireux de posséder une riche et magnifique édition, MM. Letouzey et Ané font effectuer à part un tirage très soigné sur beau papier de luxe. Cette édition spéciale est d'une valeur double de l'édition ordinaire. Toutefois, elle sera livrée aux souscripteurs seulement au prix de *soixante-quinze centimes la série de luxe* de 5 livraisons sous couverture splendide. Pour recevoir régulièrement et *franco l'édition de luxe*, qui fera admirablement ressortir la beauté des gravures, les souscripteurs doivent envoyer à MM. Letouzey et Ané, à Paris, un mandat-poste de *trois francs soixante-quinze centimes* chaque trimestre. Une série de luxe (spécimen) est envoyée *franco* contre *cinquante centimes*.

On peut demander l'ouvrage dans toutes les gares de chemin de fer.